PHILIPP KOHLHÖFER

Grillsaison

# Philipp Kohlhöfer

# GRILLSAISON

## Meine Reise
## durch die Heimat

GOLDMANN

**FSC**

**Mix**

Produktgruppe aus vorbildlich
bewirtschafteten Wäldern und
anderen kontrollierten Herkünften

Zert.-Nr. SGS-COC-1940
www.fsc.org
© 1996 Forest Stewardship Council

Verlagsgruppe Random House FSC-DEU-0100
Das FSC-zertifizierte Papier *Super Snowbright* für dieses Buch
liefert Hellefoss AS, Hokksund, Norwegen.


1. Auflage
Originalausgabe März 2010
Copyright © 2010 by Philipp Kohlhöfer
Copyright © dieser Ausgabe 2010 by Wilhelm Goldmann Verlag,
München, in der Verlagsgruppe Random House GmbH
Umschlaggestaltung: UNO Werbeagentur, München
Umschlagabbildung: Getty Images / Caspar Benson
Illustration auf Seite 9 © Julius Ecke
KF · Herstellung: Str.
Druck und Bindung: GGP Media GmbH, Pößneck
Printed in Germany
ISBN: 978-3-442-12997-3


www.goldmann-verlag.de

Für Pia und Clara.

(Und für das Land natürlich auch.)

# DIE GESCHICHTE
# ZU DEN GESCHICHTEN

Während meines Politikstudiums hatte ich mal ein Seminar, das sich mit der Regierungsgeschichte Kanadas befasste. Nach ganz kurzer Zeit stellte sich heraus, dass ich der Einzige war, der nicht nach Kanada auswandern wollte. Ich hatte den Kurs einfach gewählt, weil mich die Politik Nordamerikas interessierte, alle anderen, um etwas über ihre zukünftige Heimat zu erfahren.

»Sehr perfektionistisch«, sagte die Kursleiterin, als sie die Gründe meiner Kommilitonen erfahren hatte. Dann sagte sie zu sich selber: »Das ist ja typisch deutsch.«

Dies ist also ein Deutschland-Buch. So viel abschreckende Information mal vorweg.

Ich habe allerdings keine Ahnung, was das sein soll »typisch deutsch«, und es ist mir auch egal. Das Buch versucht nicht, das Wesen des Landes und seiner Bewohner zu ergründen. Ich habe auch keine Ahnung, wie die Deutschen so sind, und verspüre zudem keinen besonderen Ehrgeiz, es zu erfahren. Vermutlich sind die Deutschen genau so wie alle anderen Völker an allen anderen Orten auf der Welt.

Ich habe einfach aufgeschrieben, in welcher Zeit, an welchem Ort, in welchen Leuten mir Deutschland überall begegnet ist, denn es gab Momente, in denen ich das Gefühl hatte, das mich das Land so penetrant verfolgt wie Fischgeruch in der Kleidung.

Alles, was auf den nächsten Seiten steht ist daher völlig subjektiv. Ich bin immer mein eigener Mittelpunkt, kein einziger Satz erhebt Anspruch auf Allgemeingültigkeit, keine einzige Silbe muss für andere genauso gelten.

Manchmal ist der Bezug zum Land offensichtlich, manchmal nicht so sehr.

Was noch? Ach ja, alles hat sich genau so zugetragen – fast zumindest.

Dann los.

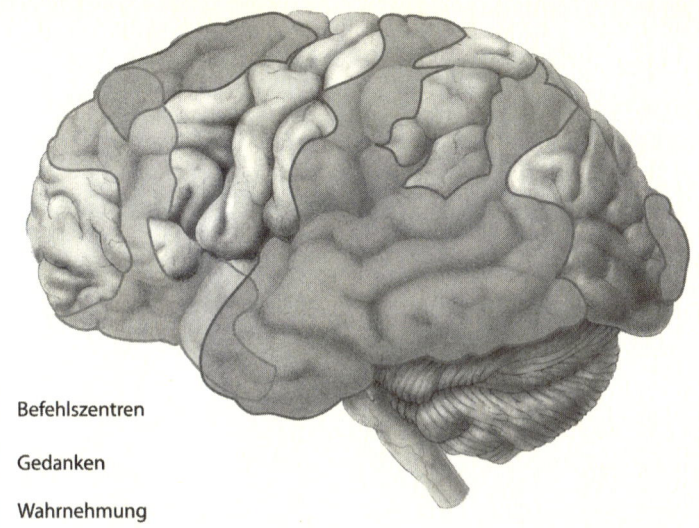

Befehlszentren

Gedanken

Wahrnehmung

… Im Lauf der Evolution hat das Gehirn höherer Tiere ein beachtliches Maß an Differenzierung und innerer Organisation erreicht … Das Großhirn ist das Zentrum unserer Wahrnehmung, unseres Bewusstsein, Denkens, Fühlens und Handelns. Im Großhirn herrscht eine Arbeitsteilung zwischen verschiedenen Bezirken, den Rindenfeldern, von denen drei Typen unterschieden werden:

**Sensorische Felder:** Sie verarbeiten Erregungen, die von den Nerven der Sinnesorgane kommen.

**Motorische Felder:** Sie aktivieren Muskeln und regeln willkürliche Bewegungen.

**Gedanken-und Antriebsfelder:** Sie liegen im vorderen Teil des Gehirns und sind wahrscheinlich die Zentren des Denkens und Erinnerns …

Quelle: Wikipedia – Gehirn, im Juni 2009

# INHALT

## Sensorische Felder

Gemütlichkeit . . . . . . . . . . . . . . .   15

Demografie. . . . . . . . . . . . . . . . .   36

Wald . . . . . . . . . . . . . . . . . . . . . .   46

Baumarkt . . . . . . . . . . . . . . . . . .   61

Campen . . . . . . . . . . . . . . . . . . .   74

Generation XY . . . . . . . . . . . . . .   85

## Motorische Felder

Discoabend . . . . . . . . . . . . . . . .   97

David Hasselhoff . . . . . . . . . . . . 120

Techno . . . . . . . . . . . . . . . . . . . . 131

Brot . . . . . . . . . . . . . . . . . . . . . . 154

Handtuch auf der Sonnenliege . . . 167

Jogginghose . . . . . . . . . . . . . . . . 180

## Gedanken-und Antriebsfelder

Unlocker . . . . . . . . . . . . . . . . . . 197

Wurst . . . . . . . . . . . . . . . . . . . . . 216

Auto . . . . . . . . . . . . . . . . . . . . . . 233

Hochkultur . . . . . . . . . . . . . . . . . 247

Verboten . . . . . . . . . . . . . . . . . . . 260

Schullandheim . . . . . . . . . . . . . . 268

# SENSORISCHE FELDER

# GEMÜTLICHKEIT

Ich saß auf meinem Sofa in Hamburg, und draußen regnete es. Die Wohnung war ziemlich kalt. Ich überlegte, die Heizung anzumachen, konnte mich aber nicht dazu aufraffen, durch den ganzen Raum zum Heizkörper zu gehen. Hinter meiner Wohnzimmerwand konnte ich meinen Nachbarn hören. Er hatte offenbar wieder Freunde eingeladen und sich mit ihnen gemeinsam betrunken, er ist Alkoholiker, das tut er andauernd. Sie sangen sehr laut zu einem Peter-Maffay-Schlager. Ich legte den Kopf in den Nacken und sah nach oben. Unter der Decke hingen Spinnweben, verdammt, dachte ich, ich sollte dort dringend mal wieder putzen, verschob das aber in eine unbestimmte Zukunft. Ich hatte Halsschmerzen und wusste nicht genau, ob das kältebedingt war oder einfach ein Zeichen allgemeiner Unzufriedenheit, schließlich war auch meine Familie im Urlaub, und ich kam mir ziemlich alleine vor. Alles in allem war die Situation etwas deprimierend. Ich wusste nicht, was ich mit mir anfangen sollte.

Auf der Suche nach Ablenkung begann ich, wie ein streunender Hund durch die Wohnung zu laufen. Als ich in der Küche angekommen war, sah ich im Papiermüll die Regionalzeitung des angrenzenden Bezirks. Ich hatte sie noch nie gelesen, sondern immer direkt nach der Zustellung wegge-worfen. Ich fühlte mich wie ein Entdecker, als ich sie aus dem Müll fischte und durchzublättern begann. Irgendwo in der Mitte blieb ich schließlich hängen.

Ich las von der Deutschland-Tournee einer amerika-nischen Blasmusikkapelle namens »The Little German Band and Dancers«, die die Musiker auch in meinen Hamburger Stadtteil führen würde. Ein echtes Highlight sei das, da die Musik in North Carolina, der Heimat der »Little German Band«, sehr beliebt sei. In einem beigestellten Interview er-klärte ein Herr Walker, der Dirigent des Blasorchesters, dass der Erfolg wohl an der deutschen Gemütlichkeit liege. Man müsse sich das so vorstellen: Sobald die Band zu spielen be-ginne, würden sich die Zuschauer sofort heimelig fühlen. Dieses Gefühl würde sich sogar noch verstärken, wenn die Entertainment-Abteilung der »Little German Band«, die »Lustigen Tiroler Holzhackerbuam«, mit Sägen und Äxten auf der Bühne einen Baumstamm bearbeiten würden. Herr Walker versicherte, dass man froh sei, jetzt auf Deutschland-Tour gehen zu können um die Gemütlichkeit endlich auch selber zu erfahren. Auf dem abgedruckten Bild stand ein Mitglied der deutschen Band stolz unter einem Banner auf dem »enjoy Gemütlichkeit« zu lesen war und hielt die deut-sche Fahne in die Luft oder zumindest das, was er dafür hielt. Es war die Fahne Belgiens.

Enjoy Gemütlichkeit. Ich erinnerte mich daran, dass ich schon mal gelesen hatte, dass in Deutschland alles gemütlich sei, und zwar in einem britischen Reiseführer. Als Beispiele wurden dort mittelalterliche Städte in Süddeutschland er-wähnt und Weihnachtsmärkte, Schweinebraten, Sauerkraut und Biergärten, die Alpen und die Bayern, die Bier trinkend in Lederhose Schuhplattler tanzen.

Ich ging zum Fenster und öffnete es. Es regnete in die Wohnung. Ich widerstand dem Drang, das Fenster sofort zu schließen, und spähte in den wolkenverhangenen Himmel. Berge konnte ich keine sehen. Statt nach Schweinebraten roch es nach kaltem Rauch, der aus der Wohnung unter mir kam, und obwohl ich recht intensiv lauschte, vernahm ich auch keinen röhrenden Hirsch. Alles in allem war es recht ungemütlich.

Ich ging zurück ins Wohnzimmer und schaltete den Fernseher ein, nach ein paar Minuten aber wieder aus. Es hatte keinen Zweck, es mit Zerstreuung zu versuchen. Die Gemütlichkeit ging mir nicht mehr aus dem Kopf. Wussten sie, dass selbst das Oxford English Dictionary von der »quality of being gemütlich« schreibt? Das Wort ist offenbar unübersetzbar.

Woher kam aber bloß Gemütlichkeit? Ich konnte den Gedanken nicht verdrängen, es hatte keinen Zweck. Ich schaltete den Rechner ein, gab den Begriff in die Suchmaschine ein und fand heraus, dass Gemütlichkeit, später Biedermeier genannt, im 19. Jahrhundert deshalb als typisch deutsch galt, weil damit zwischen Wiener Kongress 1815 und Revolution 1848 der Rückzug in die Familie und das Hervorheben des Privatlebens über die Politik gemeint war. Weil die Zeit mit einer starken staatlichen Zensur einherging und die gesellschaftliche Entwicklung im europäischen Ausland eine andere war, gibt es den Begriff tatsächlich nur im deutschen Sprachraum. So, wieder was gelernt. Gemütlichkeit ist ja außerdem heimelig und warm, bescheiden und heimatverbunden, und sie riecht nach Mandeln. Außerdem hat es was mit Menschen zu tun, die man mag.

Mir war dagegen immer noch kalt, mein Hals tat immer noch weh, ich war immer noch alleine.

Wenn also Gemütlichkeit etwas sehr Deutsches ist, musste sie ja irgendwo sein. In meiner Wohnung war sie jedenfalls nicht. Ich hustete. Ich beschloss, auf die Suche nach der Gemütlichkeit zu gehen, ich hatte ja ohnehin nichts zu tun.

In der Wohnung nebenan wurde jetzt ein Roland-Kaiser-Song zum Besten gegeben. Dort hatte man offenbar Spaß. Aber hatte das auch etwas mit Gemütlichkeit zu tun? Saßen meine Nachbarn beieinander und mochten sich, und war ihnen dabei warm ums Herz? Es gab nur eine Möglichkeit, das herauszufinden: Ich klingelte.

Als mein aufgedunsener Nachbar schließlich öffnete – es dauerte etwas länger, weil er, wie er mir später erzählte, von innen an die Tür gefallen war, und nicht gleich wieder aufstehen konnte –, sah er mich erstaunt an. Kein Wunder, schließlich hatte ich noch nie geklingelt. Mein Erscheinen nahm er allerdings einfach hin, ohne zu fragen, was ich denn wolle. »Komm doch rein«, sagte er, mir dabei ein Stück Verwesung ins Gesicht atmend. Das war schon mal nicht besonders gemütlich. Er zog mich in die Wohnung.

Im Wohnzimmer saßen zwei weitere Leute, einer mit Glupschauge, in alten Polstersesseln um einen eckigen Tisch herum. Ich kam nicht gleich darauf, welche Duftnote in der Luft überwog: Alkohol oder Urin, oder war es doch Erbrochenes? Es hätte auch der Rauch sein können, der aus den Polstermöbeln wieder nach draußen dünstete. Ich entschied mich für eine Mischung aus allem. Der Mann mit dem

Glupschauge nahm einen Schluck aus einer Wodkaflasche. Es war dieser Discountwodka mit Blutorangengeschmack. Ich konnte das Alter der Trinkenden nicht schätzen, aber sie sahen sehr mitgenommen aus. Spaß hatten sie dennoch, denn als Roland Kaiser sang: »Dich zu lieben, dich berühren. Mein Verlangen, dich zu spüren. Deine Wärme, deine Nähe. Weckt die Sehnsucht in mir, auf ein Leben mit dir«, stiegen sie lauthals ein.

Ich konnte den Text auch. Meine Oma hatte das Lied immer gehört, außerdem war Roland Kaiser in der ZDF-Hitparade, zwischen 1982 und 1984 meine Lieblingssendung, ein gern gesehener Gast. Unten auf dem Fernseher war immer die Autogrammadresse eingeblendet. Roland Kaiser kam aus »1000 Berlin 31«. Meine Lieblingstextzeile von ihm ist immer folgende gewesen: »Manchmal möchte ich schon mit dir diesen unerlaubten Weg zu Ende gehen. Manchmal möchte ich schon mit dir eine Nacht das Wort ›Begehren‹ buchstabieren.« Ich bin nicht sicher, ob meine Oma wusste, was Roland Kaiser singt oder ob sie ihn gerade deswegen mochte, jedenfalls ist Roland Kaiser der König des schlüpfrigen Songtextes. Ich glaube, Roland Kaiser ist ein netter Kerl. Ich war in Gedanken noch bei der ZDF-Hitparade, also sagte ich reflexartig: »Habt ihr auch was von Hubert Kah?«

»Nee, ham mer nicht«, sagte mein Nachbar. Ich war überrascht, er kannte es. Er setzte sich laut stöhnend in einen der Sessel. Nach ein paar Sekunden Stille sagte ich: »Mein Lieblingslied war ›Einmal nur mit Erika‹.« Ich wollte Konversation machen, schließlich musste ich herausfinden, ob es hier gemütlich war. Ich fühlte mich jedenfalls reichlich unbehaglich, aber das konnte ja an mir liegen. »Nee, Sternenhimmel«, sagte der dritte Mann auf dem Sofa, der bisher noch nicht aufgefallen war. Er trug eine graue Jogginghose und ein Netzoberteil ohne Ärmel. Er kratzte sich zwischen den Beinen, nahm einen großen Schluck aus der Wodkaflasche und hielt sie mir hin: »Trink was.« Ich zierte mich, mein Verlangen war gerade noch kontrollierbar. Weil ich nicht näher heranging, stand der Mann aus dem Sessel auf und beugte sich mir entgegen. Dabei verlor er das Gleichgewicht und fiel, mit dem Kopf die Tischkante streifend, nach vorne aufs Gesicht. Er stöhnte und zuckte einmal kurz. Immerhin war er nicht tot.

Ich dachte, ich sollte ihm wohl helfen, wollte ihn aber nicht anfassen und war deswegen sehr froh, als die anderen beiden mir sagten, dass es das Beste wäre, ihn einfach liegen zu lassen. Ich wollte das ganz stark glauben, obwohl ich insgeheim daran zweifelte. Um den Schreck zu verdauen, nahm ich eine ungeöffnete Wodkaflasche und trank einen großen Schluck. Und noch einen. »Das macht der oft«, sagte der Mann mit dem Glupschauge. »Das wird schon wieder.« Sie streckten sich in ihren Sesseln aus. Ich stand neben der Tür und fühlte mich überflüssig. »Tja, ich gehe dann mal«, sagte ich. Was sollte ich sonst tun? Beide grunzten und schlugen mir abwechselnd vor, noch etwas mit ihnen zu trinken, was ich auch tat. Mein Nachbar begann dann tatsächlich, vom Krieg zu reden und vom Einsatz japanischer Kamikazeflieger im Zweiten Weltkrieg, über die er neulich was im Fernsehen gesehen habe. Er nutzte das Thema, um zum Heldentum im Allgemeinen überzuschwenken, und verband seinen Wunsch nach einer höheren Ausstrahlungsfrequenz von Tierfilmen im Fernsehen mit der Klage, dass es zu wenig Parkplätze im Umkreis gäbe. »Was redest du denn?«, fragte Glupschauge.

Mein Nachbar schüttelte den Kopf und erwiderte, dass er jetzt auch nicht mehr weiter wisse. Das Gespräch erstarb. Er atmete aus wie eine alte Diesellokomotive.

»Ich gehe dann mal«, sagte ich. Und dann passierte es. Mein Nachbar sagte: »Es ist doch gerade so gemütlich hier.« Ich sah mich gehetzt um. War es gemütlich? Es stank. Der Mann auf dem Boden fing jetzt an zu würgen und begann damit, den Teppich vollzusabbern. Mein Nachbar rülpste. War das gemütlich?

Ich torkelte nach Hause, ich fühlte mich wie von der Weisheit erschlagen. Offenbar war Gemütlichkeit nichts, das allgemein gültig war. Ich ahnte das schon vorher, aber jetzt hatte ich den Beweis. Aber wo war die Gemütlichkeit für mich? Ich öffnete ein Bier, rutschte möglichst tief ins Sofa und wartete auf die verdammte Gemütlichkeit. Ich begann, mit mir selber zu reden. »Wo bleibst du denn?«, fragte ich laut in den Raum. Gemütlichkeit, erzählte ich der Wand, ist etwas typisch Deutsches. Erkennungszeichen unserer Kultur. Unübersetzbar. Bekannt auch im Ausland. Meine Zunge wurde schwer. Ich kramte meinen Personalausweis aus der Jacke, ich war Deutscher, na also, daran konnte es ja schon mal nicht liegen. Wo blieb sie denn? Mir war schon wieder kalt, und Halsschmerzen hatte ich immer noch.

Ich rief alle möglichen Leute an und fragte sie, ob es bei ihnen gerade gemütlich sei. Die meisten verneinten und fragten mich, ob ich getrunken habe. Ich fragte zurück, was sie mit Gemütlichkeit verbänden. Obwohl sich vermutlich jeder von mir belästigt fühlte und sie damit natürlich recht hatten, kam die Mehrzahl der Angerufenen wohl zu dem Schluss, dass es einfacher wäre, mich loszuwerden, wenn sie mir bei meiner Frage halfen. Und so sagten die meisten: »Meine Kindheit.«

Die Kindheit.

Ich erinnerte mich zuerst an den Geruch von Nippon Puffreis. Dann an Amerikaneressen, während samstagnachmittags zuerst »1, 2 oder 3« und im Anschluss »Captain Future« im Fernsehen lief. Ich erinnerte mich an den ersten großen Kinofilm, den ich je sah (E.T., 1982) und an die erste Platte, die ich kaufte (Nenas »Nena«, 1983). Ich konnte mich daran erinnern, dass «TKKG« meine Lieblingsbücher waren und ich gerne »Banana Split« aß. Ich sah meine verdammte Zahnspange vor mir, als sei es gestern gewesen und auch diese blöde Zahnspangenhalterung, die einem Pferdehalfter glich und die hinten um den Kopf gelegt wurde. Natürlich weiß ich auch noch, wie andauernd amerikanische Panzer hinter unserem Haus Manöver machten und wie jeden Samstag um 12 Uhr Luftalarm gegeben wurde, um auszuprobieren, ob die Sirene, montiert auf dem Gelände der freiwilligen Feuerwehr, noch funktionierte. Was mir auch sofort einfiel war, neben Rollschuhdiscos, in die ich noch nicht gehen durfte, weil ich zu klein war, und die ich dann immer mit Nachbarskindern nachspielte, der Film »Der Wüstenplanet«. Ich hatte ihn 1984 im Kino gesehen. Es war der dritte Film, den ich im Kino sah. Nach »Beverly Hills Cop« und eben »E.T.«, »Cap und Capper«, »Bernhard und Bianca – Die Mäusepolizei« und »Susi & Strolch« nicht mitgezählt. Der dritte Film mit echten Menschen also.

Es gab da eine Szene, in der der junge Prinz, Held des Films, durch eine Verschwörung getötet werden sollte. Die Verschwörer hatten dazu einen Giftpfeil in einem Raum platziert, in dem er sich befand. Der Pfeil reagierte auf Bewegung, weswegen der Prinz einfach verharrte. So weit, so gut, aber als ich nachts im Bett lag, musste ich irgendwann dringend aufs Klo. Ich bildete mir nun leider ein, dass ich gerade ein Zischen gehört hatte, und war mir sicher, dass direkt aus dem Heizkörper ein giftiger Pfeil in mein Zimmer gehuscht war. Ich lag regungslos im Bett und lauschte. Ich konnte ihn hören, er wartete auf mich, das war klar. Ich begann zu schwitzen, zum einen aus Angst, zum anderen aber, weil ich lieber aufs Klo gegangen wäre. So wichtig war es dann aber auch nicht, dass ich dafür sterben wollte, ich musste mich also entscheiden. Verdammter Pfeil, dachte ich, mich kriegst du nicht. Ich reduzierte meine Atmung auf das Allernötigste. Ich lag strack im Bett wie eine Mumie, ich schwitzte das Bettlaken voll und überlegte, ob ich kontrolliert ins Bett pinkeln sollte. Mein Gemütszustand schwankte von Heldentum – schließlich würde ich mich nicht erwischen lassen – zu Hilferufen, aber das ging natürlich nicht, da ich dazu meinen Mund hätte bewegen müssen und der Giftpfeil mir dann natürlich sofort ins Herz geflogen wäre. Irgendwann schlief ich vor Erschöpfung ein. Komischerweise hatte ich zwar nicht ins Bett gepinkelt, konnte am nächsten Tag aber nicht richtig laufen, weil ich immer wieder Krämpfe in der Hüftgegend hatte.

Die Kindheit.

Es funktionierte, mir wurde schon bei dem Gedanken daran ganz warm ums Herz. Das musste es sein. Aber ich war ja kein Kind mehr, die Gemütlichkeit war insofern nur etwas in meiner Erinnerung. Konnte ich dieses wohlige Gefühl wieder zurückgewinnen? Ich beschloss, kurzfristig in mein Heimatdorf zu fahren. Ich war seit Jahren nicht mehr dort gewesen. Vielleicht half es, wenn ich einfach die Plätze meiner Kindheit besuchen würde. Einen Versuch war es jedenfalls wert.

Ich fuhr mit dem Zug, einfach, weil ich früher auch meistens Zug gefahren war, wenn ich wegwollte aus dem Dorf. Vielleicht kam das Gefühl ja schon auf der Fahrt zurück. Tat es nicht. Der Bahnhof sah aus, wie er schon immer ausgesehen hatte, etwas zerfallener zwar und total verlassen, aber immerhin, ich erkannte ihn wieder. Zusätzlich zu meinen Halsschmerzen hatte ich jetzt auch Kopfschmerzen, Wodka-Blutorange sei Dank.

Man muss wissen, dass es in meinem Heimatdorf eigentlich nur eine Straße gibt, ich hatte deswegen nicht besonders viel Auswahl, was die Route angeht. Ich sah das Schild schon von Weitem: »Deutsches Haus«. Hier hatte ich gefühlte Jahre meiner Kindheit und Jugend verbracht. Nicht weil es so toll war, sondern weil es nur drei Gaststätten zur Auswahl gab.

Es war, als hätte ich eine Zeitkapsel betreten. Ich ging durch die Eingangstür und stieg 1972 wieder aus. An der Wand hingen neben den obligatorischen Geweihen und bemalten Tellern auch Sinn- und Trinksprüche in altdeutscher Sprache. Zwei riesige Fahnen des örtlichen Fußballvereins rundeten die Gestaltung ab. Die Wand selber war nicht zu sehen, schließlich waren ockerfarbene Leinentücher davorgehängt, die von der Mitte der Wand, dort, wo die Holzvertäfelung endete, bis zur Decke gingen. Die Decke selber bestand aus abgehängten, ineinander verschobenen Plastikelementen, die früher weiß gewesen sein mussten, jetzt allerdings die Farbe von altem Eigelb hatten.

An fast jedem freien Platz standen holzvertäfelte Schränke, auf denen wiederum kleine Messingtrinkbecher positioniert waren, in denen abwechselnd die Wappen von Radfahr-, Gesangs- und Fußballverein graviert waren. Im vorderen Bereich des Ladens lag alter, schwerer Teppichboden, der schon so lange dort lag, dass an manchen Stellen Wege in den Teppich gelaufen waren. Man konnte daher gut erkennen, welcher der Tische besonders oft zum einzigen Spielautomaten ging, der neben der Tür blinkte.

Ich nahm lächelnd an der Theke Platz. Mehrere dort bereits sitzende Personen, sahen mich an. Ausnahmslos alle hatten ein angetrunkenes Bier vor sich stehen, offenbar Stammgäste. Ich sagte: »Hallo«, aber niemand reagierte. Sie sahen mich einfach weiter an.

Ich studierte die Speisekarte. Ich fragte mich, ob es wohl zu großen Anlässen wie Geburtstagen oder Hochzeiten immer noch die mit Petersilie verzierten Schnitzelplatten gab, die man bei Bedarf auch mit Hähnchenschenkeln und Schweinelendchen mit dunkler Soße auffüllen konnte? Gab es als Beilage immer noch Kroketten und sehr weiche Pommes? Und wurde dazu immer noch Tiefkühlgemüse gereicht? Erbsen, Bohnen und geraffelte Karotten? Manchmal gab es auch Blumenkohl, der so lange gekocht worden war, bis er sich im Mund völlig geschmacksneutral verhielt und mehr einer warmen Knetmasse glich als einem Gemüse. Die Lebensmittel dienten ohnehin nur dem Kauvergnügen, denn für die Kalorienaufnahme war die Sauce Hollandaise zuständig, die alles zukleisterte. Hatte man Gemüse mit Sauce Hollandaise, oder besser: Sauce Hollandaise mit vereinzelten Gemüsestücken verzehrt, fühlte man sich schwer wie ein Elefant. Eine erneute Essensaufnahme war danach für gefühlte zwei Wochen nicht mehr notwendig.

Auch auf Salat umzusteigen war nicht einfach, schließlich hatte das Blattgemüse immer nur Alibifunktion. Damit auch wirklich niemand auf die Idee kam, dass Salat essen auch Spaß machen konnte, wurde der Kopfsalat in Sahnedressing ertränkt. Fleischesser waren ohnehin in der Überzahl, daher war das Salatangebot übersichtlich. Neben dem sahnegedressten Kopfsalat, gab es nur Nudelsalat, das war dann bereits das höchste der Gefühle. Dafür war die Aufmachung der Speisen immer so, dass man zumindest nicht dachte, in der Küche gehe es unhygienisch zu. Dargeboten wurde nämlich alles in recht sterilen rechteckig-silbernen Warmhalteboxen, die jeder Krankenhausküche alle Ehre gemacht hätten. Unter ihnen brannte eine kleine blaue Flamme, die sich aus Brennpaste speiste.

Offenbar hatte ich zu lange auf die Speisekarte gesehen, denn die gut genährte Bedienung fragte mich recht rüde, ob es in diesem Jahr noch mal was mit mir würde. Dermaßen unter Druck gesetzt, bestellte ich eine Herrencreme und dazu ein Herrengedeck. Ersteres bestand aus Vanillecreme, Kaffeepulver und Rum, während Letzteres ein Bier und ein Korn war.

Ich sah mich um. Meine Sitznachbarn hatten aufgehört, mich anzusehen, und starten nun wieder konzentriert in ihr Hopfengetränk. Mir war noch nicht wirklich gemütlich zumute. Ich schloss die Augen. Schließlich versuchte ich, eins zu werden mit der Vergangenheit. Ich versuchte, das Familienfeiergefühl wiederzuerwecken, aber leider konnte ich nicht verdrängen, dass die Gründe für eine Feier im »Deutschen

Haus« alle tot waren. Ich erinnerte mich an Beerdigungen, bei denen Bienenstich an Trauergäste im schwarzen Nickipullover serviert wurde. Und ich erinnerte mich an eine Dartscheibe, die auf dem Weg zum Klo an der Wand hing.

Ich wollte nachsehen, ob das immer noch so war, und tat so, als müsste ich aufs Klo. Einfach nur herumlaufen war in solchen Landgasthöfen nämlich meiner Erfahrung nach zu gefährlich: Auf einer Hochzeit im Niedersächsischen ging ich mal durch ein solches Haus, einfach nur, weil ich mir ansehen wollte, wie das Gebäude aussah, da ich alte Gebäude mag, als sich mir ein großer blonder Landwirt in den Weg stellte. Er war mittelschwer betrunken und schenkte meinen Beteuerungen, dass ich nicht vorhatte in der anliegenden Schweinezucht spionieren zu wollen, daher keinen Glauben. Die mir angedrohten Prügel wurden nur nicht eingelöst, da die Wirtin mit einem resoluten »Roland, jetzt lass doch mal« einschritt.

Ich kam an einem Hinterzimmer vorbei, in dem ich durch die offene Tür eine Ohrensesselkombination sehen konnte. Es waren diese Sessel, in denen man metertief einsinkt, wenn man sich setzt. Obwohl es auf den ersten Blick so aussehen mag, ist das aber auch nicht besonders gemütlich, da solche Sessel zumindest mich immer sehr bedrücken. Meine Oma väterlicherseits besaß ebenfalls eine solche Sitzkombination, und immer wenn ich dort Platz nahm, flog der Staub der letzten einhundert Jahre in die Luft. Ich fühlte mich darin jedes Mal wie mein eigener Großvater. Außerdem bin ich in solchen Sitzmöbeln immer kurz vor dem Erstickungstod, ich habe eine Hausstauballergie. Die Sesselkombination stand neben einer alten Stehlampe, die so breit war, wie ein kleines

Kind lang und an der als Zierelement ganz viele Kordeln und Bommel vom Ende des Lampenschirms Richtung Fußboden hingen.

In der angrenzenden Küche standen zwei dicke pubertierende Kinder und motzten über das Fernsehprogramm. Offenbar hatte sich der Besitzer seit meinem letzten Besuch vermehrt.

Das kleinere, dickere sah mich. »Was machst du denn hier?«, fragte es. Ich fühlte mich ertappt. Ich wollte ein »Äh, das Klo?« herauspressen, sagte aber schließlich gar nichts, lief rot an und ging einfach wieder zurück zu meinem Platz.

»Schön gemütlich ist es hier, Birgit«, sagte jemand zur Bedienung, als ich zurückkam.

Da war es, schon wieder. Offenbar war der ganzen Welt gemütlich zumute, nur an mir war der Kelch vorübergegangen. Ich fragte, warum es denn jetzt in diesem Moment gemütlich sei, und der Mann sagte: »Weiß nicht, ist eben so.« Ich war etwas frustriert, und aus Versehen schnaubte ich wie ein altes Pferd. Ich bestellte noch ein Herrengedeck, trank es zügig und beschloss, etwas anderes zu tun.

Ich verließ das »Deutsche Haus« und stand kurze Zeit später vor meinem ehemaligen Grundschulgebäude.

Der Landfrauenverein nutzte das Gebäude jetzt als Turnhalle. Ich sah durch eines der Fenster im Erdgeschoss. Hinter dem milchigen Glas tanzten Frauen um die fünfzig. Riesenbrüste hüpften, Schweiß flog durch die Gegend, Doppelkinne wabbelten, Speckarme wirbelten, Arschritzen lachten mich an. Ich habe das unmöglich riechen können, aber ich bildete mir ein, dass es nach Desinfektionsmittel, Krankenhausflur, Joggingklamotten vom Discounter und säuerlichem

Geruch von Unterwäsche roch. Blaue Gymnastikmatten lagen auf dem Boden. Sie waren voller Beulen, nicht mehr besonders stramm, und hatten ihre beste Zeit hinter sich, und das immerhin hatten sie mit den Frauen gemeinsam. Der alte Linoleumboden war ausgeleiert und wellig. Der Raum musste ein Paradies für Bakterien sein. »Eins, zwei, drei«, die Frauen hüpften, die Knie hatten Mühe, das Gewicht zu fangen, als es wieder auf den Boden traf, und die Hüften mühten sich redlich, die Körper zu stabilisieren.

War das der Raum, in dem ich immer Blockflöte hatte üben müssen? Ich überlegte. Als ich ein Licht sah, das wie ein Suchscheinwerfer jede Hautunreinheit ausleuchtete und jede Krampfader betonte, wusste ich, dass es so war. Auf Weichzeichner wurde hier kein Wert gelegt. Hatte ich Blockflöte deswegen immer gehasst? Oder lag es doch daran, dass unser Musiklehrer ein großer Fan von Nicole war, und wir bei jeder Gelegenheit »Ein bisschen Frieden« vortragen mussten, interpretiert von einem dreißigköpfigen Schülerorchester, das ausschließlich aus Blockflötenspielern bestand?

Ich seufzte. Eigentlich war ich doch aufgebrochen, um die Gemütlichkeit zu suchen, mittlerweile war ich völlig melancholisch. Ich war kurz davor aufzugeben, gab mir aber noch eine Chance. Ich ging in ein Sportgeschäft und kaufte eine Badehose. Dann ging ich ins Freibad.

Ich hatte das Bad immer sehr gemocht. Es hat einen großen Pool, ein Kinderplanschbecken, ein Nichtschwimmerbecken, Sprungtürme und eine riesige Liegewiese. Es gab eine Minigolfanlage, Tischfußball, ein überdimensioniertes Schachspiel, dessen Figuren so groß waren wie achtjährige Kinder, Tischtennis und immer einen Out-Run-Spielautomaten. Zu meiner Enttäuschung musste ich allerdings fest-stellen, dass Letzterer nicht mehr vorhanden war. Ich sah mich im Schwimmbad um. Von Weitem sah ich das Dreime-terbrett.

Früher war es besonders beliebt von ebenjenem Brett möglichst nahe an den Beckenrand zu springen, damit das Wasser über die nahe Hecke spritzte und alle nass machte, die auf der angrenzenden Liegewiese lagen. Natürlich gab es einen Plan hinter der Idee: Hinter der Hecke lagen oft die Mädchen, die, waren sie einmal getroffen, sich in der Re-gel dadurch rächten, dass sie wie von irgendetwas gestochen ins Wasser stürzten, um den Täter so lange unterzutauchen, bis er fast ertrank. Ziel der Jungen war, dadurch Kontakt zu den Mädchen herzustellen, um dann möglichst zeitnah zusammen Spaghetti-Eis beim Dorfitaliener zu essen. Und vielleicht irgendwann zu knutschen.

Hätten dort hinter der Hecke Rentner gelegen, vermutlich wäre dann der Kerl, der meines Wissens Marcel hieß, das Risiko nicht eingegangen. Außerdem hätte die Herausforde-rung in der Folge nicht beträchtlich an Reiz verloren, wenn er sich nicht verschätzt hätte und mit großer Geschwindigkeit auf die Waschbetonplatten gesprungen wäre, die den Be-ckenrand einfassten. Marcel brach sich beide Beine, wurde mit dem Hubschrauber abtransportiert und nie mehr gese-hen. Der Rand sah aus, als hätte man dort ein Tier überfah-ren. Immerhin: Seither weiß ich, dass brechende Beine und sich ineinander verschiebende Knochen so ähnlich klingen, wie ein Huhn aus dem Backofen, das man mit einer Geflü-gelschere zerteilt.

Mit dem verunglückten Sprung endete ein Teil meiner bis

dato von den Goonies, Karate Kid und dem Gefühl totaler Unsterblichkeit geprägten Kindheit. Ich lächelte kraftlos. Seit der Kollege sich die Beine in den Magen gerammt hatte, war ich nicht mehr irgendwo heruntergesprungen.

Ich ging zur Minigolfanlage und spielte eine Runde. Als ich fertig war, beschloss ich, im Kiosk einen Schwung Esspapier zu kaufen. Ich ging quer über die Liegewiese und kam dabei an einer Rotte Jugendlicher in abgeschnittenen Jeans vorbei. Ich konnte mich gerade noch zurückhalten, um nicht etwa einen Satz zu sagen wie: »Früher schwammen wir manchmal mit T-Shirts und Jeans.«

Allerdings, zugegeben, nur für eine kurze Zeit, weil es sehr unpraktisch war. Aber ich erinnere mich an eine Zeit, in der gab es Bademützenzwang, und als diese unsinnige Regel endlich abgeschafft war, probierte man eben alles Mögliche aus. Der Platz, an dem damals die coolen Jeansträger lagen, verschob sich immer wieder. Mal war er direkt hinter einer Hecke, mal unter einem der Bäume, mal, Gott weiß warum, ziemlich nahe an dem größten Mülleimer der Liegewiese.

Das Esspapier schmeckte jedenfalls ganz vorzüglich. Ich holte einen Nachschlag, aß als Nachtisch Pommes Schranke, Brauner-Bär-Eis, Calippo und Ahoi-Brause und saß unter einem Sonnenschirm der örtlichen Brauerei. Wenn ich die Augen geschlossen hätte, hätte ich aus Sentimentalität vermutlich angefangen zu weinen. Die Sonne wärmte. Ich saß hinter einer Hecke, beobachtete die Badegäste und fühlte mich wohl und geborgen. Jetzt war mir fast gemütlich zumute, aber eben nur fast. Was konnte ich bloß tun, um die letzte Steigerung zu erreichen?

Ich ging zum Bademeisterbüro. Ich wollte ein Gespräch

beginnen über irgendwas, keine Ahnung, vielleicht wollte ich ihm erzählen, dass ich schon in diesem Freibad war, als die Sowjets die Olympischen Spiele in Los Angeles boykottierten und ich meine eigenen Olympischen Rennen im Becken veranstaltete. Ich gewann immer, kein Wunder, schließlich tat ich so, als sei ich Michael Groß, und der gewann ja schließlich auch immer.

Der Bademeister war nirgends zu finden. Sind Bademeister heute eigentlich immer noch im Winter Waldarbeiter?

Ich ging weiter zum Eingangsbereich. Es war so ähnlich wie Zirkeltraining, ich arbeitete Station für Station ab. Es kam mir so vor, als sei der Kassierer der Gleiche wie 1982, aber das konnte auch eine Täuschung meines Gehirns sein.

Der Geruch vor dem Kassenhäuschen war aber definitiv der gleiche. Es roch nach Ernte. Meine Kindheit, das Freibad, meine Kindheit im Freibad roch nach abgeerntetem Getreide, was daran liegt, dass eine Landwirtschaftsgenossenschaft das Grundstück neben dem Bad besaß und vor Jahrzehnten damit begann, das Getreide der Umgebung dort zu horten. Ich atmete tief ein und Bonanza-Fahrrad fahrende Bilder tauchten vor meinem inneren Auge auf. Ich trug meistens, wie alle anderen auch, eine nasse Badehose auf der Fahrt aus dem Bad, schließlich war das Anziehen einer trockenen Hose aus Gründen, die ich vergessen habe, völlig uncool.

Ich fand das Schwimmbad immer toll und tue das auch heute noch. Wobei, da fällt mir ein, dass es tatsächlich eine Zeit gab, an der ich meine große Sympathie für das Freibad unterdrückte. Ich war etwa 16, aber der Reihe nach.

Als Kind tat man das, wozu ein Bad auch eigentlich da ist: Man badete. Schwamm. Hatte Spaß. Es muss so um das 15. Lebensjahr gewesen sein, als sich ebendas veränderte. Man badete nicht mehr, sondern saß meistens auf den Bänken herum, die auf den Waschbetonplatten neben dem Pool standen. Oft sagte man nichts, weil das damals einfach lässiger war. Die Kommunikation lief nonverbal, per Handzeichen oder mit Blicken. Sprach man doch, dann immer über Mädchen. Über eins ganz besonders, was wenig mit ihrem tollen Charakter (doch, doch, der war auch ganz fantastisch) und viel mit ihren Riesenbrüsten zu tun hatte.

Ich starrte sie an, wann immer es ging. Dass ich dabei so rücksichtsvoll vorging wie eine Horde betrunkener Wehrpflichtiger im Zug auf der Wochenendheimfahrt von der Kaserne, war mir völlig egal. Wahrscheinlich führte das aber dazu, dass sie mich nicht besonders sexy fand. Ich war mir jedoch sicher, dass es am Freibad lag. Diese fantastische Einrichtung wurde nämlich, je tiefer man in die Pubertät eintauchte, immer weniger beliebt, vor allem bei Mädchen, weil sie eben nach Familienbad aussah, was – es liegt in der Natur der Sache – wenig mit Rebellion, Abgrenzung, »Ich hasse meine Eltern«-Attitüde und Erwachsenwerden zu tun hat.

Und unser Freibad hatte eine starke Konkurrenz: den Badesee. Der Badesee vor den Toren des Dorfes war früher eine Braunkohleabbaugrube und wurde dann mit Wasser aufgefüllt, was ihn für Mittellose, Naturliebhaber, Chlorhasser und Mädchen, die auf ältere und harte Jungs standen, zum Nr. 1-Ausflugsziel des Sommers machte.

Ich versuchte notgedrungen, den See ebenfalls zu lieben, obwohl ich es hasse, wenn ich nicht sehen kann, was unter mir schwimmt. Aber ich sagte es bereits, Mädchen fanden

Rocker besser als Familientypen. Allerdings war ich auch damals schon stark kurzsichtig, und Rocker mit Hornbrille und -5 Dioptrien habe ich noch nie gesehen, außer bei Buddy Holly, aber der ist ja bekanntlich schon lange tot.

Es kam, wie es kommen musste: Die Riesenbrüste redeten auch am See kein einziges Wort mit mir. Was auch Vorteile hatte, denn so konnte ich schnell wieder ins Schwimmbad wechseln.

Vom Kassenhäuschen ging ich weiter zum Babyplanschpool, wo mich ein junger Familienvater, der mit seiner Tochter spielte, ansah, als verstünde er mich genau. Ich kannte ihn nicht, aber ich war mir sicher, dass ich vor 30 Jahren schon mit ihm geplanscht hatte. Er lachte sein Kind an. Ob ihm gemütlich war? Was konnte ich bloß tun, um diesen verdammten Zustand endlich zu erreichen?

Ich ahnte es. Zur Vollendung fehlte einfach etwas, das ich früher immer getan hatte und dann, ich sagte es bereits, nicht mehr: der Sprung vom Dreimeterbrett.

Ich schluckte. Ich sah den Sprungturm an. Es half ja nichts. Ich bewegte mich nicht viel schneller vorwärts als eine Weinbergschnecke, war aber leider trotzdem irgendwann da. Als ich die Leiter hinaufstieg, hatte ich das Gefühl, den Mount Everest zu besteigen. Ich ging zum Ende des Bretts und sah hinunter. Das Becken war fünf Meter tief, und natürlich konnte man bis auf den Grund sehen, acht Meter insgesamt. Ich stand dort minutenlang. Natürlich konnte ich nicht einfach hinunterspringen, das hatte ich früher auch nie getan. Ich musste nah an den Beckenrand. Ich lief nach vorne und wieder zurück, malte mir aus, was genau im Flug mit mir passieren könnte. Und als ich schließlich sprang, war ich vermutlich so geschmeidig wie eine Eisenbahnschiene. Ich bekam Rückenlage, und meine Wasserverdrängung war so hoch wie die eines Flugzeugträgers. Immerhin: Das Wasser spritzte über die Hecke, und ich war nicht auf den Rand gesprungen.

Mit stolzgeschwellter Brust verließ ich das Becken. Hinter der Hecke saßen lauter 14-jährige Mädchen, die völlig durchnässt waren. Mit war das etwas unangenehm. Ich wollte mich entschuldigen und meine Suche nach der Gemütlichkeit erklären, kam aber nicht mehr dazu, weil sich ein riesenhafter Mann vor mir aufbaute. Er blickte sehr streng auf mich herab. Seine Augen standen so eng zusammen, dass ich zuerst dachte, er habe nur eins davon. »Oh Gott«, dachte ich. »Ein Zyklop.«

»Warum baggerst du meine Tochter an?«, sagte die Mythenfigur. »Du perverse Sau.«

Ich versuchte es mit einer Erklärung, legte ihm die Hand auf die Schulter und sagte: »Ich suche die Gemütlichkeit.« Er schlug mir zweimal auf die Nase, sie war wohl gebrochen, das Blut schoss mir warm über das Gesicht. Komisch, aber plötzlich fühlte ich mich wohl. Ich lächelte.

Es war doch noch gemütlich geworden. Mir wurde ganz warm ums Herz. Oder lag es daran, dass das Blut von meinem Kinn auf die Brust tropfte?

# DEMOGRAFIE

Ich rette das Land. Kein Witz. Haben Sie mal mitgezählt, wie oft man in den letzten Monaten gelesen hat, dass die Deutschen aussterben? Ich mache da nicht mit. Verweigere mich dem Trend. Bin da ganz abgekoppelt vom Zeitgeist. Stelle die verdammte, unglaubwürdige, schwachsinnige These in Frage. Ich habe einen deutschen Pass, und ich sterbe nicht aus.

Ich habe eine Tochter. Allerdings habe ich sie nicht aus Gründen der Staatsräson gezeugt, das sei vorweg mal gesagt. Aber da ich nun offenbar etwas hergestellt habe, das hier dringend benötigt wird, frage ich mich doch, ob ich meine Staatsbürgerpflicht nicht schon übererfüllt habe. Muss ich beim nächsten Mal wählen gehen, oder reicht das Kind, um eine Bundestagswahl auszugleichen? Oder drei Landtagswahlen? Gar fünf Kommunalwahlen?

Es reicht auf jeden Fall, um mich ziemlich gut zu fühlen. Ich laufe beschwingt durch die Stadt, lächle ein klein wenig debil und denke: »Ich tue was für eure Altersvorsorge«, wenn ich kinderlose Paare sehe. Ein dämlicher Gedanke, ich weiß das, aber es hilft nichts, ich kann das nicht ausschalten: Ich fühle mich all den Kinderlosen im Land moralisch überlegen, manchmal zumindest.

Das war keine Absicht von mir. Es ist einfach passiert. Ich vermute, dass die demografische Hysterie schuld daran ist, dabei weiß doch jeder, dass es völlig hanebüchen und unwissenschaftlich ist, eine aktuelle Entwicklung einfach für die Zukunft festzuschreiben. Und so ganz global betrachtet: Von einer Menschenknappheit auf dem Planeten habe ich noch nie etwas gehört. Man könnte doch, wo wir ohnehin schon haufenweise Zeug aus China bekommen, gleich ein paar Millionen Chinesen mitimportieren, um hier eventuell was auszugleichen, wenn es hart auf hart kommt. Allerdings hat die Debatte ja auch was für sich: Als ich neulich Polen bereiste und auf diverse Ängste in der älteren Bevölkerung bezüglich der deutschen Nachbarn stieß, konnte ich lässig darauf verweisen, dass es von unsereinem nichts mehr zu befürchten gäbe. Wir würden nämlich älter, weniger, und nur noch ein paar Jahre, dann seien wir schon alle weg. Ich dagegen könnte jedenfalls jede Party mit dem Hinweis aufmischen, dass ich die Sozialkassen auch perspektivisch unterstütze, und die Umstehenden so mit einem schlechten Gewissen belasten. Allerdings war ich seit der Geburt der Tochter auf keiner Party mehr.

Neulich war ich immerhin mal im Kino. Dabei fiel mir auf, dass ich diese Kindersache so sehr verinnerlicht habe, dass sich sogar meine popkulturelle Prägung verändert hat. Ein Freund wollte einen Film mit Christian Bale sehen, aber das ging auf keinen Fall. Soweit mir bekannt ist, hat Christian Bale keine Kinder, und mit Kinderlosen möchte ich nichts zu tun haben. Den Langweiler Tom Hanks dagegen schätze ich plötzlich sehr, schlicht aus dem Grund seiner Vermehrung. Mein Lieblingsschauspieler ist aber der Antisemit und Hardcorekatholik Mel Gibson. Ich schäme mich deswegen, aber was soll man machen, Gibson hat acht Kinder. Ich geißele mich ebenso in den Bereichen Musik und Literatur. Say Hi, ein begnadeter Musikant aus Seattle und lange mein Lieblingsmusiker, höre ich nicht, auf keinen Fall, wahrscheinlich nie wieder, der Mann hat einfach keine Kinder, während mich die Kompositionen von Kinderfreund DJ Ötzi dagegen plötzlich tief beeindrucken. Ich lese keine Bücher von Kinderlosen mehr, was mir zwar die Fantasien von »Fight-Club«-Autor Chuck Palahniuk verleitet, im Gegenzug aber die Welt des Frauenromans neu eröffnet hat. Schließlich hat Hera Lind mehrere Kinder. Zum Glück kann ich Hemingway nach wie vor lesen, auch wenn dessen Sohn schon tot ist, ein Zeitlimit bezüglich der Kinderzeugung und ihrer Überlebensrate habe ich mir nämlich nicht gesetzt.

Weswegen mich auch der Vorwurf ebenjenes Freundes kalt lässt, der mit mir den Christian-Bale-Film sehen wollte. »Du bist zu engstirnig«, sagte er jüngst. »Unsinn«, motzte ich, »bin ich gar nicht. Man muss da rigoros sein.« Ich bin ja Journalist von Beruf, weswegen ich die Zuspitzung mag. Ich sagte: »Wer weiß, was das noch wird mit diesem ganzen kinderlosen Pack… Schließlich hatte auch Hitler keine Kinder.« Zugegeben: Die These ist angreifbar. Stalin hatte einen Sohn. Pol Pot? Keine Ahnung. Hatte Pol Pot Kinder?

Ist ja auch egal.

Ich jedenfalls weine jetzt öfter. Nicht bei Filmen mit Kindern, die sehe ich nach wie vor nie, weil Kinder in Filmen immer nerven. Filmkindern wünsche ich immer den sofortigen Exodus, weil sie meistens altklug daherreden und so gar nichts Kindliches haben. Ich habe insgeheim auch Angst davor, dass meine Tochter irgendwann mit mir Filme sehen will, die als »Spaß für die ganze Familie« angepriesen werden. Aber ich will nicht vom Thema abkommen: Ich weine in Szenen, in denen kein Mensch jemals geweint hat. Ein Briefträger wirft einen Brief in einen Postkasten. Ich heule. Ein kleiner Hund läuft über eine Veranda. Ich heule. Eine Blume ist im Bild. Ich heule. Jemand putzt ein Treppenhaus. Ich heule.

Ich könnte jetzt was Kitschiges sagen. Zum Beispiel: Es muss an der Magie des Moments liegen, die ich jetzt öfter spüre, aber wahrscheinlich stimmt das nur bedingt. Ich glaube, es liegt an der Zerbrechlichkeit des Lebens, die ich jetzt andauernd fühle. Sie ist auch da, wenn ich das Gefühl partout nicht brauche. Zum Beispiel im Flugzeug, oder wenn ich unter einem Baugerüst durchlaufe. Ich schwitze dann immer wie ein Schwein und stinke dementsprechend, was mich, so rein sozialkontaktmäßig betrachtet, nicht eben beliebter macht. Aber wie erklärt man das am besten? Ich stinke, denn ich bin Vater?

Apropos nicht brauchen. Da fällt mir der Geburtsvorbereitungskurs ein.

Ich bin einer von diesen verständnisvollen Männern, die einen solchen Kurs besuchten. Ich lernte dort, selber in diversen Geburtspositionen zu verharren (»Tut das mal, damit ihr wisst, wie sich das für die Frau anfühlt«). Zum Glück sollten wir nicht pressen, denn sonst hätte ich wohl in die Hose geschissen. Ich lernte, wie man die Beine, den Kopf, die Arme des Babys ertastet. Zumindest theoretisch, denn ich habe das nie geschafft und war mit meiner Unfähigkeit alleine im Kurs. Während alle anderen auf die Frage »Und, fühlt ihr euren Liebling?« glücklich nickten, fühlte ich gar nichts. Ich erschrak. »Oh Gott«, dachte ich, »wir dachten immer sie ist schwanger, und dabei ist sie nur fett geworden.« Glücklicherweise ein Fehler meinerseits. Ich lernte außerdem, wie die Frau gehalten werden muss, wenn die Wehen einsetzen, und was ich mache, wenn das Kind kommt. Ich sag mal so: Man kann sich das auch sparen und die Zeit noch mal mit Feiern verbringen, weil man dazu später ohnehin nicht mehr kommt.

Als es nämlich losging mit der Geburt und ich mit einem »Ich-verstehe-alles-mein-Schatz«-Pädagogengesicht meine Freundin im Kreissaal stützen wollte, kommunizierte sie ausschließlich schreiend mit mir. »Fass mich nicht an, du Arsch«, wahlweise auch »Hände weg, Hau ab« und »Verpiss dich endlich«. Ich verstand auch das, natürlich, das hatte ich ja alles gelernt, ihr war eher nicht nach Anfassen zumute. Ich stand eine Zeitlang funktionslos wie eine Zimmerpflanze im Kreissaal und versuchte es dann mit Anfeuern, wie beim Sport. »Zieh«, sagte ich. »Sauber.« »Das läuft, das läuft.« »Sieht super aus.« »Endspurt.« Ich stellte motivierende Zeitkorridore auf: »Noch zwanzig Minuten, dann ist das Kind da«, »Bis Mitternacht haben wir es überstanden«, »Jetzt noch eine halbe Stunde Vollgas«. Irgendwann warf mich die Hebamme aus dem Saal.

Es war mir ganz recht, dass Frau und Kind noch ein paar Tage im Krankenhaus blieben, denn noch in derselben Nacht bekam ich Fieber und übergab mich. Ich habe keine Ahnung, woran das lag, aber wahrscheinlich hatte mich die Verantwortung angesprungen und ich war noch nicht darauf vorbereitet. Ich war mehrere Tage lang krank.

Und dann zog die Tochter bei uns ein. Ich fand das ziemlich komisch, dass jemand, den ich nicht kannte, plötzlich selbstverständlich in meinem Bett schlief. Sie sah so zerknautscht aus wie Charles Bronson und kam mir vor wie ein aus dem Nest gefallenes Küken. Sie schrie. »Kein Problem«, sagte die Hebamme, »am Schreien erkennt man, was das Kind benötigt.« Nun war es leider so, dass »man« das vielleicht erkennt, womöglich hatte eine groß angelegte Erkennungsstudie das ergeben, ich erkannte es jedenfalls nicht. »Hunger« klang wie »vollgekackte Windel«, klang wie »Durst«, klang wie »vom Sofa gefallen«. Sie schrie immer.

Die Hebamme hatte noch keine Kinder. Ihr Erfahrungsschatz beschränkte sich auf ihre Arbeit, und vielleicht hatte sie noch nicht lange gearbeitet. Sie sagte: »Das kann nicht sein. Das Kind kann doch gar nicht jeden Tag weinen.« Ich stimmte da völlig zu. »Weinen« war das falsche Wort. Sie schrie, als würde sie gefoltert werden. Zweieinhalb Monate lang.

Hätte mich in dieser Zeit jemand nachts um vier Uhr besucht, er hätte sich erschrocken. Ich war bleich und völlig apathisch, weil meine Tochter mich nicht schlafen ließ, ich sah leidend aus, weil meine Nerven praktisch nicht mehr existierten, ich trug Ohrenstöpsel, weil sie immer schrie. Ich hüpfte, das Kind im Arm, auf einem Pezziball, einem großen Springball, durchs Wohnzimmer, weil das der einzige Weg war, die Tochter kurz in einen Entspannungszustand zu versetzen. Vielleicht hätte er mich aber auch gar nicht angetroffen. Ich lernte nämlich zudem nachts Norddeutschland im Allgemeinen und mein Viertel im Speziellen kennen, weil das Kind nur beim Autofahren schlief oder im Kinderwagen.

»Koliken«, sagten die Ärzte. Manche sagten auch, dass das Kind sich erst an die Welt gewöhnen müsse, »die Schwerkraft, die Weite, der Lärm, Sie wissen schon.« Eine Osteopathin sagte gar: »Ihre Tochter schreit nicht vor Schmerz.« »Ach«, erwiderte ich, »sondern?« »Vor Wut«, sagte sie und legte mir das Prinzip von Seelenwanderung und Wiedergeburt dar. Es sei vermutlich so, fuhr sie fort, dass der Seele meiner Tochter in einem früheren Leben schlimmes Leid widerfahren sei. »Ein französischer Soldat vielleicht, zu Beginn des 19. Jahrhunderts.« »Ah, Russlandfeldzug«, sagte ich und dass ich mich freue, dass meine Tochter und mein vor Jahren verstorbener Opa etwas gemeinsam hätten. Die Osteopathin fühlte sich nicht ernst genommen und brach daraufhin die Behandlung ab.

In der ersten durchgeschrienen Nacht dachte ich tatsächlich, dass das Kind stirbt. Es schrie ein Schreien, das ich noch nie gehört hatte. Es musste innere Blutungen haben oder einen Gehirntumor, irgendwas, das ich nicht sehen konnte. Ich packte das Kind panisch ins Auto und fuhr mit Höchstgeschwindigkeit ins Kinderkrankenhaus Altona. Verheult kam ich an, ich war mir sicher, dass ich in dieser Nacht Abschied nehmen müsste. (Sagte ich schon, dass ich oft heule, seit das Kind da ist?) Kaum hatte ich die Türschwelle des Krankenhauses überschritten, hörte das Kind auf zu schreien. Kaum war die Ärztin in Sicht, fing das Kind an zu lachen. Ich hatte ein lachendes und juxendes Kind im Arm, vom Heulen geschwollene Augen und andauernd lief mir Rotz aus der Nase. Das Erste, was die Ärztin sagte, als sie uns sah, war: »Geht es Ihnen nicht gut?« Mein Antwortsatz »Ich glaube, mein Kind stirbt« war völlig unglaubwürdig.

Zwar war die Tochter gesund, dennoch ging das Geschrei wieder los, als wir das Krankenhaus verließen. Auf dem Rückweg wurden wir tatsächlich von der Polizei angehalten. Es war vier Uhr morgens. »Routinekontrolle«. Eine völlig teilnahmslos dreinblickende Polizistin leuchtete mit einer Stabtaschenlampe ins Auto. Sie sah meine geschwollenen Augen und sagte allen Ernstes: »Haben Sie Drogen genommen?« Sie wollte meinen Führerschein und die Fahrzeugpapiere sehen. Das Kind schrie wie am Spieß. Ich hatte beides nicht dabei. Sie ging zu ihrem Auto zurück, um meine Angaben zu überprüfen. Es dauerte ewig. Ein Kollege nutzte die Zeit, um mich weiter zu beobachten, Lichtkegel der Taschenlampe in meinem Gesicht, Hand am Pistolengürtel. Sie kam zurück. »So, so, und Sie sagen, Sie waren im Kinderkrankenhaus?« Ich reagierte etwas gereizt. Ich sagte: »Nein, ich war Spargel stechen.« Sie sah mich an, überlegte. »Na ja«, sagte sie, »Sie sind wohl von der Situation überfordert. Ich will mal von einem Verwarnungsgeld absehen.«

Falls Deutschland wirklich ausstirbt, wäre es schön, wenn die Idioten zuerst verschwänden.

Ich treffe allerdings andauernd Kinder und glaube deswegen nicht, dass das eintritt. Ich bin so im Thema, dass ich schon von Weitem die verschiedenen Kinderwagenmodelle erkenne und genau über deren Sitzkomfort Bescheid weiß. Ich kenne mich allerdings auch ganz gut aus bei Kinderkrankheiten. Ich probiere sie immer schnellstmöglich selber aus, da meine Tochter so nett ist und mir das neueste Erregerpaket immer sofort aus dem Kindergarten mit nach Hause bringt. Neulich hatte ich irgendeinen fiesen Ausschlag an den Händen, den meine Tochter natürlich ebenfalls aus der Betreuungsanstalt mitgebracht hatte. Dort gingen gerade die Masern um, und weil das irgendwie mit Ausschlag und Mittelohrentzündung zusammenhängt, bekam ich Letzteres dann auch. Was aber auch einen Vorteil hatte: Wenn meine Tochter jetzt nachts heulte, was sie, das sei gesagt, mittlerweile nicht mehr so oft tat, hörte ich es nur mit der halben Lautstärke.

Falls sie mich übrigens mal treffen, sollten Sie reges Interesse an meiner Tochter zeigen. Ich bin beleidigt, wenn Leute sich nicht für Neuigkeiten rund ums Kind interessieren. Vermutlich bin ich so, wie ich nie sein wollte, aber immerhin rede ich wenigstens nicht von Veränderungen im Kinderkot (Alles so, wie es sein soll, danke der Nachfrage. Stinkt aber mehr, als ich dachte). Ach ja: Zu viel Interesse sollten sie aber auch nicht zeigen. Seit ich kürzlich ein Buch über Päderasten gelesen habe, bin ich in solchen Fällen misstrauisch.

Wann immer jemand »So ein süßes Kind« sagt, bin ich kurz davor, ihm an die Gurgel zu springen. Da ich mittlerweile hinter jedem Strauch einen Perversen vermute, laufe ich den ganzen Tag mit angespannten Muskeln durch die Gegend, was mich etwas steif im Bewegungsapparat macht. Dauend zerre ich mir deswegen irgendetwas, meistens in der Hüfte oder an den Beinen. Die ständige Alarmbereitschaft führt ohnehin zu einem erhöhten Aggressionspegel, der ja irgendwo abgelassen werden muss. Weil Kind und Frau natürlich tabu sind, nutze ich jede sich bietende Gelegenheit. Ich pöbele dann aus Gründen, die äußerst marginal sind, Leute an, die ich noch nie zuvor gesehen habe. Sagte ich weiter oben nicht, dass ich stinke? Ich bin außerdem ein schlechtgelaunter, unzurechnungsfähiger, bazillenverseuchter, das Bein hinterherziehender Schläger. Mit anderen Worten: Ich bin ein Zombie.

Na ja, ich muss Schluss machen. Ich muss wirklich dringend los. Gleich fängt das Rolf-Zuckowski-Konzert an.

# WALD

Waren Sie schon mal in Columbus, Ohio? Es ist ein Platz, der nicht zwingend besucht werden muss, es sei denn, man mag es wirklich sehr unspektakulär. Allerdings lernte ich dort den deutschen Wald besser kennen. Ich erfuhr, wenn man das so sagen kann, etwas über dessen Charakter.

Ursprünglich war das gar nicht meine Absicht gewesen. Eigentlich war ich dort, um einen Freund namens Mike zu besuchen, den ich irgendwann mal an der Universität kennengelernt hatte. Wir hatten dort ein Seminar über den Vietnamkrieg besucht. Mike selber neigte vernünftigerweise eher dem pazifistischen Teil des Lebens zu, weswegen er mir später in Columbus vorschlug, zwecks Amüsements in einen Tanzclub namens »The Red Zone« zu fahren.

Der Laden war voll. In Käfigen an der Decke hingen mit Lendenschurz bekleidete Tänzer, die zu elektronischer Musik alles gaben. Weil ich in Clubs immer an der Bar stehe, standen wir auch diesmal an der Bar. Ich redete mir, wie üblich in solchen Fällen, ein, dass ich mich erst in Stimmung trinken müsse. Wenn ich ehrlich bin, bleibe ich aber meisten an der Bar stehen, auch wenn ich schon lange in Stimmung bin. Oft stehe und trinke ich sogar so lange, bis die Stimmung wieder weg ist.

Manchmal überlege ich, warum man sich nicht einfach puren Alkohol in die Venen spritzen kann. Jeder Gast am Eingang des Clubs bekäme ein im Eintrittspreis inbegriffenes handliches Spritzen- und Alkoholset und legte sich dann zum gemeinsamen Rauscherlebnis auf ein bequemes Sofa, das in einer schummrigen Lounge steht. Organisiert könnte das alles sein wie eine alte chinesische Opiumhöhle, man betritt den Laden, berauscht sich, Lakaien geben währenddessen darauf acht, dass man nicht vom Sofa fällt, liegt ein paar Stunden herum, kommt zu sich und verschwindet. Das wäre wenigstens konsequent. Schließlich geht es beim abendlichen Trinken in zugigen Industriehallen nicht um den Genuss, das kann ich mir zumindest nicht vorstellen. Genusstrinker sind Lügner, denn ich kann einfach nicht glauben, dass irgendjemand in einem Club steht und denkt: »Jetzt habe ich aber wirklich mal Appetit auf ein frisches Bier« oder »Der würzige Geschmack eines leckeren Korns fehlt mir just in diesem Moment doch sehr«. Ausgeher sind Wirkungstrinker. Sie trinken, weil sie entweder nicht tanzen können oder zu schüchtern sind oder einfach sonst nichts zu tun haben in der Lokalität, aber trotzdem nicht nach Hause gehen wollen. Ich kann nicht tanzen, ich bin schüchtern, ich habe nie etwas vor, wenn ich ausgehe. Ich trank.

Tänzer zuckten ans uns vorbei. Es war laut und dunkel. Das Licht reichte allerdings aus, um auf eine Frau aufmerksam zu werden, die etwas entfernt stand und im Takt der Bässe wippte. Ihre Silhouette zeichnete sich in roten Laserstrahlen ab, die von irgendwo weiter hinten kamen. Sie sah aus wie eine Comicfigur, standen doch ihre Brüste und ihr Hintern extrem weit vom Rest der Körpers ab.

Wir sahen sie an. Man darf sich das nicht so vorstellen, dass unsere Blicke sie etwa streiften, und sich dann, zwecks Verschleierung des Hinsehens, auf etwas anderes konzentrierten, um später zu der Frau zurückzuschwenken. Ich erinnere mich, dass ich einmal im Urlaub in Kroatien eine Viertelstunde lang irgendwelche Wasserfälle besichtigte. Möglicherweise ist »besichtigen« aber ein zu schwaches Wort, schließlich war ich so fasziniert von diesem Naturschauspiel, dass ich immer das Gefühl hatte, ich würde etwas verpassen, sollte ich nur für den Bruchteil einer Sekunde nicht hinsehen. Ich stalkte also die Wasserfälle, und genau das Gleiche taten wir mit dieser Frau. Mit anderen Worten: Wir glotzten.

Weil wir uns keine Mühe gaben, unsere Blicke zu kaschieren, bemerkte sie es irgendwann. Mike sah daraufhin weg und tat beschäftigt, was ich nicht mitbekam, weswegen ich weiterglotzte. Das Glotzen hatte sich verselbstständigt. Ich konnte nicht mal damit aufhören, als sie auf mich zukam. Meine Augen waren wie festbetoniert.

»Hallo«, sagt sie und hob ihre Bierflasche zur Begrüßung. »Ich bin Lori«. Ich kam zu Bewusstsein und grinste ein Grinsen, von dem ich hoffte, dass es möglichst souverän aussah. Sie sagte irgendetwas, es bezog sich vermutlich auf mein aufdringliches Gestiere, etwas anderes kann es nicht gewesen ein. Ich verstand kein Wort.

»Ich verstehe nichts«, sagte ich, »die Musik ist so laut.«

Sie wiederholte, ich verstand immer noch kein Wort, eine andere Ausrede musste her. Ich zuckte mit den Schultern. Sie wiederholte noch mal, diesmal langsamer. Ich verstand partout nicht, was sie von mir wollte. Ich kam mir ziemlich blöd vor. Ich hatte eine Vorstellung davon, wie sie sich fühlte:

Als ich vor Jahren Zivildienst in einem Altenheim machte, versuchte ich einer älteren Frau ähnlich langsam und geduldig meinen Vornamen zu erklären.

»Wie heißt du?« »Philipp« »Wilhelm?« »Philipp«, sagte ich sehr langsam und jeden Buchstaben betonend. »Was machst du eigentlich, wenn der Russe kommt, Wilhelm?« Ich sagte noch langsamer, dass ich Philipp hieße und dass ich nicht glaubte, dass der Russe komme. Jedenfalls nicht auf absehbare Zeit. »Du kannst doch nicht mal schießen, Wilhelm. Willst du den Inhalt meines Katheterbeutels nach ihm werfen?« Ich buchstabierte: PE HA IIH EL IIH PE PE. Sinnlos.

»Wilhelm, ihr seid doch alles keine Männer, ihr Typen hier.« Sie meinte die Zivildienstleistenden, die um uns herumwuselten und den Flur fegten oder nach Industrieschlacke aussehendes püriertes Essen aus der Küche nach irgendwo brachten. Ich kam nicht umhin, ihr im Herzen zuzustimmen. Mit der vorindustriellen Beschäftigung des Ernährers, Jägers oder zumindest Feldbestellers hatte das jedenfalls nichts zu tun. Der durchschnittliche Zivildienstleistende kam mir damals vor wie eine muskellose und unterernährte Zwei-Meter-John-Lennon-Kopie, die beinahe jedes Wort, das einen männlichen Wortstamm hatte, mit einem verständnisvollen »innen« beendete. »Der Russe wird kommen«, sagte die Frau, »und du kannst nichts machen.« Sechs Monate lang grüßte sie mich mit: »Hallo, Wilhelm. Der Russe kommt, wirst schon sehen.«

Ich verstand derweil immer noch nichts, wollte das aber nicht zugeben und überbrückte die Zeit mit Trinken. Irgendwas, so hoffte ich, wird schon passieren, bis ich das Bier ausgetrunken habe. Und tatsächlich: Mike sah eine günstige

Gelegenheit, sich ins Gespräch einzumischen. »Mein Freund kann kaum Englisch«, sagte er, er zuckte mit den Schultern und lächelte ein entschuldigendes Lächeln.

Da ich ihn gut verstand, vermutete ich, dass es an ihr lag. Sie nuschelte, wahrscheinlich irgendein komischer Akzent. Ich trank das Bier aus und bestellte ein neues.

Mike hatte sich derweil warmgelaufen. Er balzte wie ein Truthahn, mich dabei zur Seite wegschiebend. Sie solle mir das verzeihen, ich sei eben Exot, aus Europa, wo die Leute noch nicht so weit seien, überhaupt sei man da ganz anders, vor allem in Deutschland, das Land, aus dem ich käme, sei es so, dass Leute eher unfreundlich seien und sich grundlos belästigt fühlen würden, wenn man sie anspräche.

Sie sah mich an. Ich hob meine Flasche zum Trinkergruß und rülpste. Jetzt war ohnehin alles egal, ich hatte das unsichtbare Schild »Ich bin hier der Depp« schon umhängen. Ich kam mir vor wie ein Ausstellungsstück. Immerhin konnte ich so mein aufdringliches Glotzen erklären, in meinem Kulturkreis, würde ich sagen, mache man das eben so, wenn man ein Kompliment ohne Worte zum Ausdruck bringen will. Ich hätte auch grunzen können wie ein wilder Eber. Oder anfangen können zu sabbern. Ich könnte jegliche Contenance verlieren, schreien wie ein sterbendes Tier, nackt einen Kopfstand machen ... was auch immer: »Mein Kulturkreis, tut mir leid«, Achselzucken, »ich bin Eingeborener.« Das Totschlagargument, das den ganzen Abend entschuldigen würde. Ich hatte mir die Erklärung im Geist ganz schön zurechtgelegt und war deswegen ziemlich stolz auf mich, hatte aber keine Gelegenheit, den Satz tatsächlich anzubringen.

»Aus Deutschland?«

Sie kam einen Schritt näher. Und noch einen. Sie sagte: »Ich muss mich mit dir unterhalten.« Sie legte ihre Hand auf meine. »Über den Wald.« Sie fragte nicht, ob ich mich auch mit ihr unterhalten wolle, sondern setzte das einfach voraus. Aber warum auch nicht, Argumente dafür waren ja nicht von der Hand zu weisen.

Sie nahm mich am Unterarm und zog mich durch den Club. Lori, die Comicfrau, war dreißig Jahre alt, ging mir in etwa bis zum Knie und hatte langes, blondes Haar. Sie zog mich in eine Ecke, die mit Sofas eingerichtet war. Wir setzten uns.

Sie sah mich an und schwieg sekundenlang. Sie kam mir glückselig vor, was natürlich schön war, denn so hatte wenigstens einer Spaß. Ich nahm einen Schluck Bier. »Deutschland«, sagte sie nach einer Weile in einem Singsang. Sie betonte es, als habe sie eine Erscheinung gehabt. Sie rückte ganz nahe an mich heran. Ich sagte keinen Ton und nuckelte an meiner Bierflasche. Ziemlich unvermittelt sagte sie: »Ihr Deutschen seid so toll.« Na also, irgendwas fing an sich zu ereignen. »Ihr kämpft zweimal gegen die ganze Welt, zweimal werdet ihr besiegt, und zweimal kommt ihr mächtiger zurück als je zuvor.« Sie glaube, sagte sie, dass der deutsche Wald uns die Kraft dazu gebe.

Ach je. Aber ich war ja allerhand gewohnt.

Einmal lag ich am Strand in Malibu, als sich ein älterer Mann neben mich setzte. Er setzte sich wirklich sehr nahe an mich heran, und ich war froh, dass er sich nicht auf mich gesetzte hatte. Er sah mich an und fragte: »Darf ich deine Füße massieren?« Er könne nämlich aus dem Fluss der Energie in meinen Füßen mein zukünftiges Leben vorhersa-

gen, und das sei ja wohl ziemlich interessant. (Seine Frage
»Ihr Akzent ist so spannend, sind Sie aus New York?« machte
mich im Übrigen sehr stolz, aber das mal nur nebenbei). Als
ich jedenfalls freundlich ablehnte, war er kurz beleidigt und
schmollte. »Also ich weiß ja nicht, was das jetzt soll«, sagte er,
zog dann aber flugs einen Beutel Gummibärchen aus der Tasche und bot mir welche an. »Aber nur die grünen«, sagte er.

Ein anderes Mal fragte ein graumelierter Herr namens
Roger, ob ich damit einverstanden sei, spontan Analsex mit
ihm zu haben.

»Hallo, ich bin Roger.« Ich stand gerade in den Hollywood
Hills und genoss die Aussicht. »Weißt du, das Problem ist,
dass ich verheiratet bin und, na ja, man kann schon sagen,
dass ich meine Frau liebe, ich habe auch zwei Kinder mit
ihr, aber das war eher ein Job. So rein sexuell betrachtet finde
ich meine Frau nicht besonders anziehend.« Ich bemühte
mich, weiter geradeaus zu sehen. »Wie wär's hier gleich um
die Ecke?«, fragte er. Ich erkannte erst jetzt – um uns herum
wimmelte es von Männern, ein Pärchen ging grinsend und
Händchen haltend vorbei –, dass man sich in diesem Teil
der Hollywood Hills nur mit einer ganz konkreten Absicht
traf. Ich lehnte ab. »Na, dann wenigstens ein kleiner Blow-
job«, sagte Roger. Ich bedankte mich höflich für das Angebot, musste aber auch dieses ablehnen. Ich schob irgendeine
fadenscheinige Ausrede vor, ich bin erkältet, irgendwas in
der Art. »Du machst es dir einfach bequem, und ich erledige
den Rest.« Roger ließ nicht locker. Ich sagte ihm, er sei eben
einfach nicht mein Typ und Schluss. Nun verstand er diesen
schon etwas schärfer formulierten Satz, allerdings nicht als
Absage, sondern wurde dadurch motiviert. »Wie wär's mit

der Hand?«, fragte er. »Gleich hier, du kannst weiter die Aussicht genießen, und ich mach dann mal.« Tatsächlich wollte ich nur die Aussicht genießen, ich war zu diesem Platz gefahren, weil man von dort so gut das »Hollywood«-Schild sehen konnte, das sich genau vor mir in die Hügel presste. Er kam mir sehr, sehr nahe. Ich müsse Verständnis für ihn aufbringen, sagte er, schließlich sei er nur wegen seiner sexuellen Orientierung aus Wisconsin nach Los Angeles gezogen. »Wo kommst du denn her?« »Schweden«, sagte ich, worauf er anfing, von der Liberalität der Skandinavier, gerade auch in sexuellen Angelegenheiten, zu schwärmen. Er sagte etwas in der Art von: »Die Schweden haben den ganzen Tag Sex und kiffen dazu ununterbrochen«, worauf ich aber nichts erwidern konnte, weil er sofort sagte, dass er ein Flüchtling sei. »Ihr Schweden habt doch ein großes Herz und Verständnis für Flüchtlinge.« Er legte mir die Hand auf die Schulter. Im Prinzip sei er nämlich geflüchtet. Er habe lange mit sich ringen müssen, ob er nicht doch lieber nach San Francisco habe gehen sollen, aber das sei wohl doch zu offensichtlich, und natürlich dürfe seine sexuelle Orientierung nicht auffallen. »Meiner Frau habe ich erzählt, ich hätte hier ein hochdotiertes Jobangebot. Du bist sicher, dass der Blow-job jetzt nichts für dich ist?« Er versuchte es auf die Mitleidstour, aber ich war mir dennoch ziemlich sicher. »Roger, hör mal …«, fing ich an. Er fiel mir ins Wort: »Vielleicht später. Wir können uns erst mit einer Mahlzeit stärken. Wir könnten hier um die Ecke … Ich kenne ein nettes Plätzchen, wo wir unter uns sind.« Er wurde penetrant. Es war Zeit für eine etwas robustere Art. Ich sagte: »Du bist eben nicht hübsch.« Er trat entsetzt einen Schritt zurück.

»Ich finde es sehr schade, dass ich dir offenbar nicht gefalle«, sagte er. »Was ist denn dein Typ?«. Um es abzukürzen: Es zog sich ewig hin. Roger verwickelte mich in ein sehr nettes Gespräch über Kinder, Weltpolitik, Sport und den Glanz Hollywoods und ließ immer mal wieder routiniert eine Frage nach Sex irgendwelcher Art in das sehr informative Gespräch einfließen, die ich ebenso routiniert ablehnte. »Ihr Schweden seid einfach tolle Menschen«, sagte er, als wir uns verabschiedeten.

Wie gesagt, ich war einiges gewohnt. »Na ja«, sagte ich zu Lori und versuchte es politisch korrekt, ich könne ja auch Franzose sein, das würde an meinem Charakter ja nichts ändern. Es gebe ja keine Person, die Deutschland sei, sondern nur ein Land, und das sei eben von verschiedenen Leuten bewohnt. Ich bin mir sicher, sagte ich, dass unter den ganzen Leuten auch der eine oder andere Unsympath sei. Auf der anderen Seite war ich mir sicher, dass es auch nette Franzosen gäbe. Sie verzog das Gesicht. Franzosen seien anders, »Das sind eben keine Deutschen«. Außerdem gebe es in Frankreich keinen deutschen Wald.

Mir fiel eine Erwiderung einigermaßen schwer. Ich hätte natürlich mit der Völkerwanderung und Karl dem Großen argumentieren können, der dadurch bedingten Durchmischung Europas und auch ganz humanistisch-evolutionär mit der gemeinsamen Abstammung aller Menschen und vermutlich auch aller Baumsamen, ließ das aber bleiben, weil es mir zum einen zu mühselig schien und sie mir zum anderen die Hand auf den Oberschenkel legte, weswegen mir eine sachliche Konzentration auf die Inhaltsebene des Gesprächs schwerfiel.

Ihr Griff wurde fester. Sie begann über Eichen, Buchen, Eschen und das ganze Blätterzeug zu schwadronieren und verstieg sich nach und nach in eine botanische Führung durch den deutschen Wald. »Der Schwarzwald gefällt mir besonders gut«, sagte sie.

Ich fragte, wann sie in Deutschland gewesen sei, wo sie sich denn in die Bäume verliebt habe und was ihr in Deutschland am besten gefallen habe. Ich wollte Smalltalk machen, wie man eben Smalltalk macht, bevor man zum eigentlichen Ziel des Abends übergeht. Toll, dachte ich. Sonst strengt man sich an wie verrückt, geht ins Fitnessstudio, geht tanzen, in öden Discotheken redet man unsinnigen Kram mit semiklugen Mädchen, und das alles nur um Sex zu haben, und hier reichte es einfach, meinen deutschen Pass vorzuzeigen. Ich war begeistert.

»Früher«, sagte sie. Ich hatte keine Ahnung, was sie meinte. Sie machte eine Pause, holte tief Luft und erzählte, dass sie damals, als sie für die deutschen Kaiser und Fürsten – »entschuldige, ich erinnere mich nicht mehr an ihre Namen« – die Lanze schwang, den dichten Forst ins Herz geschlossen habe. Die Ruhe der Bäume gebe Kraft, das dichte Blätterdach schütze vor Regen und vor Feinden sowieso, und außerdem finde man seine spirituelle Mitte leichter, sei man nur von starken Bäumen umgeben. Sie sagte: »Ich habe es genossen, dort gegen die Barbaren zu kämpfen. Der Geruch des frischen Laubes ist mir noch heute in der Nase.«

Ich war kurz irritiert. Ich trank mein Bier in einem Schluck aus. Um irgendetwas zu sagen, sagte ich: »Im Harz ist es auch ganz nett.« Ich verstieg mich zu der Aussage, dass der deutsche Wald ohne den deutschen Singvogel nur halb so schön wäre, woraufhin sie nickte. Unser ornithologisches Gespräch verlief allerdings eher schleppend. Ich beschloss zu gehen. Mike war ohnehin schon vor längerer Zeit frustriert nach Hause gefahren.

Lori gab mir ihre Telefonnummer.

Natürlich rief ich an. Warum auch nicht, schließlich war ich am folgenden Tag auf einem Oktoberfest, bei dem es Schwärzwälder Kirschtorte zu essen gab, ich mich aber nach einer gewissen Zeit etwas langweilte. Man muss vielleicht wissen, dass im 19. Jahrhundert haufenweise Deutsche in den Mittleren Westen auswanderten, weswegen man, fährt man dort auf dem Freeway, andauernd an Orten vorbeikommt die Hamburg, Bremen und Frankfurt heißen. Außerdem gibt es deswegen in jedem zweiten Ort ein Oktoberfest.

Es klingelte nur einmal. »Gut, dass du anrufst«, sagte Lori. »Ich habe gerade geduscht und stehe nackt auf dem Flur.« Ich bedankte mich für die Detailinformation. Wir verabredeten uns auf einem Parkplatz. Als sie schließlich in einem silbernen VW Jetta vorfuhr, und ich zu ihr ins Auto gestiegen war, sagte sie in chronologischer Reihenfolge folgende Sätze:

1. »Meine Katze heißt Schnitzel.«

2. »Ich liebe den deutschen Wald so sehr.«

3. »Der Rhein ist ein wahrhaft ritterlicher Fluss.«

4. »Bismarck müsste wiederkehren.«

5. »Der Deutsche an sich ist so unglaublich sexuell.«

Endlich wurde es konkret. Ich rutschte nervös im Autositz hin und her.

6. »Leider können wir aus religiösen Gründen keinen Sex haben.«

Bitte? Ich fragte nach, sie wiederholte. Ich rutschte frustriert im Autositz hin und her. Ich sah aus dem Fenster. Ich fühlte mich einigermaßen veralbert, warum sollte ich mir sonst diesen ganzen Kram anhören? Ich hoffte inständig, dass sie mich nicht in einem Waldstück enthaupten würde. Ich überlegte, ob es irgendwann in der deutschen Geschichte mal zur Opferung von Menschen gekommen war, aber mir fiel nichts ein.

In ihrer Wohnung in einem Vorort von Columbus sah es aus wie in einem deutschen Heimatmuseum. Sie hatte mehrere Sofas, auf jedem von ihnen lagen Dutzende Kissen, alle in der Mitte aufgeschlagen. Tisch und Schrank waren Bauernmöbel, das einzige Amerikanische war ein riesiger Kühlschrank, der voller Donuts war. An der Wand hingen Bilder von Kornfeldern, deren Ähren sich im Wind bewegten. Hinten links lagen Bildbände. Darin mühten sich Arbeiter in Kohlebergwerken, ich erkannte das Ruhrgebiet. Andere Arbeiter bauten Schiffe zusammen, Kaiser Willhelm lief durch Berlin, irgendwelche Kolonialbeamten standen irgendwo in Afrika, und dann gab es noch eine Zeichnung, auf der ein riesiger Bismarck mit einem Schwert in der Hand auf Frankreich stand. Ich konnte weder reden noch mich in irgendeiner anderen Form artikulieren, die schwere Last des Landes schlug mir aufs Gemüt und drückte mich Richtung Fußboden. Ich konnte kaum atmen vor Geschichte. Schnitzel kam aus irgendeinem Zimmer und schmiegte sich an mein Bein.

»Ich gehe schon mal duschen«, flötete Lori aus dem Hintergrund und verschwand.

Weil ich funktionslos im Raum stand wie eins der alten Sofas, folgte ich dem Duschgeräusch in den ersten Stock. An der Wand der Treppe hingen gerahmte Zeitungsausschnitte

»Wehrmacht überrennt Frankreich«, »Der Atlantikwall als Bollwerk«, so ein Kram. Lori bemerkte mich und rief aus der Dusche, dass ich doch schon mal ins Schlafzimmer gehen könne. Ich tat wie befohlen und wunderte mich nun auch nicht mehr sonderlich über das Poster der Band »Einstürzende Neubauten«, das an der Zimmertür hing. Und auch nicht über die kaiserliche Reichskriegsflagge über dem Bett. In der Ecke, rechts hinten neben dem Schreibtisch, stand eine Ritterrüstung. Links neben der Zimmertür hing eine dieser bayrischen Gamsbartmützen auf einem Haken neben dem Kleiderschrank. Das Fenster war mit einer Deutschlandfahne bedeckt, diesmal die aktuelle in Schwarz, Rot und Gold.

Ich war mir ziemlich sicher, dass irgendwann Paola und Kurt Felix aus dem Schrank kommen müssten, in der Hand ihre blöde versteckte Kamera. Ich war mir sicher, dass es Paola und Kurt Felix sein mussten, schließlich hätte das am besten zu einem etwas verwirrten Deutschland-Bild gepasst. Wussten sie im Übrigen, dass Kurt Felix dem drolligen Hobby nachgeht, Autobahnen vor deren Verkehrsfreigabe abzuwandern?

Ich setzte mich auf das Bett, sank bis fast auf den Boden durch, stand wieder auf und machte die Stereoanlage an. »Rammstein« dröhnte los. Der Sänger sang: »Du riechst so gut«, und Lori kam headbangend und grinsend ins Zimmer. Sie trug eigentlich nichts, jedenfalls nicht wirklich. Ihr weißes Nachthemd war so transparent, dass sie auch darauf hätte verzichten können.

Sie wies mich an, mich auf das Bett zu setzen, was ich widerspruchslos tat. Sie sagte diversen Deutschland-Kram:

Wir seien so gut organisiert, alles sei ordentlich bei uns und sauber, und wenn wir was anpacken würden, wir Deutschen, dann würden wir es, verdammt noch mal, auch richtig machen. Es kam mir vor, als würde jemand einen Sack voller Deutschland-Klischees über mir ausleeren. Ich war allerdings viel zu erschöpft, um noch etwas zu erwidern. Und was sie besonders mochte an Deutschland … »Den Wald«, fiel ich ihr ins Wort, und sie gurrte entzückt.

Sie hatte eine Idee. Sie öffnete den Schrank und nahm eine Flasche mit Schnaps heraus. Sie gab mir die Flasche, was ich als Aufforderung zum Trinken missverstand, denn als ich einen kräftigen Schluck nahm – ich hatte schon die ganze Zeit das Gefühl gehabt, dass ich etwas Alkoholisches zu mir nehmen müsste – wurde sie sehr unwirsch.

»Was soll denn das? Lies das Etikett.«

Es war mehr ein Befehl als eine Bitte. Sie setzte sich neben mich auf das Bett. Ich drehte die Flasche in meiner Hand und betrachtete sie. Ein Pferd war darauf abgebildet, das gerade irgendeine Dressurübung zu Ende brachte. Der Schnaps war in Hannover gebrannt, und dank des netten Bildes auf der Flasche erfuhr ich endlich mal, dass Niedersachsen ein großes Pferdeland ist und berühmte Gestüte hervorgebracht hat. Sie setzte sich wieder neben mich und bat mich, die Zutaten des Getränkes vorzulesen. Ich tat es, und Lori rückte mit jedem Wort näher an mich heran. Sie kommentierte Worte wie »Zucker« mit »Yeahh« und »Wasser« mit »Oohh«. Bald gingen die Töne in ein Stöhnen über, sie röhrte jetzt wie ein Hirsch.

Und dann fing sie an, mich anzufassen.

Endlich, dachte ich. Jetzt hatte sich der ganze Aufwand

gelohnt. Ich klopfte mir in Gedanken auf die Schultern. Das wurde auch Zeit. Ich ließ mich nach hinten auf das Bett sinken. Ich freute mich auf das, was gleich kommen würde. Ich schloss die Augen … nur, um sie Sekunden später wieder zu öffnen. Ihre Hände taten nicht das, was ich mir vorgestellt hatte. Das Anfassen hatte eher einen experimentellen Hintergrund denn einen sexuellen. Sie betatschte mich wie ein Kind, das zum ersten Mal in seinem Leben etwas Neues entdeckt. »Deutsch«, sagte sie gurgelnd.

Ich sprang auf. Ich nahm einen großen Schluck des Schnapses. Ich lief am Atlantikwall vorbei, durchs Heimatmuseum, fiel über ein aufgeschlagenes Kissen und entdeckte, dass an der Innenseite der Haustür ein Bild von Helmut Kohl hing. Nichts wie raus.

Als ich auf der Straße stand und ein Taxi rief, hörte ich sie hinter mir rufen. Ich drehte mich um. »Schade, dass du schon aufbrechen musst. Gib mir doch deine Telefonnummer. Dann komme ich nach Deutschland, und wir bringen die Sache zu Ende.«

Schließlich habe sie noch deutsche Briefe einer Freundin, die ihr jemand vorlesen müsse. Am besten im Wald.

# BAUMARKT

Das Erste, das ich fühlte, war die Wärme. Das Erste, das ich dachte, war: »Schade um die Popcornmaschine.« Ich sah nichts mehr. Blut lief mir über die Augen. Was war passiert? Meine Hände hatten sich zu Klauen verkrampft, mein Körper war ohne jedes Gefühl. Ich war so erschrocken, dass ich ein paar Sekunden benötigte, um mich zu sammeln. Ich wischte mir mit dem Unterarm über die Augen und sah mich um. Vor mir hing der Draht, unschuldig und rein wie ein kleines Lämmchen. Verdammter Draht.

Ich war nach hinten umgefallen und hatte dabei die Popcornmaschine mit meinem Körpergewicht zerdrückt. Ich sah den Plastikschrott an. Plötzlich wurde ich tieftraurig, trauriger, als es dem Anlass angemessen war. Gut, es war eine hübsche Maschine. Sie hatte die Form einer tanzenden Ente. Ich hatte sie schon als Kind und mich 1982, als sie mir zum Geburtstag geschenkt wurde, sehr darüber gefreut. Obwohl ich sie seit zwanzig Jahren nicht mehr benutzt hatte, hing ich an ihr. Alles, was jetzt noch übrig war, war der schwarze Zylinder, den die Ente getragen hatte. Er war offenbar durch den Aufprall abgesprengt worden, ich sah ihn unter einem Regal hervorlugen. Die Melancholie hatte mich jetzt völlig im Griff. Es lag wohl daran, dass in dieser Sekunde eine Le-

benslüge endgültig zerplatzt war, die ich bis dahin aufrechter-
halten hatte. Die Lüge lautete: Ich bin ein guter Handwerker.

Ich hatte mich kurz zuvor auf dem Dachboden ausgesperrt. Ich hatte das schwere Vorhängeschloss meines Ab-
teils zuschnappen lassen und erst dann nachgesehen, ob ich
den Schlüssel überhaupt mit rausgenommen hatte. Natürlich konnte ich ihn weder in meinen Hosentaschen noch in
meiner Jacke finden. Ich spähte durch den Draht, mit dem
die Holztür des Dachbodens gegen fremdes Eindringen ge-
sichert war. Ich konnte den Schlüssel nicht sehen. Er musste dort aber irgendwo sein. Er war ja auch sehr klein, klar,
dass ich ihn übersehen würde. Wahrscheinlich hatte ich ihn
in irgendein Regal gelegt und dort vergessen. Ich rüttelte an
der Tür. Ich versuchte, das Schloss mit den Händen zu öffnen. Ich versuchte, das Holz der Tür auseinanderzubiegen.
Schließlich versuchte ich sogar, das Schloss aufzufluchen,
was aber erwartungsgemäß auch nicht funktionierte.

Es war nun nicht so, dass ich zwingend auf den Dachboden
musste, ich hätte das Problem auch vertagen können, konnte
aber den Gedanken, ausgesperrt zu sein, einfach nicht ertragen. Ich lieh mir eine Zange bei meinem Nachbarn und begann, den Draht durchzuknipsen. Der verdammte Schlüssel,
ich würde ihn schon finden. Als ich fertig war mit der Arbeit
und durch den jetzt drahtlosen Türrahmen gestiegen war,
blieb der Schlüssel wie vom Erdboden verschluckt. Ich sah
mir die Tür an. Die Riesenöffnung war mir jetzt viel zu offen-
siv, schließlich konnte jeder Nachbar an meinen Kram. Ich beschloss, das Schlüssel-und-Schloss-Problem später zu lösen,
zuerst musste ich in den Baumarkt: Ich brauchte neuen Draht.

Ich kannte mich dort aus, ich bin andauernd im Baumarkt.

Nicht dass ich zu Hause besonders viel Handwerk zu tun hätte, ich fühle mich einfach immer sehr wichtig, wenn ich vor einer Schlagbohrmaschine oder einem Notstromaggregat stehe und wissend nicke.

Für mich hat der Baumarkt etwas Heimeliges. Er gibt mir das Gefühl, dass ich nur zwei gesunde Hände benötige und alle Probleme einfach wegarbeiten kann. Außerdem fühle ich mich als Werkzeugbesitzer einfach männlicher. Um das an dieser Stelle mal metaphysisch zu erhöhen: Baumärkte erden, sie reduzieren den Menschen auf des Menschen Kern, nämlich das Schwitzen, wenn man etwas tut. Sie sind die Antithese von Büroarbeit, billiger und natürlich auch besser als jede Rückenschule, weil man beim Handwerken im Idealfall etwas Schönes baut. Der Baumarkt ist außerdem unsere beste Verbindung in die Steinzeit: An jeder Ecke sind Grunzlaute zu hören, andauernd werden neue Werkzeuge entdeckt, die Jagd, also das Hämmern und Bohren, ist männlich dominiert, und viele Leute dort sind stark beharrt und riechen intensiv nach Schweiß. Ich würde mich daher sogar zu der These versteigen wollen, dass eine Bohrmaschine nur die Fortführung eines Speers ist.

»So, Draht wollen Sie?«, sagte der Verkäufer. »Welchen denn?« »Draht, um eine Tür zu sichern.« »Guter Mann, es gibt ja nicht den einen Draht. Wir haben verschiedene Sorten im Angebot. Es kommt darauf an, welches Material Sie wollen und ob Sie zu großmaschigen oder kleinmaschigen Drähten neigen. Ich will Ihnen das natürlich nicht vorschreiben.« Er ruderte mit den Händen. »Wenn ich Ihnen einen Tipp geben soll: Ich würde bedenken, dass wir in der nächsten Woche eine Sonderaktion starten, da gibt es dann wieder

Rabatte, und da wird dann wohl auch der Draht reduziert werden, wahrscheinlich um zwanzig Prozent. Wenn es also noch so lange Aufschub hat … In der Zeit können Sie sich ja in Ruhe überlegen, welche Art von Draht Sie benötigen.«

Ich wollte nur irgendeinen Draht.»Na ja, wenn Sie auf der sicheren Seite sein wollen, empfehle ich den hier.« Er zog einen kleinmaschigen und sehr scharfkantigen Draht aus einem Regal. Er sagte:»Der erinnert an NATO-Draht, stimmt's?« Ich hatte keine Ahnung, nickte aber trotzdem. Der Verkäufer sagte, dass das Absicht sei, es gebe da diese Legende, nach der der Erfinder des Drahtes früher an der deutsch-deutschen Grenze stationiert gewesen sei und sich dort die Inspiration für seine Produkte geholt habe. Ich bezweifelte das, aber ich schwieg. »Gerade wenn man sein persönliches Eigentum sichern will, sollte dieser Draht die erste Wahl sein.« Ich nahm ihn.

»Kann ich Ihnen sonst noch irgendwie weiterhelfen? Wie wäre es denn damit?« Er zeigte auf weiße Gartenstühle. »Für die Grillsaison.« Vermutlich bekam er einen Bonus, wenn er besonders viel verkaufte. »Mediterraner Stil, sehr schön, wenn man an einem kleinen See sitzt und mit seinen Enkeln spielt.« Ich hatte jedoch weder See noch Enkel und erlaubte mir, diesen Einwand vorzubringen. Ja ja, aber das komme schon noch, da sei er sich sicher, und ich solle doch beachten, dass das Holz extra alt aussehe, aber ganz neu sei. Man kenne das ja vom Jeansmarkt, und dieser Trend sei jetzt auch bei Gartenmöbeln sehr beliebt. »Haben Sie übrigens schon unsere Kundenkarte? Sie sehen aus, als ob Sie des Öfteren zu Gast in unserem Baumarkt sind. Für Handwerker wie Sie es sind, lohnt sich das durchaus. Sie wirken wie jemand, der weiß, wie er den Hammer halten muss.« Er schubste mich mit dem

Ellbogen an. Er lachte, höhöhö, ein Herrenwitz. Er kriegte mich trotzdem. Er sagte: »Jeder, der was zum Preis von fünfzig Euro kauft, erhält gleich eine Packung Grillkohle dazu.«

Oha, es gab was umsonst. Ich bin ja einer dieser Typen, die sofort auf billige Werbegeschenkaktionen anspringen. Ich weiß, dass ich mit der Teilnahme an einer solchen Aktion in der Regel viel mehr Geld ausgebe, als wenn ich das zu verschenkende Produkt einfach so kaufen würde, aber dieses Wissen nutzt mir nichts. So sah ich neulich, dass ein bekannter Nuss-Nougat-Creme-Hersteller damit warb, eine Sporttasche zu verschenken, wenn man sechzig Sammelpunkte einschickte, die es auf ebenjenen Gläsern der Creme gab. Pro Glas erwarb man einen Punkt. Ich aß intensiv, wurde fett wie eine Mastsau und schaffte die sechzig auch beinahe, aber dann war leider das Zeitlimit abgelaufen, das zur Teilnahme berechtigte. Wie auch immer: Wenn ich schon mal hier war, konnte ich auch gleich Gips kaufen.

Ich brauchte keinen Gips. Ich versuchte, mich selber zur Vernunft zu bringen, während ich mit dem NATO-Draht unter dem Arm durch den Baumarkt lief. »Ich brauche keinen Gips.« Ich hatte die Abteilung schneller erreicht, als mir lieb war. »Ich brauche keinen Gips.«

»Kann ich Ihnen helfen«, fragte ein zwergenhafter Verkäufer. »Ich brauche Gips«, sagte ich.

Mein Konsumproblem, so unangenehm es ist, ist nicht selten. Es gibt keinen Grund, mich dafür zu schämen, schließlich fußt ein Großteil des Umsatzes einer schwedischen Möbelkette auf der »Wenn ich schon mal hier bin, kann ich ja noch ein Teelicht und einen Serviettenhalter mitnehmen«-Methode.

»Welche Art von Gips benötigen sie denn?« Ich sagte: »Ich wohne in einem Altbau.«Was ich damit meinte ist: Der simple Vorgang »Loch bohren« mündet sehr oft in den verheerenden Vorgang: Das Loch wird viel zu groß, weil die Wand so hohl ist und nur aus blöden Rotklinkersteinen besteht, deswegen ist etwa ein Kilogramm Gips vonnöten, weil das mittlerweile riesige Bohrloch erst wieder zugeschmiert werden muss, und alles nur um ein verdammtes Bild aufzuhängen. Der Verkäufer verstand. Er verschwand kurz und kam mit einer riesigen Packung Gips zurück. »Ein Markenprodukt«, sagte er. Halte alles, trockne schnell, sei leicht zu formen, gebe es nur in Qualitätsfachmärkten.

»Mmhh«, machte ich. Er deutete dieses völlig meinungslose Geräusch als Widerspruch. Er atmete laut ein. Er hob den Kopf. Er setzte zu einer Rede an.

Was das Gemurmel denn bedeute, hier sei ein Qualitätsfachmarkt, jawohl mein Herr, das wolle er aber meinen. Qualität sei ein ständiges Ziel, das mal so im Allgemeinen, wobei der Weg das Ziel sei, und ein harter Kampf sei es obendrein. Er hob den Mut aller Mitarbeiter hervor, die täglich in die Qualitätsschlacht ziehen würden, da man dort nur verlieren könne. Habe zum Beispiel er einen schlechten Tag und käme zum Beispiel ich dann vorbei, könne er die restlichen Tage hervorragend sein, was egal sei, da mein persönliches Qualitätsempfinden entschieden gestört und damit seine Arbeit entwertet sei. Manchmal komme man sich in der Tat wie in einem Krieg vor und als Dank für den heldenhaften Kampf am Kunden werde er schlecht bezahlt und müsse mit einer sozialen Rangordnung leben, die den Beruf des Fachverkäufers irgendwo ganz unten auf der Skala zwischen Schabe und Filzlaus ansiedele. Er gedachte dann der Kollegen, ehemaligen und zukünftigen, die im Einsatz für die Qualität Erniedrigungen und Schmerzen körperlicher und seelischer Art erfahren mussten oder das noch vor sich hatten. Ich hatte das alles noch nie bedacht und war beeindruckt.

»Dennoch: Mein Job macht Spaß«, sagte er plötzlich ziemlich unvermittelt. Offenbar hatte er neuen Mut gefasst. Ob ich denn wissen wolle, woran das liege? Ich nickte, fasziniert von dem Stimmungswechsel. »Sehen Sie mal, zu uns kommen alle: Schüler, Studenten, Rentner, Arbeitslose, Arbeiter, Angestellte, selbst Chefärzte. Ich will mal so sagen: Wir bilden einen Durchschnitt des Landes ab. Der Baumarkt ist das Geschäft, das das Land am besten darstellt.« Er spielte mit den Fingern an einem Preisschild im Regal herum. »Würde ich einem fremden Besucher die Menschen in Deutschland zeigen wollen, ich würde mit ihm einen Tag im Baumarkt verbringen.« Aber es sei natürlich auch klar, dass so viele verschiedene Leute da seien. »Jeder werkelt eben gerne so für sich rum.«

Ich nicht. Bei aller Baumarktaffinität, muss ich mir da nichts vormachen: Ich mache nicht gerne Handwerksarbeiten. Ich hoffe, dass sich die Probleme von selbst beheben, wenn ich ihnen nur ein paar Tage Zeit gebe. Wenn es etwas zu tun gibt, lege ich das für die Arbeit benötigte Werkzeug zurecht, stelle, wenn die Arbeit an der Wand oder der Decke zu tun ist, was meist der Fall ist, eine Leiter oder zumindest einen Stuhl in Position, erkläre jedem fachmännisch, was ich zu tun gedenke, und lasse die Situation dann erstmal ein paar Tage auf mich einwirken. Unnötig zu erwähnen, dass sich noch kein Riss in der Wand durch die bereitliegende

Spachtelmasse dazu entschloss, sich von selber zu schließen. Gerade kleine Arbeiten dauern immer sehr lange. Was auf den ersten Blick etwas paradox wirkt, erklärt sich wie folgt: Weil das Problem ja potenziell schnell zu lösen ist, lasse ich mir mit dem Beginn der Arbeit sehr lange Zeit. Es ist ja schnell erledigt, man kann es also auch am nächsten Tag noch tun.

Trotzdem tue ich irgendwann immer alles. Wenn irgendwo etwas gebohrt, geschraubt, gesägt, gedübelt oder gehämmert werden muss, bin ich zur Stelle. Ich will nämlich nicht, dass meine Freundin sich verletzt. Ich bin da ganz ritterlich, lieber verletze ich mich. Ohne dass ich es mit Vorsatz tue, kommt das auch regelmäßig vor.

Ich hatte mal eine Kommode. Ich weiß nicht mehr, wie ich in ihren Besitz kam, aber sie war das hässlichste Möbelstück, das jemals produziert worden war. Leider war sie wahrscheinlich auch das schwerste. Als ich sie irgendwann wegwerfen wollte, konnte ich sie weder anheben noch aus der Wohnung schaffen, um sie zum Müll zu fahren. Der einzig praktikable Weg schien darin zu bestehen, sie in ihre Einzelteile zu zerlegen. Nun meine ich damit nicht Schrauben aufdrehen. Ich hasse Filigrantechnik.

Im Baumarkt kaufte ich eine finnische Axt. Ich kaufte mit Absicht ein finnisches Produkt, weil ich einen saufenden, im Wald arbeitenden, in seiner knappen Freizeit saunierenden Klischeefinnen beim Axtkauf im Kopf hatte, der sich ständig harter Winter erwehren muss und deswegen andauernd Holz hackt, damit er was zum Heizen hat. Eine italienische oder spanische Axt hätte ich zum Beispiel nicht gekauft, einfach weil die klimatischen Bedingungen dort ganz andere sind und es ja auch gar keinen Wald gibt, in dem der Hersteller das Holzhacken hätte ausprobieren können.

Die Axt lag gut in der Hand. Ich probierte verschiedene Griffe aus. Sollte sie lieber locker in meiner Faust schwingen, oder sollte sie eine feste Verlängerung meines Unterarmknochens sein? Ich kam mir vor wie Wolverine, ich stellte mir vor, dass die Axt einfach aus meinen Knöcheln wachse, würde mich jemand ärgern. Ich posierte vor dem Spiegel damit und zerhackte imaginäre Monster. Ich warf sie von meiner rechten in die linke Hand und wieder zurück. Schließlich übte ich im Flur Zielwerfen. Ich verfehlte die Kommode nur einmal, dabei allerdings flog ein großes Stück Holz aus meiner Badezimmertür. In meinem Kopf lief mein eigener »Mad Max«-Film. Ich war der Held mit der Axt, der Kinder vor fiesen Mutanten rettete. Ich überlegte, ob ich für diese Aufgabe genug Waffen hatte, und spielte mit dem Gedanken, in den Baumarkt zurückfahren, um mir eine Motorsäge zuzulegen. Es dauerte jedenfalls ziemlich lange, bis ich anfing, mich mit der Kommode zu beschäftigen.

Als ich endlich in Stimmung war und anfangen wollte, bemerkte ich, dass die Umstände eine normale Arbeit nicht zuließen. Vor allem durch das Zielwerfen war ich sehr adrenalingesteuert. Ich zog mir daher ein weißes Unterhemd und eine unterhalb der Knie abgeschnittene Jeans an und legte eine »Rammstein«-CD ein, schließlich benötigt jede Situation ihre spezielle Musik. Das Lied hieß: »Zerstören«. Im Refrain sang der Sänger: »Ich will zerstören, doch es darf nicht mir gehören.«

Ich trieb die Axt in das Holz. Die Kommode war ein älteres Modell. Sie war nicht aus billigen Spanplatten hergestellt, wie das heute oft der Fall ist, sondern ein Massivholzprodukt. Ich musste daher sehr hart schlagen, die Arbeit dauerte länger, als ich dachte. Als ich die rechte Wandseite der Kommode von der obersten Deckplatte trennen wollte und dazu in die Ecke des Möbelstücks schlug, rutsche die Axt ab und traf mit der Klinge meinen Unterschenkel. Es blutete stark, sah aber schlimmer aus, als es war. Die Axt war zum Glück nicht mehr mit voller Wucht am Bein angekommen, nur eine Fleischwunde, nicht so schlimm. Ich wischte die Klinge an der Jeans ab. Im nächsten Moment klingelte es.

Ich wohne in einer Mietwohnung. Weil die Arbeit zusammen mit der Musik und meinem Stöhnen, das ich ausstieß, während ich mit der Axt um mich schlug, offenbar sehr laut war, bekam ich Besuch von der Frau, die unter mir wohnte. Ich nehme an, dass sie sich beschweren wollte, weiß es aber nicht genau, da sie keinen Ton sagte, als ich die Tür öffnete. Noch mal zur Erinnerung: Ich trug ein weißes, mittlerweile sehr verschwitztes und dreckiges Unterhemd, meine Jeans war blutig, Blut lief mir am Bein entlang Richtung Fußboden. Ich habe keine Ahnung, ob mein Gesichtsausdruck zum Gespräch aufforderte, sonderlich liebreizend konnte er aber nicht gewesen sein, schließlich hatte ich mir gerade ins Bein gehackt. Außerdem hatte ich mich noch vor Sekunden mit Holzhacken verausgabt. Vermutlich stieg auch Dampf von meinem Körper hoch. Natürlich hielt ich auch die Axt immer noch in meiner Hand, und im Hintergrund lief nach wie vor martialische Gitarrenmusik. Ich sagte keinen Ton. Sie sah mich an. Wir standen uns schweigend gegenüber. Sie tat … nichts. Nach wenigen Sekunden ging sie, ohne ein Wort oder einen Gesichtsausdruck hinterlassen zu haben, wieder die

Treppe hinunter. Meine Nachbarn grüßen mich seither alle ungemein freundlich.

Nun hatte ich also Draht und Gips. Ich kaufte zudem ein Gefäß, um den Gips anzurühren, und einen Spachtel. Das reichte nicht. Allerdings fehlte auch nicht mehr viel bis zu meiner Gratispackung Grillkohle. Ich klemmte mir noch eine Fußmatte unter den Arm, die kann man schließlich immer brauchen, und ging zur Kasse.

Als ich den Baumarkt verließ, war ich voller Vorfreude. Jetzt konnte es losgehen. Zur Belohnung für die Arbeit würde ich nach getanem Werk grillen. Aber das war nicht der Rede wert, nur die Zugabe, richtig erstrebenstrebenswert dagegen war das Handwerk. Klar, dachte ich, liegt ja auch in der Familie.

Mein Vater ist ein guter Handwerker. Manchmal denke ich, dass ich schleunigst ein billiges, altes, renovierungsbedürftiges Haus kaufen sollte, bevor er zu alt zum Arbeiten ist. Einmal bauten wir ein Gerät, um die Beinmuskulatur zu trainieren, eine sogenannte »Beinpresse«. Sie war etwa zwei Meter fünfzig hoch, halb so breit und aus rostfreiem Stahl, V2A genannt. Mit anderen Worten: schwer und unhandlich. Mein Vater ist ein großer Stahlfreund und baut grundsätzlich alles aus V2A-Stahl, selbst Vogelhäuschen, da er auf eine Langlebigkeit der Produkte Wert legt.

Wir bauten die Beinpresse in der Garage und hatten alles bedacht – die Verstellbarkeit der Sitzhöhe war gewährleistet, das Brett, auf dem die Füße während der Übung lagen, war leicht angeschrägt, um einen besseren Druckpunkt zu erreichen – nur nicht, dass das Ding ins Haus musste. Für die Türen, geschweige denn die Fenster, war das Gerät viel zu groß.

»Das ist kein Problem«, sagte der Vater nach einer Sekunde des In-sich-Gehens. Er kramte in einer Ecke der Garage herum und zog einen Vorschlaghammer heraus. Er verlor keine Zeit mit Diskussionen, sondern begann sofort damit, das nächstgelegene Fenster mit dem Hammer zu vergrößern. Danach flexte er die Beinpresse in der Mitte auseinander, wir hievten sie in zwei Teilen durch das mittlerweile recht große Fenster, es war jetzt mehr ein Loch in der Wand, und er schweißte sie im Keller wieder zusammen.

Wieder zu Hause angekommen, stieg ich sofort auf den Dachboden. Ich schnitt den Draht zurecht, allerdings nur an einer Seite. Ich nagelte das obere Ende des Drahts an den Holzrahmen, rollte den Draht aus, nahm Maß und ging in die Knie, um eine bessere Sicht auf die Arbeit zu haben. Ich beugte mich so weit vor, dass ich genau über dem Draht war. Ich hatte ihn jetzt bis zum Ende der Tür ausgerollt. Ich nagelte ihn am unteren Ende der Tür fest. Die Tür war zu klein, um die Rolle vollständig aufzubrauchen. Der unverbrauchte Restdraht hing ausgerollt und unbefestigt am Türrahmen. Ich kniete darauf, um die Hände frei zu haben und den Draht besser an der Tür fixieren zu können. Ich hielt inne. Das sah doch gut. Ich war zufrieden mit meiner Arbeit. Ich stand auf. Leider hatte ich nicht bedacht, dass der Draht wochenlang in seiner gerollten Position verbracht hatte und nichts lieber wollte, als sich wieder zu rollen. Weil ich aufstand und ihn nicht mehr mit den Knien festhielt, schlug das lange Ende im Bruchteil einer Sekunde nach oben. Ich sah es nicht kommen, bekam meinen Kopf daher auch nicht schnell genug weg und sechs sehr scharfkantige Drahtenden in die Stirn, knapp über den Augen.

Ich fiel vor Schreck nach hinten um, auf irgendetwas drauf, die Popcornmaschine. Mein Rücken tat weh. An der Stirn spürte ich zwar keinen Schmerz, aber dafür blutete ich wie ein frisch geschlachtetes Tier. Das Blut lief mir in die Augen, ich schrie, ich dachte, ich sei blind.

Als ich mir mit dem Unterarm über die Augen wischte, sah ich zuerst den Schlüssel für das Vorhängeschloss. Er hatte die ganze Zeit auf dem Boden vor der Tür gelegen.

# CAMPEN

Sie werden sich wie zu Hause fühlen«, sagte der Mann am Eingang des Campingplatzes in der Nähe der kroatischen Stadt Split. »Ganz bestimmt.« »So«, sagte ich, »warum denn das?« »Es wimmelt nur so von Deutschen«. Es war vermutlich als Kompliment gemeint, doch ich war nicht sicher, ob ich mich darüber freuen sollte. Er schob eine Karte über den Schalter: »Campingplatz-Benimm-Regeln«. »Mittagsruhe von 12 bis 15 Uhr. Kein Lärm zwischen acht Uhr abends und acht Uhr morgens. Viel Spaß.« Ich lächelte schwach. Wir waren auf einem Friedhof gelandet.

Wir sahen uns um. Der Platz war gut besucht. Wohnmobile standen dicht an dicht, ab und an quetschte sich ein Zelt dazwischen. Armdicke Stromkabel lagen kreuz und quer über das Gelände verteilt, es gab große Straßen, eine Bar und einen platzeigenen Supermarkt, natürlich einen Waschsalon und eine große Toiletten-Dusch-Kombination, die gefliest war und so aussah wie ein Schlachthaus. »Ist doch gar nicht so übel hier«, sagte meine Freundin bemüht optimistisch. Sie zeigte auf die Adriaküste, die sich hinter Dutzenden Wohnmobilen abzeichnete.

Wir gingen die Hauptsraße entlang und bestaunten die »Vorfahrt achten«-Schilder, die überall hingen. Später erfuhr ich, dass die deutsche Straßenverkehrsordnung auf dem Platz galt. Neben einem Wohnmobil, groß und schwer wie ein Schützenpanzer, wollten wir unser Zelt aufbauen. Vor dem Bus stand eine Sitzkombination weißer Plastikmöbel aus dem Baumarkt, daneben, auf einer kleinen Kommode, auf der Fußballsammelbildchen klebten, der laufende Fernseher, deutsches Programm. Die Nachbarn hatten einen Holzjägerzaun um den Bus gestellt. An der Antenne war sowohl Schwarz-Rot-Gold als auch eine große Unterhose geflaggt. Vermutlich war das ironisch gemeint. Wir hatten gerade angefangen, als die Tür aufging und eine Frau mittleren Alters uns mit einem bunten Potpourri an Weisungen begrüßte: »Der Platz ist schon besetzt, hier bauen wir heute Abend unsere Veranda auf«. »Das geht so nicht.« »Da kann ja jeder kommen.« »Alteingesessene haben längere Rechte als Jungspunde.« »Wir stehen seit Jahren an diesem Platz.«

Bevor wir irgendeine Reaktion zeigen konnten, hörten wir ein »Nun lass doch mal, Gitte« aus dem hinteren Teil des Wagens. Sekunden später tauchte ein Mann mit weißem Bademantel in der Tür des Wohnmobils auf. Er sah aus wie ein Pfropfen Wachs. Klar, auf Campingplätzen lässt man sich gehen, dachte ich, man ist ja im Urlaub. Um ästhetisch etwas dagegenzusetzen, pulte ich in meinem rechten Ohr. »Moin«, sagte er, »Wo geiht?« Offensichtlich war er aus Norddeutschland.

Er sah uns an und sagte gönnerhaft: »Macht mal.« Wir machten. Gitte verzog sich schmollend in den Wagen.

Wir fühlten uns beobachtet, kein Wunder, schließlich stand unser neuer Nachbar immer noch in der Tür. Um diese unangenehme Situation etwas abzumildern fing ich ein Gespräch an.

»Hamburg?« »Nee, Stade«, antwortete er. »Ich bin Klaus.« Wir stellten uns ebenfalls vor. »Die kriegt sich schon wieder ein«, sagte er, mit dem Kopf Richtung Wohnmobilhinterteil deutend: »Keine Angst.« Wir hatten keine Angst. Ich bedankte mich unterwürfig dafür, dass wir diesen Platz nutzen durften, obwohl er natürlich kein Privatbesitz von Klaus und Gitte aus Stade war. »Hey«, sagte er, »das ist gar kein Problem, wir haben doch alle dieselbe Leidenschaft.« Offenbar sah ich ihn fragend an, denn er fügte erklärend »Campen« hinzu.

Der Platz war nicht so gut, wie wir zuerst gedacht hatten. Er zeichnete sich in erster Linie dadurch aus, dass diverse Baumwurzeln durch die Erde nach oben stießen und das Gelände hart und uneben machten. Außerdem fiel uns jetzt auf, dass mehrere große Stromkästen in unmittelbarer Nähe standen und Kabel kreuz und quer herumlagen. »Ja, ne«, sagte Klaus, »wenn hier der Blitz einschlägt, dann haben wir die beste Show, dann rennt ihr wie die Hasen.«

Als wir das Zelt aufgebaut hatten, verschwand meine Freundin zum Auto. Weil ich keine Lust hatte, alleine mit Klaus zu sein, beschloss ich, am Kiosk etwas Bier zu erwerben. Ich fragte, ob ich etwas mitbringen solle.

»Anfänger, was? Wir haben alles dabei.« Er bot mir nichts an. Sagte stattdessen: »Hier wird man nur abgezockt.« Pulte jetzt ebenfalls in seinem Ohr. »Das ist doch immer so im Ausland. Weil die hier nix auf die Reihe kriegen, nehmen sie es von den Lebenden.« Im Hintergrund erschien wie auf Kommando seine Frau, offenbar hatte sie uns verziehen. Sie sagte: »Von den Toten können sie es ja nicht mehr kriegen.« Beide lachten. Ich lächelte gequält. »Jetzt mal im Ernst«, sagte sie zu mir, »die Einheimischen sind ja ganz nett, aber Ahnung haben die keine.« Nach einer Kunstpause, in der sie die Antenne des Fernsehers verstellte, sagte sie: »Und morgens sind die Brötchen auch schon ganz kalt.«

Ich hasse Campen. Ich habe das immer getan. Mir erschloss sich noch nie ein Sinn darin, in einem Wohnwagen durch die Gegend zu fahren, von dessen Gegenwert man dutzendfach in einem tollen Hotel in einer teuren Stadt hätte übernachten können, nur um auf einem Platz zu stehen, auf dem alles so ist wie zu Hause. Ich habe nie verstanden, warum man im Urlaub in ein Chemieklo kacken sollte und weswegen es erstrebenswert ist, möglichst viel des eigenen Hausstandes mit in die Ferien zu nehmen. Vor Kurzem sah ich eine Reportage im Fernsehen. Ein Reporter besuchte den italienischen Campingplatz »Union Lido« bei Venedig. Ich erfuhr, dass besagter Platz einer der größten in Europa ist und mehr als elftausend Menschen dort urlauben, die überwiegende Mehrheit von ihnen Deutsche. Auf die Frage des Reporters, was er an diesem Platz besonders möge, sagte ein schnauzbärtiger Urlauber: »Na, Sauberkeit und Ordnung.«

Ich weiß nicht, warum meine Freundin Campen toll findet, aber sie tut es. Seit wir uns kennen, versucht sie, mich von der Romantik eines Campingurlaubes zu überzeugen. Ich hatte mich drei Jahre lang erfolgreich gewehrt, aber im vierten einfach keine Energie mehr gehabt.

Wir waren in einen Campingfachmarkt gefahren. Offenbar lief das Geschäft gut, es wimmelte von Menschen. Wortfetzen belästigten meine Ohren: »… zurück in die Natur …«, »… Abenteuer erleben …«, »… raus aus dem Alltagstrott …«,

»... wieder mit sich selber ins Reine kommen ...«, »... spontan sein ...«.

»Hallo.« Ein Mann mit Pferdeschwanz tauchte vor uns auf. Auf dem Schild an seinem atmungsaktiven T-Shirt stand: »Stefan. Survival-Spezialist«.

Stefan war sofort sehr vertraulich. »Ich bin Stefan, und ihr beiden Hübschen seht aus, als wollt ihr mal was erleben. Ihr plant ein Abenteuer, richtig? Ihr wollt sicherlich nach Kanada.« Merke: In Campingfachmärkten tauchen die Worte »Kanada« und »Abenteuer« immer im selben Satz auf, oftmals verbunden mit der geografischen Abwandlung »Alaska«. Es stellte sich heraus, dass »Kroatien« das falsche Reiseziel war. Der Survival-Spezialist war eher für Härteres zuständig: Bodenfrost, Bären, endlose Weiten, Fische fangen mit den Händen. Hochsaison, Sommer, Mittelmeer, essen gehen faszinierte ihn nur bedingt. Er war etwas enttäuscht. Ich wollte das nicht, ich fühlte mich aus irgendeinem Grund zuständig für Stefans Spaß an der Arbeit. Dieses Jahr seien wir schon in Kanada gewesen, sagte ich daher, weswegen wir, quasi zum Auslaufen, mal in den Süden wollten, es mache ja auch keinen Sinn, im Sommer nach Kanada zu fahren, die Kälte dort sei ja Teil des Erlebnisses. Ich kam in Fahrt. Ich sagte: »Normalerweise schlafen wir ohne Zelt an der Stelle im Wald, die uns am besten gefällt. Wir haben dann nur eine Plane dabei, die wir an einem Stock befestigen, so als provisorisches Nachtlager. Da legen wir uns mit unseren Schlafsäcken drunter. Morgens essen wir dann, was wir finden«. Ich schlug ihm kollegial auf die Schulter. »Die Natur deckt doch den schönsten Tisch«, sagte ich.

Er lächelte. Endlich hatte er einen Seelenverwandten gefunden. Er erzählte uns, dass seiner Ansicht nach das Wichtigste beim Campen ein gutes Buch sei. »Etwas zum Schmökern«, sagte er, »würde ich euch wärmstens ans Herz legen.« Wir lächelten freundlich, erlaubten uns aber, darauf hinzuweisen, dass wir ein Zelt kaufen wollten.

»Ach ja, klar«, sagte Stefan und führte uns zur Ausstellungsfläche vor den Markt, auf der Dutzende Zelte aufgebaut waren. Ich hatte das Gefühl, zwischen Pest und Cholera wählen zu müssen, und flüchtete sofort ins innere Exil. Meine Apathie wurde erst beendet, als meine Freundin »Das ist doch ganz hübsch« sagte. Sie deutete auf ein sehr kleines Zelt, das mich an die Hülle einer Leberwurst erinnerte. Es wurde als bequemes Zwei-Mann-Zelt angeboten, sah aber so aus, als sei es bereits für mich alleine viel zu klein. »Eine gute Wahl«, sagte Stefan. »In dem Zelt ist man nahe dran an der Natur.« Das war etwas, das ich auf keinen Fall wollte: nahe dran sein an der Natur. Ich hatte die Hoffnung gehabt, dass es ein Zelt gäbe, das sich nicht nach Zelten anfühlte, wenn man es benutze. Ich hoffte, es gäbe ein Zelt, das macht, dass ich ein eigenes Bad hatte und keinen Dreck an den Füßen. Natürlich sollte das Zelt auch für gutes Wetter und perfekten Schlafkomfort verantwortlich sein. Und ganz wichtig: Ich wollte darin stehen können.

Mit Zelten, die offenbar für Zwerge und Wichtel hergestellt worden waren, hatte ich nämlich jahrelang Erfahrung. So war ich früher andauernd auf irgendwelchen Festivals, wo man immer campte. Weil ich noch weniger Geld hatte als heute, konnte ich mir nur das kleinstmögliche Zelt leisten. Immerhin bekam ich ein intensives Zelterlebnis, da es fast immer regnete. Der Untergrund verwandelte sich so in Sekunden von einer staubigen Ebene in eine Schlammpfütze, und weil ein Zelt ja kein Boot ist, war es immer nass, von oben und von unten.

Eines der schönsten Erlebnisse hatte ich, als ich 1994 an einer Rennstrecke in der Eifel campierte und morgens um fünf Uhr eine Horde Betrunkener über und in das Zelt fiel. Man kann es ihnen nicht verdenken, schließlich ragte der höchste Punkt der größten Zeltstange gerade so über die Grasnabe. Ich bekam nasse Zeltlappen ohne Vorwarnung ins Gesicht gedrückt und wurde mitsamt zusammengestürzter Zeltplane mehrmals um meine Achse gedreht. So, dachte ich, muss sich eine Seebestattung anfühlen. Der Vorgang war umso bedauerlicher, weil ich gerade erst eingeschlafen war. Zuvor hatte ich stundenlang mit der papierdicken Isomatte gerungen, da sich jedes Stöckchen auf dem Boden als Schwert entpuppt hatte, das meinen Rücken aufschlitzen wollte. Weil es natürlich auch dort regnete und die wenigen trockenen Plätze im Zelt immer ungleich verteilt waren, ähnelte meine Schlafstellung dem strukturlosen Wuchs einer Schlingpflanze.

»Wenn es kalt ist«, sagte ich zu Stefan, »schläft man am besten in der Fötusstellung.«

Ich kaufte das teuerste Zelt, das es in dem Laden gab. Es sah aus wie ein Haus und war auch ähnlich schwer. Von der Übergepäckgebühr im Flugzeug hätten wir schon eine Nacht in einem Mittelklassehotel ... na ja, lassen wir das.

Als ich mit meinem Getränk zurück zu unserem Zeltplatz ging, fing es an zu regnen. In drei Wochen Kroatien regnete es einmal: natürlich an dem Tag, als wir zum ersten Mal unser Zelt ausprobieren wollten. Ich sah in den Himmel, fluchte über das Wetter und stolperte über eines der Stromkabel, die auf dem Boden lagen. Ich konnte den Sturz abmildern, indem ich mich reaktionsschnell zur Seite abrollte, wobei ich das Bier versehentlich über mich schüttete. Den Unterarm hatte ich mir trotzdem an einem abgestorbenen Ast aufgeschürft. Klaus stand immer noch in der Tür seines Campers. Er klatschte. Er lud uns zum Grillen unter ihr Vordach ein.

Während Gitte den Grill aufbaute, zapfte Klaus ein Zehn-Liter-Fässchen norddeutschen Bieres an. Er füllte vier Gläser ab, hob seines in die Höhe und sagte: »Nicht lang schnacke, Kopp in' Nacke.« Er trank es mit einem Zug aus. Er forderte mich auf zu trinken, ich trank. Er füllte zwei neue Gläser. Er sagte: »Der Kopf tut weh, die Füße stinken, höchste Zeit, ein Bier zu trinken.« Wir tranken sie aus. Zwei neue. »Mit des Bieres Hochgenuss wächst des Bauches Radius.« Zwei neue. »Das Bier, das nicht getrunken wird, hat seinen Beruf verfehlt.« Wir tranken.

Mit dem Alkoholpegel stieg auch die Vertraulichkeit. Gitte hatte uns gänzlich verziehen und servierte Steak mit Würstchen, ohne Schnickschnack. Es sei schon besser, sein eigenes Essen mitzunehmen, sagte sie, man kenne doch die Horrorgeschichten von Nepp und Betrug und Keimen und mangelnder Hygiene. »Trotzdem«, sagte sie, »mit den ganzen Deutschen hier ist es sehr schlimm geworden.« Klaus nickte. Das sei hier ja alles so typisch deutsch, sie rollte mit den Augen. Normalerweise sei man eher für sich, im Landesinneren, sagte Klaus. Na ja, sagte Gitte, man sei ja schon oft hier, aber mindestens genauso oft buche man auch ökologisch korrekt mit Zertifikat. Sie seien einfach keine Pauschalurlaubertypen, das ohnehin nicht und campen ... man gewöhne sich halt daran. Ein Freund habe sie vor Jahren ohne ihr Wissen bei einem Preisausschreiben angemeldet und der Gewinn sei ein Wohnmobil mit Campingurlaub gleich dazu gewesen. Sie könnten also nichts dafür, seien aber irgendwie darauf hängengeblieben. »Wie auf dem auch«, sagte Klaus und nahm einen Schluck Bier.

Nach anderthalb Stunden war die Veranstaltung beendet. Weil »Wer wird Millionär?« im Fernsehen kam, wurden wir verabschiedet.

Ich ging duschen. Musste mich in einer Reihe anstellen und warten. Erinnerte mich an ein Amt. Hätte am liebsten eine Nummer gezogen, um irgendwann mal an der Reihe zu sein. Sah Camper in die Dusche rotzen und beschloss, diese Dusche zu meiden. Lehnte eine Unterhaltung ab, die der Wartende vor mir mit mir führen wollte, Thema: Selbst die Fremdenführer haben hier keine Ahnung. Entwickelte langsam einen Hass auf die Menschheit. War im Begriff zu gehen, hatte dann aber das Glück, dass noch eine Duschkabine frei wurde. Betrat die Dusche. Entdeckte ein haariges Tier im Abfluss. Stellte fest, dass es ein Überbleibsel der vor mir Duschenden war. Sah außerdem eine benutzte Damenbinde in der Ecke der Duschwanne. Hatte ein Übelkeitsgefühl. Stellte mich auf Zehenspitzen, versuchte, immer den Boden in Blick, möglichst viel Wasser mit möglichst wenig Bewegung zu erhaschen. Wurde deswegen nicht richtig sauber.

Auf dem Rückweg konnte ich unser Zelt nicht finden. Ich lief minutenlang orientierungslos über den Platz. Um einen besseren Überblick zu bekommen, stieg ich einen kleinen Hügel hinauf – was sich im Nachhinein als wenig clever erwies, musste ich doch durch eine Reihe hüfthoher Büsche.

Als ich das Zelt schließlich fand, war ich wieder ziemlich dreckig.

Ich legte mich erschöpft in den Schlafsack. Meine Freundin schlief bereits. Ich streckte mich, ich stieß mit den Füßen an. Das Zelt war gar nicht so groß, wie es aussah. Unnötig zu erwähnen, dass die Isomatte auch diesmal jede Unebenheit des Bodens sofort an mich weiterreichte. Ich versuchte dennoch zu schlafen. Ich drehte mich hin und her, und schon nach wenigen Minuten tat mir alles weh. Ich hatte das Gefühl, ich sei von einem Schnellzug erfasst worden. Leider war mein Darm äußerst aktiv, ich nehme an, das lag am regen Biergenuss, jedenfalls hatte ich Blähungen. Draußen regnete es, innen stank es. Weil es so eng war, war die Luftfeuchtigkeit sehr hoch. Kondenswasser tropfte von der Decke. Ich lag in meinem selbsterzeugten See. Ich hatte gar kein Zelt gekauft, sondern eine mobile Sauna. Etwa eine Stunde später dämmerte ich weg.

»Ommm.« Ich schreckte hoch. »Ommm.« Was war das? »Ommm.« Meine Freundin schlief immer noch. »Ommm.« Ich war nass geschwitzt.

Es ommte minutenlang. Ich ging schließlich nachsehen und fand im Zelt nebenan zwei Motorradfahrer aus dem Kärntner Land, die mir versicherten, Buddhisten zu sein. Sie hatten eine Kerze angezündet und waren dabei, in sich zu gehen.

»Ommm.«

»Geht das auch leiser?«, fragte ich. »Ich kann nicht schlafen.«

»Der Schlafende ist mit sich im Reinen«, antwortete einer, ohne die Augen zu öffnen. Mit ihnen habe meine Schlaflosigkeit nichts zu tun, das sei mal sicher. Ich sei herzlich eingeladen, mit ihnen an meinem positiven inneren Selbst zu arbeiten.

Ich war zu erschöpft, um eine Aggression zu versuchen, befürchtete aber auch, dass sie in diesem Fall ins Leere laufen würde. Ich ging zurück in unser Zelt, meine Freundin schlief, ich erwog, sie zu wecken, einfach weil ich nicht alleine wach sein wollte. Ich legte mich wieder hin. Hörte die einen Nachbarn ommen. Die anderen Nachbarn sehen fern. Ich war mir sicher, dass meine Wirbelsäule auf dem harten Boden Schaden nehmen könnte. Ich hatte ein Gefühl der Beklemmung und befürchtete, dass ich ersticken würde, würde ich im Zelt bleiben, schließlich war es so eng, dass bestimmt nicht mal Platz für genug Sauerstoff war. Ich bekam sofort einen stechenden Kopfschmerz.

Ich nutzte die Nacht schließlich, um die Adriaküste im Dunkeln kennenzulernen. Ich ging spazieren, sah den Sonnenaufgang, fror und war um sechs Uhr morgens der erste Kunde in einem nahen Supermarkt.

Als meine Freundin aufwachte, tat ich so, als sei ich gerade aufgestanden. Ich hatte Brötchen besorgt. »Wie war deine Nacht?«, fragte sie. Ich lächelte selig. Ommm.

Wir machten so was wie eine Rundreise, weswegen wir am Abend auf einem anderen Campingplatz ankamen. Minuten nach unserer Ankunft sagte meine Freundin: »Wo ist eigentlich unser Zelt? Ich kann es nicht finden.« Na so was, das hatte ich wohl versehentlich vergessen einzupacken.

# GENERATION XY

Nein, ich möchte nicht vereinnahmt werden. Nicht schon wieder. Ich kann mich noch erinnern, dass ich mich geschmeichelt fühlte, als es zum ersten Mal passierte. Beim zweiten Mal vermutlich auch noch. Beim dritten Mal war ich verwundert, und beim vierten Mal habe ich damit begonnen, es zu ignorieren.

Obwohl ich mich nicht wesentlich verändert habe, bin ich mittlerweile wahrscheinlich schon zehn oder zwölf Mal als »Generation« bezeichnet worden; mit jeweils wechselnden Eigenschaften. Das Füllwort dahinter können sie wahlweise einsetzen, es gäbe da zum Beispiel zur Auswahl: X, Golf, MTV, Milchkaffee, Praktikum, Krise, Prekär. Das war jetzt mal aus der Hüfte geschossen, wenn ich mich kurz konzentrieren würde, würden mir mit Sicherheit noch mehr Platzhalter einfallen.

Ich habe das mit dem Ignorieren leider nicht durchgehalten, weswegen ich mittlerweile nur noch missmutig an Zeitungskiosken vorbeigehen kann, denn kaum sehe ich eine Zeitschrift, schreit mich der Titel an: »Du bist eine Generation.« Und schmeißt sich ran an mich. Die Behauptung mag kühn sein, aber mir ist diese Lust an der Nabelschau außerhalb Deutschlands noch nie aufgefallen. Ich erwähnte wohl irgendwo in diesem Buch mal meinen Beruf (Journalist), weswegen ich es mir angewöhnt habe, überall in der Welt in Zeitschriftenläden zu gehen und mir Magazine anzusehen. Nur hierzulande muss ich immer über Schauspielschülerinnen mit Zukunftsängsten und Grafiker mit Geldsorgen lesen, die alle so tun, als seien sie ich. Irgendjemand findet sich immer, der für »die Generation« spricht.

Ich kann mich nicht erinnern, jemanden zu meinem Sprecher erklärt zu haben.

Frauen kann man mit diesem Generationenkram jedenfalls nicht kennenlernen. Ich habe das in einer Art Selbstversuch kürzlich mal einen Abend lang ausprobiert. »Hey Baby, wie wär's? Wir sind doch eine Generation.« Klappt einfach nicht. Reicht vermutlich nicht als Gemeinsamkeit.

Vielleicht, dachte ich, liegt es aber auch an den Frauen. Vielleicht hatten die einfach nicht kapiert, dass wir eine große Familie sind, wir Generation von 20- bis 35-Jährigen. Ich ahnte wohl, dass ich mich selber belog, deswegen suchte ich in meinem Gehirn schnell nach Beweisen für eine andere abstruse These. »Frauen können schließlich auch nicht Autofahren«, sagte ich zu mir selbst, aber mir fiel kein Beispiel ein. Dann überlegte ich, ob Frauen im Kopf einfach schon weiter entwickelter sind als Männer, schließlich war das früher auch immer so, als alle Schulkameradinnen, die ich je hatte, immer zwei Jahre ältere Freunde hatten, weil ihnen Gleichaltrige zu kindisch waren. Kann ja sein, dass sie auf das Generationenbefindlichkeitsgequatsche deswegen nicht mehr anspringen, weil sie im Kopf schon zu einer anderen Generation gehören.

Ich beschloss, es mit einem Mann zu versuchen. Ich sah

ein bekanntes Gesicht in der Menge. Woher kannte ich den nur? Egal.

»Hallo«, sagte ich, »wie geht's?« Er sah mich skeptisch an und sagte keinen Ton. Ich ließ nicht locker, schließlich war ich dank medialem Dauerfeuer davon überzeugt, dass wir quasi Brüder waren. »Du und ich, wir sind doch die Generation Facebook«, sagte ich. Er sah mich immer noch an, fragte dann aber etwas gereizt, ob er mich kenne, wobei er das aber nicht glaube, da er grundsätzlich keine Freaks kenne, und was ich denn dann bitte schön von ihm wolle. »StudiVZ?« Er wandte sich ab. »Na ja, die digitale Boheme eben.« Er ging. Klappte auch nicht.

Und dann fiel mir ein, dass der Typ einer meiner Sozialnetzwerkkontakte war. Ich hatte ihn irgendwann mal in meinen Freundeskreis aufgenommen, keine Ahnung warum, vielleicht hat mir sein Musikgeschmack gefallen, vielleicht auch eines der Bücher, die er las, aber das war ja auch klar und überraschte mich nicht, schließlich, ich sagte es bereits, waren wir eine Generation. Ich war ein bisschen beleidigt, weil er mich nicht erkannt hatte. Offenbar waren wir total verbunden, und trotzdem verband uns nichts. Sehr verrückt.

Wäre er nicht gegangen, ich hätte ihn wohl mal gefragt, wann er zusammenziehen wolle mit seiner Freundin, was eine gute Beziehung zu den Eltern ausmache und wann er eigentlich eigene Kinder kriegen wolle (Oh Gott, bloß nicht zu früh, wir sind ja selber noch halbe Kinder, wir mit unseren 33 Jahren). Fragen eben, die unsere Generation angeblich andauernd stellt. Ich hätte ihn außerdem fragen können, ob er angepasst und ängstlich, antikapitalistisch und globalisierungskritisch, konformistisch und konsumfreudig, unpolitisch und überempfindlich, hedonistisch und egozentrisch, spießig und egoistisch sei. Sind wir ja alles, muss man ja nur die Presse verfolgen. Das Gute an diesen ganzen Begriffen ist: Für jeden ist etwas dabei. Irgendwas passt mit Sicherheit.

Ich fragte mich, warum ich noch von keiner »Generation Adjektiv« gehört hatte.

Neulich habe ich gelesen, dass Leute wie ich den ganzen Tag mit dem Notebook in Berlin-Mitte (oder ähnlichen Stadtteilen in Deutschland) in Cafés sitzen würden. Habe ich noch nie getan. Ich nehme mein Notebook nie irgendwohin mit und habe es nur gekauft, weil es kleiner ist als ein normaler Rechner. Dann las ich, dass Ritalin die Modedroge meiner Generation ist. Ich machte diverse Anrufe im Freundeskreis, alle etwa so alt wie ich, und fand tatsächlich niemanden, der Ritalin je genommen hatte.

Ich machte dann den Verallgemeinerungs- und Klischeetest.

Ich ging in einen unverdächtigen Club bei mir um die Ecke, mischte mich in die erstbeste Unterhaltung ein und sagte: »Türken stinken alle nach Knoblauch.« Ich hatte die ungeteilte Aufmerksamkeit. Ich sagte: »Franzosen essen Frösche und Baguette, Pferdesalami und Käse. Außerdem trinken sie den ganzen Tag Rotwein.« Einer fragte, wer denn das Arschloch reingelassen habe. Ein anderer wollte wissen, was ich mir einbilde und wo ich entsprungen sei. Es gab auch Ratschläge, wie etwa den, dass ich mal dringend zum Arzt gehen müsse. Jemand schlug undiplomatisch vor, dass ich verschwinden solle. Gerade letzter Hinweis wurde eher aggressiv an mich herangetragen. Ich beschloss zu gehen, einen hatte ich aber noch. Vollgas. Ich sagte: »Juden können gut mit Geld.«

Jemand schlug mir ins Gesicht. Zwei Leute packten mich, schleiften mich zum Türsteher, der mir noch mal ins Gesicht schlug und mich dann rauswarf. Offenbar hatte sich mein Irrlichtern schnell herumgesprochen: Vor der Tür wurde ich tatsächlich angespuckt.

Wenigstens war die Gegend nazifrei.

Das Generationsgeschwafel ist aber nicht nur ärgerlich, es ist auch ganz schön verwirrend.

Neulich war ich an einem schönen Sommerabend im Park und traf eine Horde Bekannte, eine davon im neunten Monat schwanger, noch zwei Wochen bis zum Stichtag, alle waren etwa in meinem Alter. Nach einiger Zeit stieß ein 47-jähriger Trottel in einer Daunenjacke dazu. Wohlgemerkt: Es war immer noch sehr warm. »Mensch«, sagte er, das Wort »Mensch« dabei in die Länge ziehend wie ein Gummiband, »ich bin gerade aufgestanden. Ist doch noch ganz schön warm geworden heute.« Er hatte riesige Ringe unter den Augen. Das Erste, was er tat: Er baute sich einen Joint. Dann sprach er die Schwangere an. »Mensch«, sagte er wieder, »warum warst du denn nicht auf der Party gestern? Wir haben bis sieben Uhr morgens gefeiert.«

Ist der Kerl nun meine Generation, obwohl das altersmäßig nicht hinkommt, er sich aber so benimmt, als sei er zwanzig Jahre jünger als ich, und zieht das den Durchschnitt so nach unten, dass er also passt in, na ja, meine Generation eben?

Ich erinnere mich mit Grauen an eine Mitschülerin, die mal sagte: »Modern Talking ist super. Ich mag gerade die soften Melodien der beiden, da hat man nicht hinterher noch zwei Tage Ohrensausen.« Wie gesagt, eine Mitschülerin, mit anderen Worten: so alt wie ich. Das ist fünfundzwanzig Jahre her, aber selbst damals habe ich schon gedacht, dass ich nicht mit solchen Leuten in einen Topf geworfen werden will.

Meine letzte Begegnung mit der »Generation Guns N'Roses« (danke für die Blumen, den Namen habe ich mir selber ausgedacht) war auch eher unästhetisch. Ich fand Guns N'Roses immer super, weswegen ich mir die neue Platte auch gekauft hätte, wenn Axl Rose plötzlich Ungarisch gesungen hätte. Ich ging am Tag des Erscheinens in einem Elektrogroßmarkt. Am Eingang wies mich ein großes Schild auf die neue CD hin. Ich wurde dort auch damit vertraut gemacht, dass der CD-Stapel in der Musikabteilung einen Meter fünfzig hoch sei und man ihn einfach nicht übersehen könne. Ich übersah ihn trotzdem.

Er war von fettleibigen, schwabbelarmigen Menschen verdeckt, die fast alle aßen und zu kurze Hosen trugen. Jeder der Anwesenden hatte eine CD in der Hand. Gespräche wurden geführt. Es ging um die neuen Lieder, den Namen der Platte und dass es ja so bedauerlich sei, dass der Slash nicht mehr mitspielen würde und dann der Izzy an der Gitarre, und weißt du noch damals, in Mannheim, Maimarktgelände …

Mich durchzuckte es. Ich war auch dort gewesen. Das hatte doch anders ausgesehen.

In meiner Erinnerung hatte das damals eher eine Punk-Rock-Optik. Welcome to the jungle und so, Alkohol, Sex, junge, hübsche Mädchen in eng anliegenden Klamotten, Zungenküsse und Lippenpiercings, der ganze Kram eben. Gut, Vergangenheit verklärt sich, aber so total falsch konnte ich nicht liegen. Was da vor mir stand, war die Generation »Ich wohne jetzt in der Vorstadt und habe meine Kindheit im Fast-Food-Restaurant verbracht«. Aber was will man machen: Sie hatte sich offenbar verändert, die Generation, aber es war meine. Man wird eben auch nicht jünger, half ja nichts, ich stellte mich am CD-Stapel an.

Es ist ja ohnehin noch nicht zu spät bei uns, ein Glück. Erst vor nicht allzu langer Zeit habe ich wieder gelesen, dass Leute in meinem Alter zwar Krisenkinder seien (ich habe daraufhin meine Eltern angerufen, und die haben mir versichert, dass ich kein Kind der Krise sei, sondern eins der Liebe, na also), dass wir aber trotzdem immer noch alle Möglichkeiten hätten bezüglich der Karriere und der seelischen Erfüllung. Sicher, dachte ich, da hat man zwei Kinder und zahlt eine Eigentumswohnung ab, aber wenn wir wollten, dann könnten wir Optionen ziehen bis nach Meppen. Hahaha. Nirgends steht: Leute, ihr müsst euch langsam mal vor Augen führen, dass ihr versagt habt. Der Karrierezug ist schon abgefahren, da wart ihr noch gar nicht am Bahnhof. Außerdem, ätsch, wird euch auch noch ein total abgerockter Planet hinterlassen.

Allerdings funktioniert das Selbstbelügen auch bei mir ganz gut. So rede ich mir seit Jahren ein, dass mein großer Hollywood-Durchbruch noch kommt. Dadurch komme ich tatsächlich ganz entspannt durchs Leben, das Beste kommt ja noch. Der Generationenunsinn hat so eine religiöse Komponente. Ob ich nämlich in eine unbestimmte Zukunft vertröstet werde oder ins Jenseits, ist dann völlig egal, solange ich nur daran glaube, dass es besser wird. Ich befürchte, dass ich auch mit 42 Jahren noch von einem baldigen Sprung in Karriere und Spiritualität ausgehe.

Es klingelte. Vor der Tür stand ein Verkäufer. Er war etwas

jünger als ich und hatte ein Spielfilmsenderpaket im Angebot, das sei jetzt ganz billig zu haben, da müsse man einfach
zugreifen. Ich zierte mich. Er legte einen höheren Gang ein.
Wenn er mich so ansehe, dann denke er wohl, dass ich dieselben Filme möge wie er. Das sei aber nicht überraschend,
schließlich sei doch unsere Generation die erste, die mit
schnellen Filmen und Musikvideos aufgewachsen sei, und
was läge da näher, als einfach das Spielfilmsenderpaket zu
abonnieren.

Rief man früher eigentlich auch ständig neue Generati-
onen aus?

Gab es die Generation Kaiser Wilhelm II. oder später dann
die Generation Westintegration? Von der Generation der
68er will ich gar nicht erst anfangen, sonst fühlt sich wieder
ein reaktionärer Depp bemüßigt, eine Schlacht zu schlagen,
die vor vierzig Jahren schon entschieden wurde. Aber was ist
denn jetzt eigentlich mit der Generation NATO-Doppelbeschluss? Oder, erfreulicher, der Generation Neue Deutsche
Welle? Könnte ja eigentlich auch dieselbe sein, war ja zur
gleichen Zeit. Aber wer hat denn da die Deutungshoheit?

Weiß man nicht.

Man könnte bei diesem ganzen Generationenhumbug
ja ziemlich leicht größenwahnsinnig werden. Wenn ich also
beim Italiener bin und Nudeln (meine Generation sagt ja:
Pasta) essen will, er mir aber das Gericht des Tages vor-
schlägt, Pizza, weil billiger (merke: Meiner Generation geht
es ja nicht mehr automatisch besser, als der unserer Eltern,
und wir müssen unser Geld zusammenhalten), und ich ihm
sage, dass ich keine Pizza mag, ich einen Tag zuvor aber gelesen habe, dass ich ein typischer Generationenmensch bin,

bedeutet das dann, dass nur ich keine Pizza mag, oder bin ich nur die Vorhut für zehn Millionen Leute, die plötzlich keine Pizza mehr mögen, und wäre es dann für den Italiener nicht langsam mal besser, er würde sich eine neue Geschäftsidee überlegen?

Weiß man auch nicht.

Ich abonnierte den Spielfilmsender. (Ich abonniere immer alles an der Tür, bestelle es aber zwei Tage später wieder ab. Habe ich da auch so gemacht.)

Weil ich später Tomaten brauchte, ging ich in den Supermarkt. Ich gebe ja gerne etwas mehr aus, solange es Bio ist (richtig: macht meine Generation so). Am Eingang stand eine ziemlich hübsche Aktivistin einer Naturschutzorganisation. (Und ich dachte, wir wären nicht politisch.) Es wurden Freiwillige gesucht für einen Einsatz an der Nordsee. Ich unterschrieb und spendete auch Geld, aber sollte ich wirklich einen Samstag opfern, um Müll in Niedersachsen zu sammeln? Ich hatte da bestimmt schon was anderes vor, ich war mir sicher, da musste ich gar nicht erst in meinem Kalender nachsehen.

Sie sah mich an. Sie war wirklich hübsch. »Auf unsere Generation kommt es an«, sagte sie. Sie hatte recht. Da war die Gelegenheit, um endlich mal den Kleinkinderkram wegzulassen und Verantwortung zu übernehmen.

Ich trat zur Seite. Bestimmt war hinter mir schon jemand bereit dazu.

# MOTORISCHE FELDER

# DISCOABEND

An einem Tag im Hochsommer träumte ich von Schwänzen.

Ich stand in einer dunklen, alten Scheune und warf einen roten Wasserball in die Höhe. Immer und immer wieder. Er war glitschig, so als habe ihn jemand eingeölt, ich hatte Mühe, ihn zu fangen. Hinten im Raum stand ein Pferd, glaube ich zumindest, denn ich konnte nur die Umrisse sehen. Ein Hauch von Licht fiel durch die Ritzen der großen, hölzernen Scheunentür. Hatte sich da was bewegt? »Hallo?« Ich hörte mich in den Raum rufen, meine Stimme hallte in der Dunkelheit. Es gab nichts, an dem sie hätte abprallen können. Niemand antwortete. Mechanisch warf ich weiter den Wasserball in die Höhe.

Plötzlich fror ich. Ich fing den Ball und sah mich um. Die Scheunentür war noch immer verschlossen, aber auf der gegenüberliegenden Seite war eine Tür aufgegangen, sperrangelweit, ich hatte sie vorher nicht bemerkt. Sie war etwa einen Meter fünfzig hoch, dahinter nichts als Schwärze. »Hallo?« Wieder nichts. Durch die Tür zog es, eiskalte Luft streifte meinen Körper. Wieso war mir eigentlich an den Beinen genauso kalt wie am Kopf? Kaum hatte ich den Gedanken zu Ende gedacht, wurde es hell in meiner Umgebung. Eine

Sekunde suchte ich die Lichtquelle und fand sie schnell: Ich leuchtete. Moment. Ich stockte, ich leuchtete gar nicht komplett, sondern nur Teile meines Körpers. Ich sah an mir herunter. Ich war nackt. Ich sah sie. Leuchtende Schwänze. Zwei an der Brust, zwei am Bauch und eben den einen, der am richtigen Platz war. Die Schwänze hingen unmotiviert in der Gegend herum. Ich sagte:»Verdammt, fünf Schwänze.« Dann hatte ich das Gefühl, mich in mir selbst zu verlieren, mir wurde schwindelig, und ich wurde ohnmächtig. Das war's. Dann wurde ich wach.

Ich war weder verschwitzt, noch saß ich aufrecht im Bett, ich öffnete einfach die Augen. Ich war einigermaßen irritiert, man träumt so was ja nicht alle Tage. Ich setzte mich und sah auf die Uhr. Es war drei Uhr morgens.

Ich weckte meine Freundin. »Ich träume von Penissen«, sagte ich. Sie sah mich entgeistert an.»Also, von meinen eigenen.« Sie sagte, bisher sei ihr nicht aufgefallen, dass ich mehrere davon habe, aber morgen könne sie ja mal nachsehen. Dann drehte sie sich um und schlief weiter.

Ich verbrachte den ganzen nächsten Tag damit, mir Sorgen zu machen. Wieder einen Tag später ging ich zum Psychologen. Vielleicht war das übertrieben, wer geht schon wegen eines Traums zum Arzt, aber ich neige zum Hypochondertum. Ich erklärte der Sprechstundenhilfe meine Situation. Sie lachte. Sie war Anfang sechzig und machte einen sehr resoluten Eindruck. Sie war davon überzeugt, dass es Schlimmeres gebe, als diesen Traum.»Ja, ja, aber woher kann denn das kommen?«»Vielleicht haben sie einen Pornofilm gesehen.« Ich versicherte ihr, dass es daran nicht liegen könne.»Natürlich nicht«, sagte sie. Ich bestand darauf, einen Arzt zu sprechen, worauf sie mit Nachdruck anmerkte, dass man, so ganz allgemein betrachtet, mit einem unsinnigen Anliegen bis in alle Ewigkeit vor dem Empfang stehen könne, das würde dem unsinnigen Anliegen aber mitnichten mehr Bedeutung verleihen, sondern im Gegenteil würde man sich den Unmut aller Angestellten zuziehen und nie einen Termin bekommen. Sie sagte: »Termine gibt es erst wieder in drei Monaten.«

So lange konnte ich nicht warten. Ich zog das Internet zurate. In einem Traumdeutungsportal las ich, dass Schmerz Penisbilder in mein Gehirn projiziere. Schwänze in Träumen seien nämlich eher sinnbildlich zu verstehen und hätten mit Sex nichts zu tun. Definitiv habe ich etwas aus meiner Vergangenheit nicht verarbeitet, das sei ja mal klar, und das müsse zwingend nachgeholt werden, sonst würde ich meines Lebens nicht mehr froh. Die Vergangenheit? Ich überlegte. So auf die Schnelle fiel mir da nichts ein, an dessen seelischer Verarbeitung ich gescheitert wäre. Ich war behütet aufgewachsen. Hatte im Wald gespielt. Freunde gehabt. Ich rief meinen Bruder an.

Ich sagte: »Meine Vergangenheit quält mich.« »Ach.« »Ich träume von Schwänzen.« »So.«

»Was könnte die Ursache sein? Mir fällt nichts ein.«

Er riet mir, eher ins Bett zu gehen und tagsüber mehr in die Sonne. Er erzählte mir, dass er in diesem Jahr vielleicht mal zum Discoabend in unser Dorf fahre, der alten Zeiten wegen. Offenbar redeten wir aneinander vorbei. Obwohl … Discoabend … Discoabend … Kathrin. Das musste es sein. Das war es. Der Penistraum.

Ich hatte früher oft die unangenehme Angewohnheit,

mich in Mädchen zu verlieben, die mich völlig abstoßend fanden. Mädchen, die mich nicht sahen, auch wenn ich direkt vor ihnen stand. Mädchen, die mich im Kreis ihrer abschätzig grunzenden Freundinnen als abschreckendes Beispiel dafür nutzten, wie man auf keinen Fall aussehen, laufen, reden sollte. Mädchen, für die ich trotzdem alles getan hätte. Mädchen wie Kathrin.

Es muss 1989 gewesen sein, als ich sie knutschend in der hintersten Ecke des Festzeltes auf dem Discoabend in meinem Dorf sah. Ich war danach zwei Wochen krank und nahm in dieser Zeit knapp acht Kilo ab, weil ich mich fast täglich übergab. Kein Wunder, dass sie mich nicht mochte, dachte ich, schließlich war ich in der Pubertät immer hässlicher geworden, während sie immer besser aussah. Die ungleiche biologische Verteilung der Schönheitsressourcen hatte damals zu einem ungeschriebenen Kastensystem geführt, an das sich jeder in der Schule hielt und das meines Wissens nie von jemandem in Frage gestellt wurde; nur von mir, den Ruhm konnte ich immerhin für mich beanspruchen. Zum Ziel führte es trotzdem nicht.

»Du hast mir sehr geholfen«, sagte ich zu meinem Bruder. Ich entschloss mich zur Konfrontationstherapie.

Als ich vier Wochen später am Abend des Discoabend-Tages in meinem Dorf ankam, hatte ich keine Ahnung, ob Kathrin immer noch dort wohnte. Mit der Arroganz eines Großstädters und der nach zwei Jahrzehnten immer noch nicht vollständig abgeklungenen wütenden Enttäuschung eines Verstoßenen dachte ich: »Wo sollte es schon hingehen, dieses Dorfmädchen.«

Der Rollsplitt-Parkplatz, der einmal im Jahr penetrant

Festplatz genannt wurde, sah aus wie immer. Hinter mir lärmte der Autoscooter, vor mir lag breit wie ein überfahrenes Tier das Festzelt. Drumherum standen Bierstände, eine Losbude, Würstchenbuden und noch mehr Bierstände. Bässe eines Liedes, das ich nicht kannte, wummerten aus dem Zelt zu mir herüber. Irgendwer schrie »Stimmung, Stimmung« in ein Mikrofon. Am Schießstand, rechts von mir, schoss jemand. Er trug eine weiße Jeans, dazu ein eng anliegendes, grelloranges T-Shirt. Sein Mädchen sah gelangweilt abwechselnd in alle anderen Richtungen, in der Hoffung, einen Bekannten zu treffen. Der Schütze konzentrierte sich, zielte, traf nicht.

Er maulte, woraufhin das Mädchen anmerkte, dass es doch auch gar nicht verkehrt sei, lieber tanzen zu gehen und dem Schießsport an einem anderen Tag zu frönen, da Schießen ja doch eher eine Beschäftigung sei, die keinen Partner brauche, wobei sie hingegen sehr wohl einen Partner brauche. Der Schütze echauffierte sich lauthals über nörgelnde Mädchen, die, das müsse wohl auch mal erwähnt werden, jegliche Konzentration abtöten würden, auf keinen Fall könne man sich so konzentrieren, daher müssten dringend alle Mäuler im Umkreis gehalten werden. Dann hielt er das Gewehr senkrecht und stieß einen spitzen Schrei aus. Sekundenlang fuhr er wissend nickend über den Lauf. Natürlich wolle er aber auch mal mit Nachdruck erwähnen, sagte er in Richtung des Schießbudenbesitzers, dass man niemals treffen könne, wenn der Schausteller es darauf anlege, dass der Kunde nicht treffe, wenn er ihm Gewehre mit verzogenem Lauf anbiete. Das sei ja wohl eine Unverschämtheit, konterte der Beschuldigte, er lasse sich niemals Betrug vorwerfen, das ginge nun wirklich zu weit, und wenn der Schütze ein Problem mit seiner Fähigkeit habe, dann sei das noch niemals die Waffe gewesen, die die Schuld trage. Ein einziger Beschiss, rief der Schütze, der Lauf ist verzogen, ganz sicher, er kenne sich aus. Was fällt Ihnen ein, rief der Schießbudenbesitzer, niemals, er habe schon Gewehre vermietet, da sei der Schütze noch gar nicht auf der Welt gewesen. Der Schütze warf das Gewehr in Richtung dieser kleinen Schraubenzieher, die wahrscheinlich ausschließlich für Schießstände produziert werden, und verschwand mit seiner Freundin im Festzelt.

Ich atmete tief durch und ging ebenfalls Richtung Zelt. Mit jedem Schritt, den ich dem Eingang näher kam, wurde meine Erinnerung an damals deutlicher. Ich hatte nicht kampflos aufgegeben, immerhin.

Kathrin hatte nicht nur geknutscht, sie hatte ihren Körper in eine Position gearbeitet, die ich mal im Fernsehen gesehen hatte. Ich mochte Tiersendungen immer sehr, und der große Zoologe Bernhard Grzimek hatte in seiner Sendung »Ein Platz für Tiere« mal einen Film über die Paarung von Waranen gezeigt, zumindest glaube ich das. Und obwohl Kathrin aussah wie eine kopulierende Echse, konnte ich den Anblick nicht ertragen. Der Kuss war für mich reserviert, zumindest in meinem Selbstverständnis. Ich ging zu ihr und schubste sie. Sie sah mir kurz in die Augen, dann aber auf den Boden, vermutlich weil ich ihr so peinlich war. Der Knutscher wollte wissen, wer ich denn sei. Er war drei Jahre älter als ich, fuhr eine MTX 80 von Honda und hatte schon eigenes Geld, weil er eine Lehre als KFZ-Mechaniker machte. Er war nicht mal besonders hübsch, aber weil er schon mal auf einem AC/DC-Konzert war, war er sehr beliebt. Ich war den Tränen nahe. Ich sagte mit sich überschlagender Stimme: »Ich dachte, du bist beim Autoscooter.« Das war schon damals dämlich.

»Verzieh dich, McFly«, sagte der Knutscher. Dann drehten sich beide wieder weg und taten, als sei ich nicht da. Ich stand noch eine Weile ratlos neben ihnen. Ich musste was tun, hatte aber keine Ahnung, was. Irgendwann verließ ich schwer atmend das Zelt Richtung Autoscooter. Ich wusste nicht, wo ich sonst hin sollte. Ich war in einen Zustand gefallen, für den es kein Wort gab. Es war eine Mischung aus Enttäuschung, Traurigkeit, Frustration und Demütigung. Das durfte doch nicht sein. Ich wollte nicht mehr leben und überlegte, auf welche Art ich meiner Existenz am grausamsten ein Ende setzen könne. Ich dachte außerdem darüber nach, meinen Tod vor dem Elternhaus von Kathrin zu inszenieren, da hätte sie mal sehen können, was sie zu verantworten hatte. Nach einer Sekunde des Überlegens fürchtete ich aber, dass sie meine Leiche gar nicht erkannt hätte oder, schlimmer noch, es ihr einfach egal sein könnte. Ich war mittlerweile beim Autoscooter angekommen, ging zur Kasse und sagte: »Ich will junger Mann zum Mitreisen werden.« Es wurde gerade keiner gesucht.

In den folgenden Monaten freundete ich mich mit Kathrins Freunden an. Es ging nicht darum, ob ich Sympathie für sie empfand. Es war eher eine strategische Freundschaft: Schließlich wollte ich ja nur wissen, was Kathrin tat. Ich fragte immer ganz beiläufig nach ihr, in einem versteckten Halbsatz, danach schnell das Thema wechselnd. Nur um in der Folge immer sofort zufällig dort etwas zu tun zu haben, wo sie gerade war. Wenn wir uns trafen (sie beachtete mich nie), tat ich bestens gelaunt und extrem beschäftigt. Ich lachte hell und laut und achtete sehr darauf, dass sie dachte, dass ich sehr viel Spaß habe. Ich war überzeugt, dass diese Taktik über kurz oder lang Erfolg haben würde. Sie würde sie mir direkt in die Arme treiben. Was ein Trugschluss war.

Ich schüttelte mich. Komm zu dir, dachte ich, das liegt Jahre zurück. Es geht nicht um die Frau, sondern um mein Trauma, und in derselben Sekunde wusste ich, dass ich mich selber belog.

An der Kasse saßen Frauen, die Smiley-Buttons auf der Stirn trugen. Manche hatten ihre Backen bemalt. Als Einlassstempel gab es einen Delfin auf die Hand, den breitschultrige Männer der Freiwilligen Feuerwehr sofort kontrollierten. Katrina & the Waves sangen ihren einzigen Hit (»Walking on Sunshine«), bevor Roxette »The Look« anstimmten. Kondenswasser tropfte von der Decke, manche Männer liefen mit nacktem Oberkörper herum, auch die, die das besser hätten bleiben lassen sollen, weil ihre Brüste größer waren als die von manchen Teenagermädchen. Ein Moderator eines Formatradios, das die Hits der 80er, 90er und das Beste von heute spielte, war engagiert worden; er fragte, ob auch alle da seien. Er beschwerte sich über die Stimmung. Das könne ja so nichts werden, und er müsse das wohl selber in die Hand nehmen. Er forderte die Tänzer, die auf der Holzbühne vor ihm mal so richtig aus sich rausgingen, auf, mal so richtig aus sich rauszugehen. »Mitsingen, mitsingen«, sagte er. Er ging mit gutem Beispiel voran, was eine Rückkopplung auslöste. Das Mikrofon verzerrte, es rauschte wie bei einem Sturm. Der Radiomann trug ein T-Shirt mit der Aufschrift »50 Jahre Fußball in Rodgau«, er sagte abwechselnd: »Hier geht's ab«

und »Party«. Er zog die Vokale dabei so in die Länge, wie es ging. Er suchte eine CD in seinem CD-Koffer, hielt sie schließlich triumphierend in die Höhe und schrie: »Hier ist das gute Stück.« Dann begann »Hold the Line« von Toto, bestimmt eines der übelsten Lieder der Welt. Der Tanzboden schwang im Rhythmus des Gehüpfes.

Die Frauen hatten sich schick gemacht, sie waren etwas zu heftig geschminkt, und nicht allen stand das bauchfreie Top gleichermaßen, aber sie gaben sich immerhin Mühe, wohingegen die Jungs oft eine Jeans trugen, die zu kurz war. Sie kombinierten das in der Regel mit einem Flanellhemd, einer Jeansweste und einer Frank-Mill-Revival-Frisur. Ihre Schuhe, Joggingschuhe meist, waren schon so alt, dass nicht mehr erkennbar war, was sich wem angepasst hatte: der Schuh dem Fuß oder vielleicht doch der Fuß dem Schuh. Unterhalb des Schienbeins verschwamm alles zu einer polyesterhaltigen Masse. Der Radiomann sagte: »… und jetzt die Frauen!« Und die Frauen sangen mit dünnen Stimmen »Hold the Line«. Der Radiomann sagte: »… und jetzt die Männer!«, und nichts passierte, da den Männern das zu affig war und sie außerdem mit Trinken beschäftigt waren. Der Radiomann machte irgendeinen flachen Witz. Manchmal sagte er: »Und jetzt …«, nur um dann einen Einspieler zu starten, den man selbst mit viel gutem Willen nicht als komödiantisch bezeichnen konnte, »… kommt die Comedy.« Darin rief er irgendwo an, gab sich als irgendwer aus und begann den Angerufenen zu beschimpfen. Während der Einspieler lief, lachte er laut.

Hinten im Zelt standen Bierbänke und kleine Stehtische. Die Tische dienten aber mehr dem Festhalten als dem Hinstellen, schließlich war die Theke nicht weit und der Abend schon fortgeschritten. Jeder Zentimeter der Theke wurde von durstigen Männern belegt. Damit sie nicht so oft laufen mussten, bestellten sie ihr Bier nur als sogenanntes Meterbier, was nichts anderes bedeutete, als dass mehrere Gläser in einem einen Meter langen Holzständer montiert wurden. Das Meter-Bier wurde oft alleine oder höchstens zu zweit getrunken.

Ein ordentlicher Discoabend hatte doch etwas Heimeliges. Es hatte sich nichts verändert. Die Welt war übersichtlicher, als ich dachte. Selbst die Musik war gleich geblieben. »Ein großer Hit jetzt«, schrie der Radiomann heißer ins Mikrofon, »für ein großes Publikum.« »Jump« begann, dieses überflüssige Lied der unsäglichen Band Van Halen. Ich war erst ein paar Minuten in diesem Zelt, aber ich war mir sicher, dass es drei Fernsehprogramme gab, die um kurz nach Mitternacht mit der Nationalhymne endeten, dass der Kanzler natürlich Helmut Kohl hieß und dass der Warschauer Pakt demnächst eine Panzerschlacht in der norddeutschen Tiefebene führen wollte. Wie gesagt, alles war wie immer. Nur Kathrin fehlte.

Ich lief orientierungslos im Zelt hin und her.

»Bist du nicht der Kohlhöfer?« Ich erschrak. Ich hatte nicht damit gerechnet, dass mich irgendwer ansprechen oder gar kennen würde. Ich nickte aufgeregt wie ein junges Fohlen. »Der bin ich«, sagte ich. »Deine Mutter arbeitet doch beim Arzt?« »Ja.« »Dein Vater hat diese komischen Hunde?« »Ja, ja.« »Du wohnst doch jetzt in der Stadt?« Herrgott noch mal. Ja, verdammt. Ich hatte doch gesagt, dass ich es bin.

Ein alter Schulfreund starrte mich an. Er stand in einer kleinen Gruppe von Leuten, die ich alle nicht kannte. Ich kannte auch ihn nicht, nicht wirklich: Weil er schon früh die Schule verließ, war es im Grunde genommen schon ein sehr alter Schulfreund, so alt, dass mir sein Name partout nicht mehr einfallen wollte. Selten originell sagte ich: »Mensch, was machst du denn hier?« Er stutzte nur eine kurze Sekunde, begann dann aber fröhlich zu erzählen, was er so getan hatte in den letzten Jahren. Ich zeigte mich interessiert, nickte eifrig und hatte es Minuten später vergessen. Er schlug mir auf die Schulter. »Komm, wir trinken erstmal einen.« »Jeder 'nen Kurzen?«, fragte er nickend in die Runde, und alle erwiderten das Nicken. Nach der Runde Schnaps sagte er: »Das hat doch Spaß gemacht.« Zwei Leute nickten, woraufhin der alte Schulfreund noch eine Runde holte. »Seid ihr langsam warm?«, fragte er nach Runde zwei, schon wieder nickte jemand. Er holte noch eine Runde. Manometer. Ich war das alles nicht gewohnt, wollte aber auch mein Gesicht nicht verlieren, weswegen ich sagte: »Die nächste Runde geht auf mich.« Ich nickte. Ich holte Runde vier. Um mir Glaubwürdigkeit zu verschaffen, brachte ich außerdem zwei Meter Bier mit.

»Ihr Stadttypen geht aber steil«, sagte einer aus der Runde. Der alte Schulfreund fragte, was ich denn in der Heimat so tun würde. Ich sagte: »Ich bin hier, weil ich von Penissen träume.«

Die Gruppe rückte geschlossen etwa zwei Meter von mir ab, kam aber wieder näher, als ich meinen Traum erzählt hatte. Ich erzählte außerdem von meiner Selbstdiagnose und erntete zustimmendes Nicken. Kein Wunder, merkte die Runde an, die sei ja auch ein ganz schönes Brett gewesen, da falle einem ja nichts dazu ein, da könne man natürlich mal aus der Spur geworfen werden, mit der habe doch jeder mal gewollt. Er habe das jetzt nicht ganz mitbekommen, sagte der alte Schulfreund, ob ich denn wohl mit Kathrin … Er stieß mich mit dem Arm an und erbot mir Respekt. Er schlug vor, darauf zu trinken, denn einerseits sehe die Welt dann auch wieder völlig anders aus, andererseits käme man ja auch so jung nicht mehr zusammen. Er hatte recht. Wir tranken.

»Und wo ist sie?«, fragte ich. Er zuckte mit den Schultern. Er hatte sie seit Jahren nicht mehr gesehen. »Aber dass wir uns noch mal treffen, Mensch … Ich hole noch mal eine Runde Schnäpse.« Weil wir im Allgemeinen wenig zu reden hatten, war ich froh über die Getränke.

Es ist ja so: Man freut sich immer, alte Klassenkameraden zu treffen, aber dann merkt man doch relativ schnell, dass es überhaupt keine Gemeinsamkeiten gibt, außer eben der, dass man zusammen in der Schule war. Nun kann man diesem Thema aber auch dramaturgisch keine völlig neuen Aspekte mehr hinzufügen, vor allem dann, wenn man seit zwanzig Jahren nicht mehr in die Schule geht. Also trinkt man. Ich war mittlerweile schwer angeschlagen und hatte völlig die Orientierung verloren.

Die Feier näherte sich schnell dem Betäubungsstatus. Nicht mehr jeder schaffte es jetzt noch, gerade zu stehen. Manche setzten sich auf den dreckigen Boden, andere benutzten zwei Tische, einen für jeden Arm, um sich besser auf das Stehen konzentrieren zu können. Die Ersten sagten, dass sie jetzt mal sagen müssten, dass sie noch nie im Leben, und das Leben sei ja wirklich lang, Leute getroffen hätten, die so wenig Alkohol vertrugen, und dass sie mit ebenjenen auch nichts zu tun haben möchten, weswegen sie jetzt unter Ankündigung einer scharfen Protestnote nach Hause gehen würden, da sie morgen noch auf eine Schulfeier ihrer Cousinen gehen müssten, und selbst dort würde ja mehr getrunken werden, und das seien alles noch Kleinkinder. Die Übrigen begannen damit, eine Debatte über Sinn und Unsinn dieses Vorwurfs anzufangen, konnten sich aber nicht einigen und verloren bald sowohl die Lust als auch den roten Faden der Unterhaltung. Im Laufe der Getränke hatten die Worte sich zu Lauten zurückentwickelt, was Kommunikation zu einer Veranstaltung für Gebärdensprachler werden ließ. Inhaltlich komplizierte Debatten gingen nicht eben einfach von der Hand. Manche, die noch reden konnten, klagten über Trockenheit, den Staub in der Luft, auf der Lunge und der Leber und vor allem im Halsbereich, nun, da sei es ja wirklich sehr trocken. Sie husteten, um ihre Staublunge zu demonstrieren, und bedauerten es sehr, nur mit Mädchen unterwegs zu sein, denn sonst hätte man wenigstens mal etwas trinken können. Sie atmeten schnaubend aus, da würde ja jedes Neugeborene mehr Schnaps vertragen, das dürfe man ja keinem erzählen, vermutlich seien das die ersten Auswirkungen der Verweichlichung ganzer Bevölkerungsschichten durch den Fitnesswahn, der das ganze Land erfasst und die harte Arbeit auf dem Feld ersetzt habe. Das Gehampel in einem sogenannten Fitnessstudio erinnere sie doch sehr an Männerliebe, nein, nein, mein Lieber, jetzt mal im Ernst, Männerliebe, da müsse man sich ja nur mal die engen Hosen ansehen, mit denen dieser sogenannte Sport betrieben werde. »Fitness, ha«, sagten sie und dass sie schon wüssten, was damit gemeint sei. Sie gingen zur Theke, um Schnäpse zu holen.

Schon lange ging es nicht mehr um den Geschmack, sondern nur noch um das Aufnehmen von Alkohol. Einer schnaubte wie ein alter Gaul. »Geht's dir gut?«, fragte der alte Schulfreund. Der Schall hatte den Mann noch nicht erreicht, als dieser umfiel, als habe ihn jemand angeschossen. Mit letzter Willenskraft kroch er unter den Stehtisch, wo er sich in Fötalstellung rollte und einschlief. Zwei andere gerieten in Streit, sie bedrohten sich gegenseitig, vergaßen im selben Moment ihre Feindschaft und beschlossen, auf den Frieden zu trinken. Dabei hoben sie hervor, dass Frieden ja schön und gut sei, aber dass sie den Frieden mal sehen möchten, in dem man so gut saufen könne wie bei der Bundeswehr, und die Bundeswehr sei ja nun wirklich keine Friedensorganisation, das sei ihnen zumindest neu.

Die Zungen aller am Stehtisch Versammelten waren im Laufe der Zeit immer schwerer geworden. Mittlerweile war es nicht mehr möglich zu sagen, ob sie vielleicht sogar mit dem Unterkiefer verwachsen waren. Damit einhergehend war es zu einer zunehmenden Trägheit im Bewegungsapparat gekommen, was sich dadurch äußerte, dass sich reihenweise Männer auf den Boden setzten, nicht ohne vorher aber deutlich klargestellt zu haben, dass diese Schwächeperiode mitnichten vom Alkohol komme, sondern einer Abnutzung von Knie und Hüfte geschuldet sei, die wahrscheinlich von harter Arbeit komme, obwohl das eigentlich auch nicht sein könne, da Arbeit ja ihr zweiter Vorname sei, sie, wenn es sein müsste, täglich 25 Hektar Ackerland alleine umgraben könnten und sie sich deswegen auch nicht mit den anderen Flaschen hier am Tisch messen müssten, verdammt. Wahrscheinlich eine Erbkrankheit, sagten alle. Zu einem eruptionalen Ausbruch von Leidenschaft kam es allerdings, als zwischen dem Stöhnen und Wiehern mit zittriger Stimme plötzlich der Klassiker »Hit the road, Jack« intoniert wurde. Männer sahen plötzlich mit glasigen Augen Richtung Bühne. Zwei an unserem Stehtisch formten Herzen mit den Händen und schleuderten Küsse nach vorne, um dann lautstark zu erklären, dass endlich jetzt mal der optische Höhepunkt des Abends gekommen sei und sie dafür dankbar wären, da sie zuvor nur mit hässlichen Gnomen Milch getrunken hätten.

Ich benötigte eine längere Zeit, um festzustellen, was genau sich verändert hatte. Hauptsächlich lag das daran, dass ich in der Zwischenzeit hingefallen und mich mit dem Hemd in einem der Füße des Stehtisches verfangen hatte. Da sich meine Feinmotorik im Laufe des Abends zumindest nicht verbessert hatte, konnte ich mich nur befreien, indem ich ein großes Stück Baumwolle opferte. Ich sah dann ebenfalls Richtung Bühne. Durch einen tiefen Nebel nahm ich wahr, dass der Radiomann durch etwas abgelöst worden war, das auf der evolutionären Stufe noch weiter unten stand als er: die Showband. Die Kapelle bestand aus zwei Männern und einer prallen Frau, die allesamt glitzernde Anzüge trugen, die etwa zwei Nummern zu klein waren. Ich fragte mich, ob das wohl zum Bandkonzept gehörte. Es kam jedenfalls gut an: Manche Besucher drängten sich nach vorne, andere lagen sich in den Armen, einer ging zur Band, stellte fest, dass hier nur Mist gespielt werde, bemerkte aber, dass er da sei, um zu helfen, stellte sich vor die Bühne und begann, mit wilder Fuchtelei minutenlang zu dirigieren. Es war mittlerweile drei Uhr morgens, und die Veranstaltung nannte sich jetzt plötzlich Beatabend.

Ist ihnen mal aufgefallen, dass Mucker meist die abgeschwächte Version eines Ohrrings im Ohr haben, nämlich einen Knopf, und damit aussehen wie ein Steiff-Teddy, weil das das sozial unauffälligste Zeichen von Rock'n'Roll ist? Der Knutscher hatte damals auch einen Ohrring getragen. Wo Kathrin wohl war? Ich sah mich kurz um und stellte enttäuscht fest, dass sie nicht da war. Verdammt. Ich bekam das nicht mehr aus meinem Kopf, wenn das so weiterginge, würde ich nicht nur von Schwänzen träumen, sondern mich womöglich in einen Riesenpimmel verwandeln.

Ich ging zur Theke, Getränke holen, schließlich war das ja kein Kindergeburtstag. Während ich wartete, las ich in einem herumliegenden Faltblatt. Es war ein Flyer der Musikanten, der sich durch folgende kreative Formulierung auszeichnete: »Egal ob Geburtstagsfeier, Hochzeit, Firmen- oder Weihnachtsfeier, ob Gala, Straßenfest, Weinfest, Zeltkirmes oder Faschingsveranstaltung. Mit unserem breiten Programm aus Oldies, deutschen Schlagern, Musik der 70er, 80er und 90er, NDW sowie aktuellen Charthits und Partykrachern finden wir immer die richtige Mischung, um den berühmten Funken überspringen zu lassen.« Zwischen den Zeilen las ich: »Bitte buchen Sie uns! Wir brauchen das Geld!! Mit unserem belanglosen Musikmatsch werden wir Ihr Geschmacksniveau schon treffen, egal wie tief es hängt. Also, buchen Sie uns!!« Das Motto des Abends hing auf einem gelben Plastikband hinter den drei dauergrinsenden Musikanten: »Let's have a Party.«

Ich musste aufs Klo. Stark wankend verließ ich das Zelt, nur um dort der nächsten schlechten Band in die Arme zu laufen, die auf dem Festplatz aufspielte. Ich hatte die Bühne neben dem Autoscooter vorhin gar nicht wahrgenommen.

»Schön, dass ihr alle da seid«, sagte der Sänger. »Ihr seid doch alle da?« Er forderte die Leute auf, etwas näher an die Bühne zu kommen, was diese mit »Ausziehen« oder »Aufhören« beantworteten. Manche Zuschauer drückten ihren Gefühlszustand dadurch aus, dass sie ihre Biergläser – hin und wieder waren sie sogar noch voll – Richtung Bühne warfen. »Na, das ist doch mal eine gute Stimmung«, sagte der Sänger. Auch diese Band hatte ein Motto, auch diesmal hing es auf einem Banner hinter den Musikanten: »Je kürzer der Rock, desto schöner der Roll.« Unfassbar.

Ich hatte ein Bier in der Hand, das ich nicht mitnehmen wollte auf die Toilette. Ich warf es ungelenk in Richtung Bühne und traf dabei den Bassisten am Bein. Herrlich. Großartig. Berauschend. Mir fielen nur Adjektive ein. Ich fühlte mich wie neugeboren. Ich war zu Hause angekommen. Im nächsten Moment fühlte ich mich so, als wäre ich nie weg gewesen. Ich mochte alle, die um mich herumstanden. Am liebsten hätte ich sie umarmt, jeden Einzelnen. Ich grinste. Mir war ganz warm und geborgen zumute. Offensichtlich hatte der Alkohol mich in eine sentimentale Phase geworfen. Ich war jetzt sehr wehmütig, die Musik drang mir direkt in die Seele. Ich wollte am liebsten weinen, ging aber stattdessen zu einem Mädchen, ich hoffte, dass es eins der hübscheren war, erkannte das aber nicht mehr so genau und sagte: »Ich mag dich, also jetzt nur mal so, ohne Hintergedanken.« Ich sagte dann noch irgendwas, keine Ahnung, was es war, ich war zu konzentriert auf die Bewegung meiner Zunge, die sich nur sehr langsam von meinem Unterkiefer löste. Ich benutzte hauptsächlich Vokale und fiel zurück in eine Babysprache. Ich bin im Nachhinein nicht sicher, ob das

Mädchen überhaupt verstand, was ich sagte, oder ob ich nur einen phonetischen Brei absonderte. Sie reagierte jedenfalls überhaupt nicht.

Ich drehte mich wieder in Richtung der Bühne und rief: »Die Musik hat die Hände am Sack« (im Hessischen ausgesprochen wie: die Mussig hat die Händ am Sack). Wenn die Musik nicht mehr so spielt, wie sie das sollte, oder die Gäste im Allgemeinen unzufrieden sind mit der Band, dann nennt man das dort, wo ich herkomme, eben griffig: »Die Musik hat die Hände am Sack«, was so viel bedeutet wie »Die Musik ist langweilig« oder »Die Musiker können nichts«, eben weil die Musikanten ihre Hände lieber an ihrem primären Geschlechtsteil haben als an ihren Instrumenten.

Schnell stimmten die Umstehenden ein. »Die Mussig hat die Händ am Sack, Händ am Sack, Händ am Sack. Die Mussig hat die Händ am Sack, Händ am Sack.« Zufrieden wankte ich zum Klowagen. Eine gelb-bräunliche Suppe kam mir entgegen, als ich die Stufen hochstieg. Ach ja, richtig, das fiel mir jetzt auch wieder ein, wenn man schon aufs Klo gehen will an solchen Abenden, dann sollte man das möglichst früh tun, denn je später es wurde, desto unappetitlicher wurde die Toilette. Es gab natürlich kein Papier mehr, aber das anzunehmen wäre auch vermessen gewesen. Jemand hatte mit kackbraunen Streifen einen Penis an die Wand gemalt. Das Klo selber war verstopft, genau wie das Waschbecken, in das offenbar jemand hineingepinkelt hatte. Jedenfalls vergällte einem eine gelbe Suppe jeden Spaß am Händewaschen. Meine Schuhe waren nicht mehr ganz neu, sodass die Sohlen die Flüssigkeit langsam aufsogen. Ich bekam nasse Füße und versuchte mir einzureden, dass es nur Wasser sei, scheiterte aber an dieser Aufgabe. Ich verließ das Klo. Meine Blase war immer noch so prall wie ein aufgepumpter Fußball.

Der unzureichende Toilettenservice führte dazu, dass überall hingepinkelt wurde. Jetzt fiel mir auf, dass der Geruch von Urin das Parfüm des Abends war, man entkam ihm nicht. Der Boden war feucht und weich, obwohl es seit Wochen nicht geregnet hatte. Ein sehr gut gelauntes Mädchen kam schwankend auf mich zu und fragte: »Bildest du mal einen Kreis um mich?« Ich verstand kein Wort. »Na, damit keiner zusehen kann.« Bevor sie den Satz zu Ende gesprochen hatte, zog sie ihre Hose aus, setzte sich auf den Boden und pinkelte mir vor die Füße.

Ich hielt es nicht mehr aus, meine Hände krampften, mein Puls hämmerte wie ein Maschinengewehr. Nicht mehr lange, und ich würde wohl die Kontrolle verlieren. Ich bildete mir ein, ich sei ein großes Fass, das sich langsam von unten füllte, und wurde bei dem Gedanken nervös, dass mir der Urinsee in nicht allzu langer Zeit aus den Ohren schwappen würde. Ich suchte verzweifelt nach einer Pinkelgelegenheit und hetzte von einem Ende des Festplatzes zum anderen. Dabei schlug ich Haken, weil ich das Gefühl hatte, dass diese Maßnahme gegen den Überdruck helfe. An einem Feldweg, der sich an den Platz anschloss, traf ich schließlich auf so etwas wie ein alternatives Klo. Es herrschte ein großes Kommen und Gehen, der harte Kern bestand aber aus fünf Pinklern, die sich mehr Zeit ließen. »Guckt mal«, sagte der Mann ganz links. Er malte ein Haus und einen Baum in den Staub. Wir anderen fühlten uns inspiriert. Zwei versuchten sich an einer Zeichnung des Festgeländes, einer, offenbar ein Intellektueller, fühlte sich bemüht zu erklären, dass er an einer Kopie des Picasso-Gemäldes »Guernica« arbeite. Er habe da aber keine Hoffnung, dass einer von uns Kuhhirten das Werk auch kennen würde, da wir ja schließlich Disco-abendbesucher seien und es ja völlig klar sei, was von diesen zu halten sei. Im Übrigen gab er zu bedenken, und da müsse er jetzt etwas abschweifen, aber das sei nun mal nicht zu ändern, dass er nicht sicher sei, dass heutzutage ein solch großer Künstler eine Chance bekommen würde, da man nur noch an die schnelle Rendite denke. Resigniert sagte er, dass er resigniert sei, jetzt müsse er sich schon mit Festzeltgestalten über die Kunst unterhalten, und das stimme ihn doch wirklich traurig. »Apropos«, sagte der Mann neben mir und pinkelte eine HSV-Raute in den Staub. Ich schrieb ohne groß darüber nachzudenken: »Philipp + Kathrin«.

Ich erschrak. Machte aber trotzdem noch schnell ein Herz darum, der Vollständigkeit halber. Ich schüttelte mich. Ich bin wie ferngesteuert, dachte ich, und um dieser unheimlichen Sache entgegenzuwirken, verwischte ich das Herz und pinkelte ein: »Deutscher Meister wird nur die SGE« daneben. Der Text war zwar etwas lang, aber das war kein Problem für mich. Ich hatte so lange gemusst, ich hätte mich auch an einem großen deutschen Gesellschaftsroman versuchen können, schließlich war da seit den »Buddenbrooks« nichts mehr gekommen. Mir fiel aber nichts Adäquates ein. Jemand neben mir sagte: »Da hilft kein Schütteln und kein Klopfen, in die Hose geht der letzte Tropfen.« Ein anderer sagte: »Amen«, und die Pinkelgenossen verzogen sich. Ich nahm mir vor, nach Kathrin zu suchen.

Als ich den Festplatz erreichte, hatte dort gerade eine Prügelei begonnen. Ich erinnerte mich: Nach dem sentimentalen

Teil des Abends folgte der aggressivere. Allerdings erst, wenn die Wirkung des Alkohols wieder etwas nachgelassen hatte, schließlich brauchte man für eine durchschnittliche Prügelei eine ausreichende Körperbeherrschung. Auslöser dieser Wettkämpfe war immer eine Mischung aus Frust und Langeweile, da es für diejenigen, die trotz fortgeschrittener Stunde immer noch kein Mädchen hatten, sonst nichts zu tun gab.

Weil jeder auf dem Land Mitglied in einem Verein ist, artete die Prügelei schnell in eine offene Schlacht zwischen der örtlichen freiwilligen Feuerwehr und dem lokalen Fußballverein aus. Im Hintergrund spielte die unverwüstliche Showband »Live is Life«.

Ich aß ein Würstchen. Wenn ich schon mal hier war, konnte ich auch den Würstchenverkäufer fragen, ob er Kathrin kenne. Kannte er nicht. Er kannte dafür eine Lena, ob mir das auch weiterhelfe? Er erklärte lauthals, dass die ja ein geiles Stück sei, was sie allerdings ausnutze, um mit seinem verliebten Bruder zu spielen, worauf er sie zur Rede gestellt habe, was wiederum Lenas Bruder auf den Plan gerufen habe. Ich nickte. Nun sei es so, dass er sich verpflichtet fühle, seinem Bruder beizustehen, und als er neulich das Auto von Lenas Mutter gesehen habe, da habe er nicht umhingekonnt, den Spiegel auf der Fahrerseite abzutreten, was er allerdings später bereut habe, da ihn das sehr an Blutrache erinnere und man ja nicht in Albanien sei.

Ich nickte wieder. Ich war jetzt völlig abwesend. Ihre Lippen, ihre Nase, ihr Haar, die Art, wie sie sich bewegte, und die Musik, die sie hörte. Eine perfekte Frau. Je länger ich darüber nachdachte, desto trauriger wurde ich. Ich schniefte. Sie konnte sonstwo sein. Wahrscheinlich jagte ich einem Phantom hinterher. Ich war bereit aufzugeben und beschloss, nach Hause zu gehen. Und als ich am Autoscooter vorbeikam, sah ich sie. Kathrin. Sie stand tatsächlich da, ganz alleine. Sie sah in meine Richtung und lächelte mich an.

Ich konzentrierte mich, jetzt nur keinen Mist bauen. Meine Liebe war verflogen, Wut hatte sie verdrängt. Ich ging auf sie zu. Ging schneller. Ich würde ihr schon zeigen, dass es ein Fehler gewesen war, mich seinerzeit sitzenzulassen. Verdammt noch mal. Ein Fehler. Verdammt. Auf dem Weg zeigte der Alkohol seine Wirkung, und ich fing an zu heulen. Die alte Dorfbraut, wahrscheinlich wohnte sie noch in der Nachbarschaft und konnte jetzt erst kommen, weil sie einer Sau stundenlang beim Abferkeln geholfen hatte. Ich zog mein ganzes Selbstvertrauen aus einem arg konstruierten Stadt-Land-Gefälle und verdrängte dabei, dass ich zwar in einer Stadt wohnte, aber in einer miesen Wohnung. Dass ich keine Karriere vorzuweisen hatte, keine einflussreichen Freunde und auch kein dickes Konto. Sei's drum.

Ich war noch nicht richtig da, da fragte sie bereits, wie es mir ginge und was mit meinen Augen sei. Ich betonte, dass ich ein Problem mit meinem Kontaktlinsen habe, das komme öfter vor, da müsse sie jetzt nicht so mitfühlend tun, das sei mir ja ganz neu, da die Gefühle ja wohl eher meine Aufgaben wären, und natürlich könne es sein, dass das mit meinen Augen noch schlimmer werden könne und ich am Ende blind sei, aber das würde ich männlich ertragen, wie ich auch anderes schon männlich ertragen habe. Ich machte diverse Anspielungen, aber sie blieb wahnsinnig nett. Sie sah toll aus. Bedauerte, dass sie mir das Herz gebrochen habe damals, worauf ich schnell »Unsinn, da war gar nichts«, antwortete.

Und dann gab sie mir einen Kuss. Das habe sie immer schon mal machen wollen, aber die Umstände, sie zuckte die Schultern, das habe eben nie gepasst, und bevor sie jetzt wieder weg müsse ... »Ach«, ich fiel ihr irritiert ins Wort, »du wohnst gar nicht mehr hier?« Sie verneinte. Erzählte, dass sie jetzt in Hongkong wohne. Dort als Regisseurin für Werbefirmen arbeite. Gerade aber mit ihrem ersten Spielfilm sehr beschäftigt sei. Nur zufällig da sei. Morgen wieder fliege. Sie sah mich lange an. Ich trug von Urin durchweichte, mit bräunlichen Kackstreifen durchsetzte Schuhe (der Urin hatte sich schon an meiner Hose hochgearbeitet und war beinahe bei den Knien angekommen), der linke Ärmel meines Hemdes war halb abgerissen, ich stank nach Schnaps wie eine Kornbrennerei. Und ausgerechnet jetzt wankte der alte Schulfreund vorbei. Er fragte: »Und morgen wieder hier zum Frühschoppen?«

Kathrin lächelte mitfühlend. Sie sagte: »Und du? Wie ist es dir hier so ergangen auf dem Land?«

Ich fühlte, wie ich mich in einen Penis verwandelte. Ich öffnete den Mund und sagte keinen Ton. Die Worte hatten es sich hinten im Hals bequem gemacht und sträubten sich, den warmen Rachenraum zu verlassen. Ich hatte eine ganz trockene Lippe. Eine ausgedörrte Kehle. Da, wo eigentlich Speichel sein sollte, war nur Staub, nichts als Staub. Es war kurz nach fünf Uhr morgens, und ich ging mir ein Bier holen.

# DAVID HASSELHOFF

Der Generalstaatsanwalt von Los Angeles sah mich an, als wären mir zwei Köpfe gewachsen. Er stand vor einem Plakat von Clint Eastwood, das den Schauspieler in seiner Rolle als Harry Callahan zeigte. »Von hier«, sagte der Staatsanwalt, »können Sie die Kriegszone sehen.« Es sei nicht weit. Er deutet aus dem Fenster seines Büros.

»Überlegen Sie sich das gut«, sagte er. In diesem Teil der Stadt helfe nur so einer wie Dirty Harry. Er sah das Plakat an. Eastwood hatte den Revolver lässig in der rechten Hand, in einer Sprechblase fragte er, ob man ein Problem habe. Der Staatsanwalt atmete aus, sehr laut, ja, ja, man habe den Kampf schon vor langer Zeit verloren. Aber es helfe ja nichts, man mache eben weiter, er zuckte mit den Schultern, müsse ja. Wir redeten über South Los Angeles, dieses Konglomerat von Stadtteilen, das früher South Central hieß und für seine Jugendgewalt weltbekannt geworden war. Der Name wurde geändert, weil die Stadtverwaltung hoffte, dass damit auch die Gangkriminalität verschwinde, aber die Kriminalität tat ihr den Gefallen nicht. Im Gegenteil, es war schlimmer geworden seit den 80ern, was daran lag, dass südamerikanische Gangs die afroamerikanischen durch einen noch höheren Gewalteinsatz verdrängt hatten.

Der Staatsanwalt fragte kopfschüttelnd noch einmal. »Alleine nach Watts?« Pause. Er kramte in der Schublade seines Schreibtisches und holte eine Handvoll Uzi-Patronen hervor. »Im Dunkeln?« Pause. Er war so nett, mich auf folgenden kleinen Umstand hinzuweisen, der mich wesentlich von den Einheimischen unterschied: »Sie sind weiß.« Ich solle meinen Ausflug daher bleibenlassen. Er stellte die Munition vor mich auf den Schreibtisch, eine Hülse nach der anderen. »Halbautomatische Waffen sind am beliebtesten«, sagte er. Ich könne mich ja schon mal daran gewöhnen.

Ich wollte nicht, dass er das letzte Wort hatte, gerade auch weil es so apokalyptisch klang und mich ein wenig beunruhigte, weswegen ich »Ich bin doch harmlos, warum sollte jemand auf mich schießen?« fragte. Was als rein rhetorische Frage gedacht war, kam umgehend zu mir zurück. »Sie könnten Jesus sein. Glauben Sie mir, keiner dieser Kerle schläft schlecht, weil er unschuldige Menschen umgebracht hat.«

Ich stand auf. Ich war verabredet. In Watts.

Das hatte weniger mit Heldenmut als mit Existenzsorgen zu tun, denn schließlich bekam ich nur Geld, wenn ich eine Geschichte über Straßengangs schrieb, möglichst hart und brutal sollte sie sein. Ich war deswegen mit jemandem verabredet, dessen Namen ich nicht kannte, der aber als OG1 im Viertel bekannt war, was »Original Gangster Number One« bedeutete. OG1s haben die Gang in ihrem jeweiligen Block gegründet und sind daher immer der Chef des dortigen Vereinswesens. Wir sollten uns in einer Garage treffen.

Der Termin war über einen Kontaktmann zustandegekommen, den ich wiederum über das Selbsthilfeprojekt einer Streetgangaussteigerorganisation getroffen hatte. Was mir tatsächlich half: Ich war unterwegs für ein weltweit bekanntes Magazin, das im Wesentlichen nackte Frauen abbildet, und nackte Frauen sind in Männerrunden immer eine gute Basis, um ein Gespräch zu beginnen. Auf den weiteren Plätzen folgen meiner Erfahrung nach Fußball und Autos, wobei Fußballliebhaber in den USA mit Anhängern gleichgeschlechtlicher Lebenspartnerschaften gleichgestellt sind, was wiederum problematisch ist, wenn man die Nähe zu Gangstern sucht, die einen ja, darum geht es schließlich, zuerst mal ernst nehmen müssen, was sie in so einem Fall nicht tun würden, und von Autos habe ich keine Ahnung, weshalb ich mich immer über nackte Frauen unterhalte. Der Name des Magazins schindete jedenfalls Eindruck. Schrecklich, wäre ich für ein Wissenschaftsmagazin unterwegs gewesen.

Als ich mich abends an einer Tankstelle in Watts mit meinem Kontaktmann traf, war nicht zu übersehen, dass das Gebäude von einem etwa drei Meter hohen Zaun umschlossen war und Einschusslöcher an der Fassade hatte, was allerdings nichts Besonderes war, denn die angrenzenden Häuser konnten da locker mithalten. Es war fast wie im Kino, brennende Mülltonen gab es allerdings keine.

Der Kontaktmann hieß Paul. Er war ein untersetzter Mexikaner, der immer wieder die Nase hochzog, als hätte er Schnupfen. Er wolle lieber zum Film sagte er, und er kenne da jemanden, der wiederum jemanden kenne, der gute Kontakte habe, weswegen er gerade ein Drehbuch für einen Gangsterfilm schreibe. Es ging in etwa darum, dass eine Frau einen Mann nur deswegen zu ihrem Liebhaber machte, weil er der Spezialist für Banküberfälle war. Nachdem beide eine

Bank überfallen hatten, versuchte ihr tatsächlicher Freund, Boss einer Gang, den Banküberfallspezialisten umzubringen, worauf der Betrogene verstand, dass er betrogen worden war. Glücklicherweise stellte er sich als Elitekämpfer heraus. Die Geschichte endete in einem großen Blutbad. »Wie findest du den Plot?«, fragte Paul.

Als wir in der Garage ankamen, saß ein Dutzend Hispanics, alles Männer, herum und trank Bier, einer, OG1, spielte mit einem Gewehr. Alle trugen sehr weite Klamotten, Baseballmützen oder Stirnbänder und offenbar hing irgendwo ein Schild, das gute Laune im Allgemeinen und Lächeln im Speziellen verbot. Ich sagte nichts und war nervös. Paul stellte mich vor, Journalist aus Deutschland, belangloser geht es kaum, mehr gab es nicht zu sagen.

Offenbar besaß ich keinen großen Unterhaltungswert, die Gespräche gingen weiter, als sei ich nicht da. Ich stand rum wie der riesige Fernsehapparat in der Ecke, der mir allerdings voraushatte, dass er von einem einzigen Anwesenden, einem alten Mann mit grauem Kaiser-Wilhelm-Schnurrbart und blauer »L.A. Dodgers«-Baseballkappe, sehr beachtet wurde, weil dort ein Baseballspiel lief.

Irgendwann, es kam mir ewig vor, aber wahrscheinlich waren nur Minuten vergangen, stand der Mann mit dem Gewehr auf und kam, jetzt ohne Gewehr, das er auf den Boden gelegt hatte, auf mich zu. Ich wurde nervöser. Ich schwitzte übermäßig, so warm war es gar nicht. Ich hätte auch als Fabrikschmierfettproduzent arbeiten können, hätte nur jemand den überschüssigen Talg von meiner Haut abgeschabt. Ich glänzte wie ein Ferkel.

OG1 sah mich an. »Bist du nervös, Deutschland?«, fragte

er. Er war recht durchtrainiert, hatte aber trotzdem einen Bauchansatz, was ziemlich komisch aussah. Ich grunzte, was keine Absicht war, aber meiner Verfassung in etwa entsprach.

Ich müsse das nicht sein, sagte er. »Niemand wird böse geboren.« Ich verstehe nicht viel von Biologie, aber mir war schon sehr klar, dass er damit recht hatte. Er sagte weiterhin, dass alles nette Leute seien in dieser Garage, aber die Rahmenbedingungen, ich verstünde das sicher, das Leben sei eben hart, und da müsse man mitspielen, überhaupt sei alles nur ein Spiel. Allerdings hatte mir Paul zuvor die Spielregeln mitgeteilt. OG1 war im Knast gewesen, da er versucht hatte, einen Freund zu erschießen, der ihm Wochen zuvor ein Messer in den Bauch gerammt hatte. Er war damals 16 Jahre alt, und es war zu einer Meinungsverschiedenheit gekommen, irgendwelche Rauschmittel betreffend. Weil OG1 den Freund aber nur anschoss und zudem minderjährig war, war das wohl nicht so schlimm, jedenfalls kam er nach ein paar Jahren wieder frei. Mittlerweile hatte er mit dem täglichen Broterwerb nichts mehr zu tun. Er kümmerte sich nur noch um Mitarbeiterführung, indem er gesellige Abende veranstaltete.

Ich sah mich in der Garage um, sie war eingerichtet wie ein Wohnzimmer, mit Sofa und Kühlschrank. An der Wand hing tatsächlich eine Dartscheibe, allerdings auch ein Waffenschrank. Er war voller Maschinengewehre und stand offen.

OG1 ging zum Kühlschrank, nahm zwei Dosen Bier und reichte mir eine. »Bro, ich kenne Deutschland.« Ich entspannte mich, das Auslandsthema, hier war ich gut, ich stellte mich auf den üblichen Smalltalk ein: Hitler zuerst, danach Autobahn und Bier. Deutschland eben. Ich frage mich, ob Engländer immer über die Beatles reden müssen und Italiener immer über Nudeln.

Er sah in die Runde, die mich jetzt, mit Ausnahme von Kaiser Wilhelm, geschlossen ansah. »Deutschland«, sagte er und schlug mir auf den Rücken. Er lachte, es war die Vorfreude auf folgenden Satz:

»In Deutschland ist David Hasselhoff ein Star.«

Alles lachte, auch der Mann vor dem Fernseher, obwohl er seine Augen nicht vom Bildschirm nahm. Es war ein hämisches Lachen. Eines, bei dem mit dem Finger gezeigt wurde, bei dem die Gangster sich kopfschüttelnd unterhielten und mich danach so mitleidig ansahen wie ein sterbendes Tier. Ich kannte diesen Blick.

Einmal war ich bei den Bundesjugendspielen ausgelacht worden, weil ich nicht in der Lange war, einen kleinen, blöden Lederball weiter zu werfen als das dickste Mädchen in meiner Klasse. »Ihr dürft hier so lange nicht weg, bis der Ball über die markierte Linie geflogen ist«, sagte der Lehrer damals. Er musste die pädagogischen Grundwerte irgendwo zwischen Russlandfeldzug und Ardennenoffensive erlernt haben, da er keine Ausnahme machte. Der Kreidestrich, der die Erlösung markierte, lag für Jungs vierundzwanzig Meter entfernt, für Mädchen siebzehn. Während um mich herum die Leute von der Wurfbahn verschwanden, warf ich in schöner Regelmäßigkeit dreizehn Meter weit.

Meine Klasse hatte sich am Rand des Sportplatzes versammelt und sah mir zu. Ich stand da und warf und warf und warf, und alle, alle lachten. Ich weiß nicht mehr, wie lange ich warf, aber ich weiß, dass ich niemals weder eine Sieger-noch eine Ehrenkunde ausgehändigt bekam. Außerdem habe ich seither nie wieder versucht, irgendetwas weit von mir wegzuwerfen. Die Schmach sitzt bis heute zu tief. Damals allerdings war sie meine Privatsache. Hier war das anders: Ich ließ mich stellvertretend für Land und Leute zu Hause auslachen.

»Warum findet ihr David Hasselhoff so toll?« »Was ist los mit der deutschen Seele?« »Warum ist er immer noch ein Star, obwohl ›Knight Rider‹ schon so lange her ist und ›Baywatch‹ auch?« »Habt ihr keine Musiker bei euch?«

Ich war verwirrt. Ich versuchte zu erklären, dass Hasselhoff mitnichten ein Star war. Ich brachte die üblichen Verdächtigen ins Spiel. Goethe, Schiller, Bach, der ganze Stolz der deutschen Kulturnation. Niemand kannte einen von ihnen, was okay ist, schließlich kenne ich auch niemanden, der jemals bei einer Aufführung von Bach-Sonaten war, und auch niemanden, der in seiner Freizeit Goethe liest.

Ich überlegte. Beispiele mussten her. Deutsche Stars, international bekannt. Ich war ziemlich unkreativ. So kann man das wohl sagen, denn auf die Frage, welche Musik es in Deutschland außer dem großen Barden Hasselhoff sonst gäbe, sagte ich tatsächlich »Scorpions«. Ich habe das wirklich getan und wollte augenblicklich dafür sterben. Ich hatte dem Land keinen Gefallen getan.

OG1 hatte eine Idee.

»Du kannst bestimmt den Text.«

»Ich singe nicht.«

Er legte mir die Hand auf die Schulter, wie man das aus Mafiafilmen kennt, wenn der Chef eine niedere Charge um irgendetwas bittet und dabei so lächelt, dass man genau weiß, dass es keine gute Idee wäre, die Bitte abzulehnen, wenn man nicht einbetoniert und in einem Fluss versenkt werden will. Was soll's ...

Ich trank mein Bier aus und nahm eine neue Dose. Ich stand in der Mitte des Raums, OG1 neben mir. Er war ganz zappelig, aber das fiel offenbar nur mir auf, weil sich alle auf mich konzentrierten und niemand auf ihn achtete. Ich fing an zu singen, ganz leise. Zu meiner Überraschung stieg OG1 ein, er war schon recht betrunken, er kannte den Text, er sang ziemlich laut.

Auch er trank sein Bier aus und öffnete eine neue Dose. Er begann zu tanzen. Die Homies (so nennen sich die Mitglieder einer Straßengang untereinander, um das auch mal erwähnt zu haben) lachten, diesmal ein sympathisches Lachen. Sie feuerten ihn an.

Er packte mich an den Schultern. »I've been looking for freedom, I've been looking so long«. Ich spürte, wie das Abendland unterging, jetzt war auch alles egal. Außerdem hatte ich schon mal zu David Hasselhoff getanzt, und so schlimm wie damals konnte es nicht werden.

Ich war vierzehn Jahre alt, hatte pubertätsbedingt Arme, die bis zum Boden reichten, und war schon damals stark kurzsichtig. Ich war gerade konfirmiert worden, und weil das so üblich war nach der Konfirmation, machte ich einen Tanzkurs. Just zu dieser Zeit hatte David Hasselhoff seinen größten Hit, weswegen zu Discofox und einem Tanz, dessen Name mir partout nicht mehr einfallen will, in schöner, übler Regelmäßigkeit »I've been looking for freedom« gespielt wurde.

Der Tanz, dessen Namen ich nicht mehr weiß, war, wenn ich das recht in Erinnerung habe, ein Tanz, bei dem im Kreis um ein Mädchen gehüpft wurde. Nach einer Umdrehung hüpfte man weiter zur nächsten, was auch für langarmige Halbblinde die Chance bot, wenigstens einmal mit einem hübschen Mädchen zu tanzen. Und selbst wenn es nur eine einzige Umrundung war.

Ich freute mich jedenfalls schon vier oder fünf Tanzpartnerinnen vorher auf Melanie. Als ich endlich an der Reihe war, holte ich extra viel Schwung, ich wollte besonders gut sein. Schließlich war das meine Chance, mich zu präsentieren und als cooler Hecht in Erinnerung zu bleiben. Ich kam nun leider in zu großer Geschwindigkeit angehüpft und erreichte die Hände der Frau nur noch als ich schon im Fallen war. Tanzschuhe haben nun mal keine Sohle. Mein eigener Schwung warf mich aus der Kurve. Ich stürzte auf den Rücken, trat dabei Melanie allerdings von vorne in die Beine, was sich auf ihre Standfestigkeit negativ auswirkte. Sie stürzte ebenfalls.

Leider fiel sie nicht auf mich, selbst das war mir missgönnt. Ich schnüffelte in ihre Richtung, um wenigstens die Impression ihres Parfüms mit nach Hause zu nehmen. Dabei beugte ich mich wohl sehr nach vorne, denn nachdem zuerst alle über mein Missgeschick lachten, hörte ich vor allem Mädchen Worte wie »ekelhaft« und »notgeil« benutzen. Schlimmer konnte es nie mehr kommen.

OG1 und ich, wir sangen zu zweit und tanzten zu zweit. Ich war erstaunlich textsicher. »I've been looking for freedom, I've been looking so long«, sang ich, die Arme in die Höhe gereckt.

>I've been looking for freedom
still the search goes on.

I've been looking for freedom
since I left my home town.
I've been looking for freedom
still it can't be found.«

Ich sang ein Solo:

»One morning in June some twenty years ago
I was born a rich man's son.
I had everything that money could buy
but freedom I had none.«

Es war sicherlich eines der schlimmsten Lieder, die jemals geschrieben wurden. Kein Wunder, dass David Hasselhoff danach zum Alkoholiker wurde. Ich trank ebenfalls, anders konnte man das ja nicht aushalten. Nun ist US-Bier ja eine solche Plörre, dass man es auch schnell trinken kann, trotzdem waren die Gangster beeindruckt. Sie deuteten das schnelle Biertrinken als weiteren Beweis meines Deutschtums. Auf eine Handbewegung von OG1 reichte mir ein Kleinganove noch eine Dose. Und noch eine und noch eine. Ich trank ein Bier nach dem anderen. Wir tranken in erster Linie auf David Hasselhoff. Dann noch auf die deutsch-amerikanische Freundschaft und die Freundschaft zwischen St. Pauli und Watts.

Die Gangster wurden redselig. Jemand erzählte mir, dass sein Bruder in der Schule ein Messer in den Rücken bekommen habe, ich erzählte, dass mein Bruder mal beim Fußballspielen mit dem Kopf an eine Mauer geknallt sei. Ein anderer erzählte, dass ein Freund namens Steve bei den Unruhen in

Los Angeles 1993 eine Axt in den Kopf bekommen habe; ich erzählte, dass ich als Kind in einer Jauchegrube gespielt hatte und das Auto meiner Mutter wochenlang nach Kuhmist roch. Ich bemühte mich, meine behütete hessische Dorfkindheit in ein wüstes Abenteuer umzudichten.

Ich hatte in der Zwischenzeit sieben Dosen Bier getrunken und musste dringend aufs Klo. OG1 zeigte mir den Weg ins Haus. Im Erdgeschoss liefen mir zwei Kinder über den Weg. Eine Frau in weißem Kleid wies mich darauf hin, dass die Toilette im zweiten Stock sei. Eine Frau in weißem Kleid, das schien mir in Watts, South Central L.A., irgendwie surreal. Ich kam mir vor wie in einem David-Lynch-Film. Ich erwartete, dass gleich noch ein Schimmel über den Flur lief. Ich war etwas angetrunken. Ich stand am Treppenabsatz und wartete. »Auf was warten Sie?«, fragte die Frau. Ich sagte: »Ich warte, bis das Pferd vorbeigelaufen ist.« Die Frau entfernte sich kopfschüttelnd.

Ich schwankte die Treppe hinauf. Ich fand das Klo nicht sofort und ging in ein falsches Zimmer. Dort lag Geld auf einem Bett, ziemlich viel Geld. Auch so was Ähnliches hatte ich im Kino schon mal gesehen, in solchen Fällen war das meist ein Test, um die Gangsterloyalität des Neulings zu überprüfen.

Ich beschloss zu gehen, das ging mich ja alles nichts an, außerdem musste ich jetzt ziemlich dringend aufs Klo.

Beim Rausgehen fiel mein Blick auf ein Bild an der Wand. OG1 war darauf, er grinste sehr selig und legte den Arm um die Schultern eines Typen in roter Badehose. Ich kannte den doch ... Ich ging näher heran. David Hasselhoff sah mir direkt in die Augen.

# TECHNO

Okay, lieber Leser, machen wir mal ein kurzes Gedankenexperiment. Stellen wir uns für die Dauer dieses Textes
vor, der Techno wäre eine Frau. Und ich meine jetzt keine
von diesen »Ich zeige dir meine Titten«-Bräuten, die un-
säglicherweise auf allen späten Raves herumliefen und mit
Trillerpfeifen jeden Nerv im Umkreis von mehreren hundert Metern abtöteten, sondern ein geheimnisvolles, leicht
schüchternes Mädchen mit reiner, zarter Elfenhaut, die so
unverbraucht lacht, als habe sie das Lachen erfunden und
die Sachen erzählt, die noch nie zu hören waren, weil sie
alle Konventionen sprengen, die man von Geschichten erwartet. Würden Sie sich nicht auch in dieses Mädchen verlieben?

Ich schon.

Ich begegnete ihr erstmals im Juni 1991. Es war ein heißer
Tag im Frühsommer, ich stand auf dem Schulhof, aß eine
Stulle und sah einen Mitschüler aus einer oberen Klasse auf
mich zukommen.

Ich erschrak, ich kannte ihn. Es war einer dieser Typen, die
dich packen, wenn ihnen danach ist, dir ein Dutzend Kopf-
nüsse verpassen, danach sagen, dass man ihnen nicht böse
sein solle, da ja alles nur ein Spaß gewesen sei, und dann laut

lachten (falls man doch böse war, war es besser, das für sich zu behalten, denn diese Typen konnten immer Karate und kamen dann in Versuchung, den neuesten Kick an deinem pubertierenden Teenagerbauch auszuprobieren).

Fliehen wäre sinnlos gewesen, er hatte mich im Visier. Mit ernster Miene lief er wie an der Schnur gezogen auf mich zu. Starr vor Schreck überlegte ich fieberhaft, was ich getan haben könnte, und als er mich schließlich erreichte, fühlte ich mich sehr schuldig. Er schlug mir auf den Rücken, schnaubte, machte dann die Hand zur Faust und schlug schreiend auf das Dach eines neben uns parkenden Autos. Er müsse mir etwas erzählen, sagte er. Er entschuldigte sich für den Schlag, er habe sich abreagieren müssen, verdammt und zugenäht, er sei am Wochenende in Frankfurt gewesen und, verflixt, das sei ja nicht zum Aushalten, er schlug noch mal auf das Autodach, Scheiße noch mal, da habe er etwas gehört, eine Musik wie ein Gewitter.

Er atmete nun ruhiger. Mit einer Ernsthaftigkeit im Blick, die ich nie vergessen werde, beschwor er feierlich, dass sein Leben nun ein anderes sei.

Er sei jetzt noch ganz aufgeregt, so was gebe es hier gar nicht, oder wann hätte ich zum letzten Mal eine Musik gehört, die so radikal sei, dass man das Gefühl habe, nur ein Zurückkriechen in den Bauch der eigenen Mutter könne einem noch Schutz bieten?

Ich sagte: »›Wild Boys‹ von Duran Duran« (kein Scheiß, das mag jetzt idiotisch klingen, aber als ich 1984 – da war ich neun Jahre alt – zum ersten Mal dieses Video sah, dachte ich ausschließlich und sofort daran, dass der Mensch per se auf die Erde geboren werde, um zu leiden. Die Aussicht auf jahrelangen Schmerz ließ mich an der Geburt als solcher zweifeln).

Er lachte, sagte, ich sei der größte Depp, der ihm jemals untergekommen sei, und Duran Duran sei Kinderscheiße, darüber wolle er nicht mehr reden, nie mehr wolle er etwas anderes hören außer … Er stoppte. Was denn nun? Ich saugte mich an seinen Lippen fest (natürlich nur im übertragenen Sinn), weil ich das Wort, das jetzt kommen würde, auf keinen Fall verpassen wollte, schließlich schien es sich um etwas historisch Wertvolles zu handeln. Er machte eine verdammt lange Pause und genoss die Spannung. Mein rechtes Augenlid zuckte vor Aufregung (ich habe das manchmal, und dann muss ich mich sehr konzentrieren, damit mir nicht alle Gesichtzüge entgleiten, denn für die anderen Gesichtsmuskeln ist das Zucken aus mir unerklärlichen Gründen ansteckend. Im Moment besonderer Anspannung gehen manchmal die Gäule mit meinem Gesicht durch, und dann sehe ich aus wie Karl Dall). »Techno«, sagte er.

Sagte mir nichts.

Er fragte mich, ob ich ein Problem mit dieser Musikrichtung habe, oder warum sonst würde ich wohl so blöde gucken. Er drohte mir Schläge an, kam aber nicht dazu, diese Drohung wahrzumachen, weil er damit beschäftigt war, zu schwören, dass bei dieser Musik ein Schalter umgelegt werde im Körper, denn sie sei völlig unverbraucht und kümmere sich einen Scheiß um Konventionen wie Wiedererkennbarkeit und Radioformat (schon gemerkt? Hier ist die Verbindung zum Gedankenexperiment vom Anfang. Ich war aber noch nicht verliebt in das Techno-Mädchen, das kommt noch).

Ich wurde ungeduldig (aber nicht zu doll, schließlich

wollte ich mir keine fangen). »Und wie klingt das nun?«, fragte ich.

Er sagte: »Es klingt wie ein alter Industriepark.«

Wow.

Nein, es singe auch keiner. Instrumente im herkömmlichen Sinn? Vergiss es. Die Musik sei von einer Band namens Kraftwerk beeinflusst. Ich nickte und lächelte ihn an wie ein bräsiges Lama. Ich versuchte damit, meine Ahnungslosigkeit zu überspielen. Mein Vater baute Verpackungsmaschinen, und »Techno« klang wie ein, zugegeben, ziemlich übler Name einer Modellserie, die kleine Butterportionen in noch kleinere Plastikschalen für Altenheime verpackt. Und das einzige Kraftwerk, das ich kannte, stand bei uns hinterm Haus im Wald und versorgte das Dorf mit Strom.

»Techno?«, erwiderte ich. »Techno.« Er wiederholte das Wort.

Er schlug den Handrücken der rechten Hand in die offene Linke und machte: »Bam, bam, bam.« Wenn das nicht nach Terminatoren und nach einer Verbindung zwischen Mensch und Maschine klinge, alleine schon das Wort, dann wisse er auch nicht. Er sagte euphorisch, dass in der neuen Musik deutsche Ingenieurskunst mit der Musik verschmelze. (Er sagte das wirklich. Das ist natürlich äußerst bizarr, und ich glaube, ich muss mich deswegen auch nicht schämen, dass ich just in diesem Moment an arienschmetternde Kfz-Mechaniker dachte.)

Techno gäbe es sonst nirgends in der Welt, nur in Frankfurt. Dort werde es jetzt gepflegt und aufgepäppelt, bis es von Deutschland aus die Welt erobere. Er sprach von der neuen Musik wie von einem rechtsradikalen Kind.

»Wir sind nahe dran am Mittelpunkt der Welt«, sagte er. (Ich würde jetzt gerne schreiben: Und im Hintergrund lief eine Kuhherde vorbei, weil das Bild so schön gepasst hätte. Aber leider war dem nicht so. Trotzdem: Unser Dorf, sechzig Kilometer entfernt von Frankfurt, war sehr klein, und mit dem Mittelpunkt der Welt hat es bis heute nichts zu tun.) Und zwei Wochen später besuchte ich meine erste Loveparade.

Ja, ja, okay, es war Zufall, eigentlich wollte ich an dem Tag nur einen Freund in Berlin besuchen, und der wohnte am Ku'damm, und zack, war ich Teil davon (für die, die das nicht wissen: Früher war die Loveparade auf dem Ku'damm). Als ich neulich mal »Loveparade 1991« in die Suchmaschine eingab und so erfuhr, dass dort nur etwa 15 000 Leute waren, war ich trotzdem stolz auf mich, obwohl ich ja, wie gesagt, nichts dafür konnte. Ich vermute ganz stark: Ich war der erste aus meinem Dorf und meiner Schule auf der Loveparade. Der Erste.

Heute habe ich das Gefühl, das sei damals so ähnlich gewesen wie eine Safari in Afrika, etwas, das man nur einmal im Leben macht und dann seinen Enkeln davon erzählt. Ich fühlte mich als Avantgarde, und ich glaube, dass das nicht nur mir so ging. Niemand hatte Trillerpfeifen und weiße Handschuhe, keiner Kuhfellhosen und Bauarbeiterwesten, Sonnenblumen im Haar und Wasserpistolen in der Hand, Buffalo-Schuhe oder Netzhemden oder diesen anderen ganzen peinlichen Scheiß. Die Teilnehmer, damals ja noch offiziell Demonstranten, waren angezogen wie Punks und Gotthilf Fischer war nirgends zu sehen. Die Leute, die dann später mitmachten, sahen damals nur aus dem Fenster. Als alles zu Ende war, hatte ich mich in das Techno-Mädchen verliebt. Um die Liebe zu festigen, machte ich anschließend eine Clubtour.

Ich kürze einen Absatz jetzt mal stakkatomäßig ab, um ihn an den Rhythmus der Musik anzupassen:

Bässe tief und laut. Spürte ich im Magen. Mädchen halbnackt auf Lautsprechern. Techno war super. Subtropische Temperaturen. Sehr dunkel und grün. Drogen auf Klo – Klischee erfüllt. Klotüren waren kaputt. Lernte ein Mädchen kennen. Wohnte in einem Spezialwohnheim für schwererziehbare Jugendliche. War ein Altbau. War neidisch. War eine WG mit lauter Kleinkriminellen. War trotzdem neidisch. Hatten Mühe, einen geraden Satz zu reden. Übernachtete dennoch dort. Wollte ja nicht diskutieren. War super. Sagte ich ja bereits.

Ach ja, eins noch: Kam mir ständig vor wie ein Dorftrottel. War das ja leider auch.

Letztlich konnte ich in Berlin aber ohnehin nur positiv überrascht werden, denn ich war mit der Mitfahrzentrale in die Hauptstadt gefahren. Mein Fahrer, Mitte 30, Brillen- und Blousonträger, Karottenjeans und Turnschuhe, roter Kopf und alles in allem aussehend wie eine arabische Teigtasche, kam aus dem Schwäbischen und war ein großer Anhänger einer singenden Großfamilie aus den USA, die auf einem Hausboot in Köln lebte. Ich hörte also stundenlang Kelly-Family-Songs. Eine Konversation zwischen uns fand nicht statt, eher war es ein Monologisieren, in dessen Verlauf er sich die ganze Zeit beschwerte: Autobahnen zu ungepflegt, Raststätten zu teuer, Berlin zu verdreckt, Jugend zu ungebildet, Himmel zu grau, Luft zu schlecht, Hundekot zu viel,

Türken zu türkisch, Deutsche zu deutsch. Und selbst beim Daimler sei es früher besser gewesen. Ich fühlte mich wie in Baden-Württemberg auf Rädern.

In den nächsten Monaten stieg Techno an meiner Schule von seinem Status als Subkultur, von der niemand wusste, was es wirklich war, zum offiziellen Musikgeschmack auf. (Dieser Status wurde von Gerüchten befeuert wie dem, dass nur in Kellergewölben gefeiert wurde, man ausschließlich persönlich eingeladen werde, jemanden brauche, der für einen bürge und so weiter und so fort; einmal wurde mir sogar erzählt, tuschel, tuschel, dass es eine Party gäbe, bei der Hundewelpen in die Menge geworfen würden und es nicht eher losgehe, bis ebenjene totgetrampelt worden seien. Ich glaube, es sollte sich dabei um ein Konzert der belgischen Musikkapelle »Front 242« handeln, und bei Belgiern überrascht mich gar nichts. Gibt es das Land eigentlich noch? Techno klang jedenfalls wie eine Geheimgesellschaft, und hätte jemand von den Freimaurern und den Illuminaten angefangen – ich weiß gar nicht genau, was das ist und operiere hier nur mit Halbwissen – alle hätten es geglaubt.)

Ich behielt mein Loveparade-Wissen für mich, wer will schon sein Mädchen teilen? Außerdem gilt der Prophet nichts im eigenen Land, und ich galt schon so wenig, dass ich Angst hatte, den Rest auch noch zu verlieren. (Da fällt mir jetzt gerade eine Flaschendrehparty ein, bei der mal ein Mädchen sagte: »Bevor ich den küsse, esse ich lieber Scheiße.« Besagtes Mädchen ist übrigens seit damals nicht mehr wesentlich gewachsen, vermutlich beträgt ihre Körperhöhe heute einen Meter vierzig. Sie hat außerdem dicke schwarze

Haare auf den Armen. Ich nehme das immer mal wieder gerne mit einer gepflegten Genugtuung zur Kenntnis.)

Schüler separierten sich freiwillig in drei Kategorien Musikliebhaber:

Heavy,

Popper,

Techno.

Man wurde auch so angesprochen (»Hey, du alter Heavy«). Wobei die Übergänge fließend und eine Mehrfachnennung nicht ausgeschlossen war. Manche wechselten auch munter zwischen ihren Vorlieben hin und her, als ob sie zwischen Fernsehsendern umschalteten. So gab es Leute, die einerseits Megadeth liebten, andererseits aber dreimal in der Woche zu irgendwelchen Raves fuhren, die es jetzt auch bei uns in der Region gab.

In der Regel galt: Je härter die Musik, desto schlechter die Haut. Offenbar gab es da einen dermatologischen Zusammenhang; vielleicht wurde die Haut durch die Geschwindigkeit der Musik unter Stress gesetzt und sonderte dann mehr Talg ab, aber das zu vertiefen wäre reine Spekulation.

Nun komme ich ja aus Hessen, was ja gemeinhin neben Berlin als Techno-Urland gilt (natürlich nicht Darmstadt oder Kassel, sondern Frankfurt). Komischerweise habe ich weder an das »Omen« noch an das »Dorian Gray« irgendwelche großen Erinnerungen. Das Einzige, was ich noch weiß, ist Folgendes: Ich komme rein ins »Omen«, werde von einem Ziegenbärtigen sofort gefragt, ob ich Drogen habe (Ziegenbärte sind so hässlich, da fällt mir nichts dazu ein, aber leider kann ich da gar nicht von oben herab lästern: Ich hatte auch mal einen Ziegenbart – Hilfe: sogar blau gefärbt –, das ist mir sehr unangenehm, aber so war es tatsächlich. Das mit dem »Ziegenbart« ist ja auch nicht nur ein Wort, auf alten Bildern sehe ich tatsächlich immer aus wie ein blöder Gamsbock. Ich muss dann immer zwei Mal hinsehen, weil mir mein Gehirn beim ersten Mal einen Streich spielt und frisches Gras zwischen meine Zähne projiziert), muss aufs Klo, treffe dort eine Aids-Aktivistin und bekomme drei Kondome nebst zugehöriger Aufklärungsfibel geschenkt (und falls es jemand wissen will: das »Dorian Gray« war unglaublich hässlich und morgens um 4 Uhr gab es noch eine Schlange). Das war es, mehr weiß ich nicht mehr. Keine Ahnung, mit was das zusammenhing, aber mit Drogen hatte das bestimmt nichts zu tun, denn so was habe ich meistens komplett missverstanden.

Ein Beispiel gefällig? Ich war mal zur Einstimmung auf einer Party irgendwo im Taunus bei zwei sehr hübschen Schwestern eingeladen. Es wurde sich, Bussi hier, Bussi da, begrüßt, und dann begann der Austausch von Belanglosigkeiten. Versteckt in einem Halbsatz erzählten die Schwestern dann irgendwann, dass sie gerade Kekse gebacken hatten. Ich mochte Gebäck immer schon gerne, außerdem hatte ich Hunger, schlug also vor, davon zu essen. Die Kekse schmeckten nach Erdnüssen und waren schön groß, leider etwas trocken. Ich aß dennoch vier davon, was zu meiner Verwunderung großes Erstaunen auslöste. Das trockene Zeug spülte ich mit Bier runter.

Eine Schwester sagte: »Du legst aber vor.« Und die andere: »Meinst du nicht, dass das zu viel ist?« Ich stand da, wie der Ochse vor dem Berg und hatte immer noch nichts kapiert. »Wieso? Waren doch nur Kekse«, sagte ich. Hämisches Lachen im Raum.

Die Party fand ohne mich statt.

(Für alle, die es, wie ich, nicht gemerkt haben: Es waren Haschkekse. Ich versuchte noch, nach Hause zu fahren, sollte man nicht tun, ich weiß, aber wie soll man sonst nach Hause kommen, wenn man auf dem Land wohnt. Bitte bedenken Sie: Wer frei von Sünde ist, der werfe den ersten Stein. Ich fuhr auch nicht besonders weit, denn ungefähr nach der Hälfte der Strecke, hatte ich das Gefühl, dass mir jemand ein Wollkissen über den Kopf zieht und mich einen steilen Abhang hinunterwirft. Ich fuhr dann zwar noch ein Stück, immer den Tacho fixierend, weil ich Angst hatte, zu schnell zu sein – dabei bin ich aber immer nur 40 gefahren –, und hielt wenig später auf einem Waldweg. Meine Hände hatten sich in das Lenkrad gekrampft, und ich benötigte gefühlte vier Stunden, um meinen Fingern wieder so viel Bewegungsfähigkeit einzuflößen, dass ich das Auto verlassen konnte. Ich stieg aus und legte mich auf das Autodach, weil ich das erstens schon öfter im Kino gesehen hatte und immer mal machen wollte, und es zweitens eine laue Sommernacht war. Ich war zwei Tage lang total breit.)

Ich war immer noch sehr verliebt in das Techno-Mädchen (richtig: Das ist der rote Faden, der sich durch den Text zieht), aber dass die Liebe am Erkalten war, merkte ich, als ich mal an einem Wochenende nach Hamburg fuhr, um mich zu amüsieren. (Ich besuchte dort unter anderem einen Kellerclub, der für Techno bekannt war, über dessen Namen ich aber mal den Mantel des Schweigens ausbreiten möchte, weil er voller durchtrainierter Kurzhaarträger war, die so militärisch-zackig tanzten, redeten und knutschten, dass es mir peinlich war.)

Mir begegneten in jenem Club die ersten Anzeichen des Zerfalls, trugen die Tänzer doch Bauarbeiterwesten und weiße Handschuhe. Bei Frauen waren Kuhfellimitate beliebt, überhaupt war alles, was in irgendeiner Art und Weise fellig war, sehr präsent (Fellstiefel zum Beispiel und solche komischen Fellhöschen). Vielleicht benötigt man im Hardbodybereich einen äußerlich zur Schau gestellten Pelz, um die mangelnde Körperbeharrung im Intimbereich auszugleichen, weil man sich sonst a) doch etwas nackt fühlt, b) gerne einen Kontrastpunkt setzt, um den sexuellen Reiz zu erhöhen, oder c) der visuelle Unterschied zu einem Brathühnchen zu 3 Euro 50 sonst doch einen Tick zu gering ausfällt. (Ich habe niemanden gefragt, diese Annahme entspringt ausschließlich meiner Vermutung.)

Ich fand es jedenfalls grauenhaft und tat in der Folge alles, um mich von diesem kulturlosen Haufen zu distanzieren (vermutlich war der ganze Aufwand völlig umsonst, weil ich mir relativ sicher bin, dass es keiner merkte). So setzte ich den ganzen Abend einen äußerst gelangweilten Gesichtsausdruck auf, vermied es, Energydrinks zu mir zu nehmen (so eine lächerliche Erfindung), und verkündete beim Pinkeln extra laut, dass nur verdammte Pickelteenager auf Toiletten Drogen nähmen. Ich ließ demonstrativ auf der Toilette die Tür offen, damit jeder sah, dass ich tatsächlich nur pinkelte (ich gehe fast immer zum Pinkeln in Kabinen, ich stelle mich ja auch nicht zum Trinken an eine Pferdetränke).

Einmal erzählte ich dem Barmädchen sogar, dass ich aus New York sei und hier Urlaub mache, aber das sei ja alles ganz schön provinziell (gut, dass die Musik so saulaut war, sonst hätte sie an meinen ausbaufähigen Englischkenntnissen gemerkt, dass das unmöglich der Fall sein konnte. Ich hatte anfangs deswegen überlegt, aus Bulgarien zu sein, verwarf das aber, da ein Ostblockland nicht zu meinem gelangweilt-arroganten Gesichtsausdruck gepasst hätte. Ostler hätten sicher mehr gestaunt. Ich hätte natürlich sagen können, ich sei ein Bulgare, der mittlerweile schon dutzendfach im Westen Urlaub gemacht habe, aber New York klang halt besser).

Letzten Endes stand ich allerdings vor einem unauflösbaren Dilemma: Ich konnte mich abwenden und distanzieren bis zur Selbstverleugnung, ich war doch dort. Für Außenstehende wäre meine innere Abnabelung in keiner Weise zu erkennen gewesen. Ich war, ob ich wollte oder nicht, ein Teil der nervigen Trillerpfeifenarmee und mit ihnen zu einer wogenden und wabbeligen Masse verschmolzen (im übertragen Sinne, weil natürlich alle austrainiert waren bis zum Jüngsten Tag).

Von inneren Konflikten geplagt (schließlich musste ich meine Anwesenheit vor mir selber rechtfertigen), setzte ich mich irgendwann auf ein Sofa, auf dem ich prompt einschlief. Als ich um acht Uhr morgens aufwachte, wurde um mich herum immer noch gefeiert.

Wenigstens hatte ich das Geld für eine Hotelübernachtung gespart.

Zu der Zeit, als ich den Führerschein machte (1993), schwoll die Technowelle ins Unerträgliche an und, dadurch bedingt, die Liebe ab. Das Techno-Mädchen begann sich zu prostituieren, was man daran merkte, dass plötzlich Dutzende von Samplern auf den Markt geworfen wurden, die oft in Holland oder Niedersachsen produziert worden waren und auch genauso klangen. Techno hieß auf diesen Plattencovern nicht mehr Techno, sondern Tekkno. Irgendwer setzte dann das Gerücht in die Welt, dass die Musik umso härter (also besser) sei, je mehr »k« das Wort Tekkno habe. »Techno«, wurde da behauptet, sei was für Schwule und Mädchen oder, am schlimmsten, für Leute, die Phil Collins mochten, während »Tekkkkno« ganz harter Stoff für Einzelkämpfer war.

Dass die Musik sich in die völlig falsche Richtung bewegte, war mir spätestens klar, als ich einmal zu einer Fahrstunde erschien und mein Fahrlehrer Jürgen, ein Mittvierziger mit gezwirbeltem Oberlippenbart, gerade eine Musikkassette im örtlichen Kaufhaus erworben hatte, die er mir stolz präsentierte. Ich las: »Tekkkno«. Drei K, ich habe das nie vergessen, weil mir noch während des Lesens eine Gänsehaut über den Rücken lief. Mir schwante Übles, weswegen ich lautstark verkündete, doch heute mal lieber Radio hören zu wollen, da ich dringend auf den Wetterbericht angewiesen sei. Ich müsse nämlich, sagte ich, am nächsten Tag zur Gemüseernte und hoffe da verständlicherweise auf Sonnenschein. Jürgen hatte eine Zeit lang schweigend dagesessen und dann verbissen gesagt: »Papperlapapp.« Er habe da gerade ein unangenehmes Hintergrundrauschen von der Fahrerseite gehört, aber dazu wolle er mal anmerken, dass es ja wohl ganz offensichtlich sein Auto und seine Fahrschule sei, und der Hintergrundgeräuschproduzent könne ja auch Tagesschau gucken wegen des Wetters, und wenn ihm etwas nicht passe, dann könne er, Jürgen, sich ja mal überlegen, ob es wirklich der Verkehrssicherheit diene, wenn er den Kollegen auf der Fahrerseite schon so bald zur Prüfung anmelde. Er überlegte laut, ob er hier der Wackeldackel sei, stellte dann aber fest, dass das unmöglich sein könne, schließlich habe er ja die Macht, bestimmte Entscheidungen zu treffen, und wenn der Kandidat noch fünfzehn Fahrstunden zusätzlich genießen wolle, dann solle er doch, bitte schön, nur weiter das Maul aufreißen.

Es wurde äußerst unangenehm: Immer genau dann, wenn wir durch verschiedene verkehrsberuhigte Gebiete fuhren, machte Jürgen die Musik lauter. Er hatte das Fenster heruntergekurbelt und ließ den Arm heraushängen. Manchmal schlug er den doch sehr strukturierten Rhythmus mit den Fingern auf dem Armaturenbrett mit, manchmal klopfte er ihn an der Scheibe fest. Aus jeder seiner Gesten sprach pure Jugendlichkeit (oder zumindest das, was er dafür hielt).

Hin und wieder sagte er etwas in meine Richtung: »Geil« oder »Wie geil ist das denn?« oder »Sag doch mal, ist doch saugeil, oder was?« Er fügte meinen Ohren eine mittelschwere Verbalpenetration mit diesem unsäglichen Wort zu, und am Ende sagte er selbst dann »Geil«, als ich das Auto am Schluss der Stunde parkte.

Wohin Jürgens Begeisterung führte, liegt ja eigentlich auf der Hand: Techno arbeitete sich vom Seiteneinsteiger zum Karrierekid hoch und war plötzlich bei annähernd jedem dahergelaufenen Hans und Franz beliebt. Es hatte dann schon bald nichts mehr mit Techno zu tun, sondern wurde durch ein buntes Potpourri an Peinlichkeiten ersetzt, bei dem Billigbeats losdröhnten, ein Mann die Strophe rappte und eine Frau den Refrain sang. (Weil das immer Schwarze waren, wurde ich zu dieser Zeit sogar ein bisschen rassistisch. Ich sagte mir: »Aha, so sieht sie also, die Rache des afrikanischen Volkes für den Kolonialismus.« Ich möchte das hier nicht weiter vertiefen, aber alleine dieses Geständnis ist mir schon etwas peinlich, und ich versichere hoch und heilig, dass ich von diesem Gedanken mittlerweile wieder Abstand genommen habe.)

Was die Musik betrifft, da lasse ich mal ein paar Stichworte fallen, der allgemeinen Erheiterung wegen: 2 Unlimited, Technotronic, Snap, Dr. Alban (der singende Zahnarzt), Mr. President und Captain Jack (Vorsicht an dieser Stelle: über Tote soll man nichts Schlechtes sagen, also: tolle Musik, danke für die Zeit).

Dabei fällt mir ein, dass ich mal ein Konzert der Popsängerin Sandra im Hessischen besuchte. Zugegeben, das hat nur ganz, ganz, ganz am Rande was mit elektronischer Musik zu tun, sollte aber Teil des Themengebietes »Verfall des Techno« sein.

Kann sich noch jemand an die Frau erinnern? Das war die mit »Maria Magdalena« und »Hi, Hi, Hi«. Damit hier kein falsches Bild aufkommt: Ich war nicht auf jenem Konzert, weil ich die Musik so grandios fand, sondern weil es eine Möglichkeit war, die große Welt kennenzulernen, die sich auf Initiative der örtlichen Freiwilligen Feuerwehr in ein vierhundert Einwohner großes Nachbardorf verirrt hatte. Sandra wurde mit »Ein Weltstar kommt« auf Plakaten angekündigt (was einerseits natürlich mutig ist, andererseits aber auch ein trauriges Beispiel für das Verständnis vom Begriff »Welt« zeigt). Sandra war tief gesunken zu dieser Zeit (ist sie in der Zwischenzeit eigentlich wieder aufgestanden? Ich habe das länger nicht verfolgt). So tief, dass jeder ihrer Playbacksongs mit einem fiesen Stampfbeat anfing, der sich in Nullvariation durch das gesamte Lied zog. Das Konzert fand in einer Reithalle statt und dauerte vierzig Minuten, eine Zugabe wurde nicht gewährt, aber das war nicht so ganz schlimm. Ich stand neben einem dicken Kerl, der eine dicke Freundin hatte, das Pärchen schunkelte die ganze Zeit. Weiter vorne tanzten Jugendliche, die so unvorteilhaft aussahen, wie Jugendliche immer aussehen. Manche hatten Trillerpfeifen dabei, andere weiße Handschuhe an. Sie riefen von Zeit zu Zeit »Techno, Techno«, wenn der Beat einsetzte.

Ich fand das erschütternd. Die arme elektronische Musik wurde pervertiert und vergewaltigt, und die Zuschauer der Vergewaltigung johlten und jubelten und feuerten den Vergewaltiger an.

Das Techno-Mädchen und ich, wir hatten uns nicht mehr so richtig viel zu sagen. Die Liebe war wohl eher eine Verknalltheit gewesen, die so langsam verschwand.

Wo wir gerade von Liebe reden: Ich habe ja den Zeitpunkt verpasst, an dem die lieben DJs automatisch lässig wurden.

Als ich jung war, stand die Metamorphose des Plattenauflegers noch bevor. Zu meiner Zeit legte ausschließlich der Schuldepp die Musik auf. DJs waren linkische Typen mit Pickeln, mit denen ohnehin keiner reden wollte, da konnten sie auf Partys auch den ganzen Abend hinter einem Mischpult stehen; vermisst hatte die nie jemand. Irgendwann hatte sich das geändert, keine Ahnung, mit was ich zu dieser Zeit beschäftigt war, aber die Entwicklung überraschte mich, ich habe das einfach nicht mitbekommen. Plötzlich war der DJ die coolste Sau der Welt (hier ist die Zeit für einen soziologischen Einschub gekommen: Am Anfang der Technoentwicklung war der DJ völlig egal, denn der Star war der Tänzer, alles andere interessierte nicht. Mittelpunkt jeder Party war die Tanzfläche, man ging aus, weil man sich selber feiern wollte und nicht jemanden, der Platten auflegte).

Das textliche Umfeld scheint mir an dieser Stelle außerdem genau richtig, um mal mit einer Unwahrheit aufzuräumen, die mich schon länger quält: DJs sind keine Musiker. So, das musste mal raus. (Ich habe Jahre meines Lebens damit verbracht, Bassgitarre zu lernen und weiß, wie verdammt viel Arbeit das ist. Ich kriege immer unglaublich schlechte Laune, wenn irgendein Honk nur Platten kauft und denkt, dass das eine große musikalische Leistung sei.)

In meinem kurzen Leben als Angestellter eines Magazins, telefonierte ich einst mit einem DJ, der gerade in Barcelona war. Wir redeten über dies und das, und dann fragte ich, wo er denn demnächst auflege. Die Leitung gefror, er sagte keinen Ton. Dann: »Ich lege nicht auf. Ich spiele.« Er wollte sich so lange nicht mit mir unterhalten, bis ich mich entschuldigt hatte.

Der interessanteste DJ, den ich jemals kennenlernte, lebte im Hamburger Umland im Haus seiner Eltern und war schon über fünfzig. Er war nie aus seinem Kinderzimmer ausgezogen. Nun war es so, dass seine Eltern beide tot waren, was aber nicht dazu führte, dass der Mann den Raum ausnutzte, den er jetzt zur Verfügung hatte. Kurz nach dem Tod der Mutter (die lange nach dem Vater gestorben war) war er durchs Haus gegangen, hatte sich die Räume ein letztes Mal angesehen – und dann abgeschlossen. Er hatte sie nicht nur seit Jahren nicht mehr betreten, sondern auch unverändert gelassen. In den Schränken hingen die Kleider der Eltern, das Bett in deren Schlafzimmer hatte noch die Pflegerin der Mutter gemacht, kurz bevor diese gestorben war.

Das Haus hatte drei Stockwerke, der DJ nutzte vier Zimmer: Bad, Küche, Wohnzimmer, Kinderzimmer. Wenn er nicht an zwei Plattenspielern in seinem Kinderzimmer stand, ging er seinem zweiten Hobby nach: Rasenmähen.

Er lebte hauptsächlich davon, dass er Zwischenhändler diverser Drogensorten war, und jeder, der etwas bei ihm kaufte, musste sich einen Vortrag über die sinnvolle Nutzung landwirtschaftlicher Großgeräte im Kleingartenbereich anhören. (Es gab ja auch die anderen Läden, die als Café getarnt waren und in denen jegliche Kommunikation nonverbal ablief. Man betrat solche Läden, winkte der Tresenkraft zu, sie brachte eine Cola, die man halb austrank, dann musste man dringend aufs Klo, das immer im Keller war, traf dort zufällig einen Südländer (es waren nun mal einfach immer Südländer, tut mir leid), tauschte Geld gegen Ware, ging nach oben und trank die Cola aus. Manche taten nicht mal das, weswegen man oft von halbvollen Colagläsern umgeben war. Ich habe auch nie jemanden etwas anderes bestellen sehen als Cola. Ich bin mir nicht sicher, ob das Personal hätte reagieren können, hätte ich mal ein Bier bestellt oder, schlimmer noch, einen Kaffee. Hätte jemand die wahre Funktion solcher Etablissements nicht gekannt und sie tatsächlich mit der Absicht, ein Getränk zu konsumieren, betreten, er hätte sich sehr gewundert, wäre er doch auf lauter Männer Mitte zwanzig getroffen, die offenbar gerne alleine ausgingen und schweigend vor einem Glas Cola saßen. Das war alles in allem doch sehr unpersönlich.

Einmal erklärte der DJ voller Stolz, dass er sich einen neuen Mäher gekauft habe, wir wüssten schon, beim örtlichen Landmaschinenhändler, das sei jetzt etwas Handfestes, das es in dieser Gegend so noch gar nicht gebe, und natürlich habe nur ein erfahrener Pilot die Maschine bekommen können.

Er erklärte nachdrücklich, dass eine Gefahr von den rotierenden Messern ausgehe, weswegen er uns das Gerät leider auch nicht leihen könne, ignorierte dabei aber, dass dieses Verlangen unsererseits auch nicht bestand. Es sei jedoch gut möglich, hob er an, dass er in Zukunft einen kleinen Bonus von uns verlange. Er könne sich zum Beispiel vorstellen, dass diejenigen, die ein Gartengrundstück ihr Eigen nennen würden, ihn einfach als Gegenleistung für seine Dienste mähen lassen würden, wenn er schon nicht als DJ ihre erste Wahl sei.

»Wir haben ja auch keinen Club«, sagte einer, der auf dem Sofa saß, und der DJ erwiderte, dass das auch gar nicht zur Debatte stünde, schließlich rede man hier vom effektivsten Mäher der Welt.

Das könne doch wohl beim besten Willen nicht wahr sein, sagte irgendein Neuer, der a) die Spielregeln noch nicht kannte und b) im Konsum bewusstseinserweiternder Mittel an diesem Nachmittag schon gut vorangekommen war. Bei der Seele seiner Mutter glaube er nicht, über was hier geredet werde. Unter keinen Umständen könne es wahr ein, dass eine Maschine mehr Gras ernte, als ein Mann, der gut im Futter stünde. Er habe zum Beispiel, er wolle sich da nicht brüsten, aber er habe zum Beispiel schon Gebiete abgeerntet, die mindestens der Größe der Holsteinischen Schweiz entsprächen. Nein, mein Herr, er habe dazu natürlich keinen Mäher gebraucht, und wenn es darauf ankäme, so wahr ihm Gott helfe und er hier sitze, dann sei er sicher, dass er ganz Dänemark abgrasen könne wie eine mittelgroße schwarzbunte Milchkuh und trotzdem noch hundertmal schneller fertig sei als jemand, der einen Mäher benutze. Er schnaubte.

Er sagte, dass er es sich gar nicht vorstellen könne, mit solchen Jammerlappen in einem Raum zu sitzen, die ihr ganzes Leben an technischen Geräten ausrichteten.

Der DJ grummelte, er war beleidigt. Er könne sich nicht erklären, sagte er schließlich langsam, wie man solch einen Unsinn verzapfen könne, ohne sich dabei in Grund und Boden zu schämen, er zumindest könne sich nicht erinnern, so etwas Blödes schon mal gehört zu haben. Er bezweifelte lautstark, dass jemand zu seinen Lebzeiten jemals etwas Hanebücheneres gesagt habe. Er stand auf. Er müsse leider dazu auffordern, den Streit jetzt auf der Stelle auszutragen, sagte er ernst, das gebiete sein Stolz, leider habe er aber keine Idee, wie man das am besten bewerkstelligen könne, um Chancengleichheit zu gewährleisten. Schließlich sei er nicht mehr der Jüngste, und da sei eine Schlägerei einfach zu unsicher, was den Ausgang betreffe.

Jemand schlug vor, es mit einem Ohrwettkampf zu versuchen. Er habe mal im Fernsehen gesehen, dass Eskimos aus Alaska so etwas tun würden. Dazu binde man eine Kordel vom rechten Ohr des einen zum linken Ohr des anderen Kontrahenten. Beide müssten dann versuchen, den Gegner mit dem Ohr über ein Linie am Boden zu ziehen. Er räumte ein, dass es natürlich sein könne, dass man sich, wenn es schlecht laufe, gegenseitig das Ohr abreiße, aber dieser Sport habe doch wenigstens einen gewissen Unterhaltungswert.

Einer aus Bayern brachte Fingerhakeln oder wahlweise Armdrücken ins Gespräch, was aber ebenfalls verworfen wurde.

Man kam dann schließlich überein, es mit einem DJ-Wettstreit zu versuchen. Es ging nun also darum, die Übergänge zwischen zwei Liedern so zu gestalten, dass niemand merkte, dass das eine Lied endete und das andere begann.

Eine hektische Betriebsamkeit setzte ein. Jemand suchte die besten Platten mit elektronischer Musik, andere räumten Möbel beiseite, um Platz zum Tanzen zu haben, der DJ und sein Kontrahent kümmerten sich um die Plattenspieler. Als alles aufgebaut war, kippte die Stimmung des Herausforderers allerdings ins Depressive. Er stöhnte, ging zu einem Sessel und sackte darin zusammen.

Man solle die Zeit, die man habe, doch nicht mit Streit verschwenden, sagte er, schließlich sei das Leben ein einziger Trauermarsch. Manchmal da käme schon noch Sonne durch, das schon, ja, aber meistens sei es bewölkt, und wenn man ehrlich sei, sterbe immer irgendwer, und man laufe von Beerdigung zu Beerdigung. Er wisse ja nicht, wie es uns gehe, aber er selber habe Angst, dass das Leben an ihm vorbeilaufe, schneller und schneller, fast schon sprinte, und er ihm letztlich immer nur hinterhersehe. Er stand auf, ging zum Fenster und zerschlug mit seinem Kopf die Scheibe.

Danach hatte ich keinen Zugang mehr zur elektronischen Musik. (Um bei dem Bild zu bleiben: Das Techno-Mädchen war weg, und ich konnte es nicht mehr finden.)

Jobbedingt fuhr ich Jahre später (1999) trotzdem noch mal zur Loveparade. Meine Mission lautete: Suche die Jugendkultur. Ich war mir nicht sicher, ob eine Veranstaltung, die mittlerweile eine ähnliche Atmosphäre hatte wie ein Wet-T-Shirt-Contest, der richtige Platz dafür war.

Ich fuhr in einem der damals so beliebten Bahnsonderzüge von Hamburg nach Berlin, zusammen mit einer Horde

Arschgeweihträgerinnen, die sich über Belanglosigkeiten wie »Der Sven ist ein richtiger guter DJ« stundenlang unterhielten und die heute vermutlich alle Mütter von Kindern sind, die »Kevin« oder »Keanu« heißen. Ich betete für ein Zugunglück, und wenn der Himmel an diesem Tag so finster geworden wäre wie meine Gedanken, dann wäre vermutlich Armageddon angebrochen.

In Berlin angekommen lief ich ständig Reisegruppen in die Arme, die Rücksäcke voller Bier dabeihatten und offizielle Loveparade-T-Shirts trugen. Ich traf außerdem alte Männer in Schottenröcken, Menschen in Schlaghosen und andere mit Lederkutten, Kotzende und Familien und Junge-Union-Trucks. Leute trillerten mir ins Ohr, rempelten mich an und machten mich unaufgefordert mit ihrer Superwooperwasserpistole nass (und so weiter und so fort, unter anderem wurde ein Pornofilm im Tiergarten gedreht). Ich will das Ambiente hier nicht bis zum Erbrechen beschreiben, man kennt das ja aus dem Fernsehen. Die Veranstaltung kam mir vor wie ein riesiger Kuhauftrieb. Ich war umgeben von Herdentieren. Die Loveparade glich einer Schwarmintelligenz abzüglich der Intelligenz.

Machen wir es kurz: Jugendkultur war keine zu finden (Ich erlaube mir hier noch einen soziologischen Einschub: Die Loveparade versuchte etwas, das sie nicht schaffen konnte, familienfreundlich zu sein und gleichzeitig subversiv).

Dafür traf ich die Jennifers, Vanessas und Jaquelines aus dem Sonderzug wieder, sie tanzten und lachten und forderten mich auf, mitzutanzen und mitzulachen, aber ich bekam plötzlich Angst. Angst, dass ich doch eine Jugendkultur gefunden hatte. Ich verabschiedete mich schnell von Mandy und Sandy und Wendy und beeilte mich, zum Bahnhof zu kommen. Als ich den Zug nach Hamburg bestieg, erfasste mich eine tiefe Traurigkeit.

Wir hatten einen Sommer, maximal zwei, das Techno-Mädchen und ich. Wir waren ein schönes Paar, aber unsere Beziehung hatte gelitten, weil sie heftiger, immer heftiger, mit anderen flirtete. Irgendwann wurde ich das Gefühl nicht mehr los, dass sie mit jedem ins Bett stieg und danach mit den anderen über mich lachte, die doofe Nuss. Sie rief nicht mehr zurück, rollte genervt die Augen, wenn ich sagte, dass es so nicht weitergehen könne, und reagierte abweisend auf alle meine Versuche einer erneuten Annäherung.

Würden Sie sich nicht auch einfach eine neue Liebe suchen?

# BROT

Es war schon der dritte Tag in Folge, an dem ich unseren Herd nicht benutzen konnte. »Tut mir leid«, sagte meine Freundin, »ab morgen wieder.« Sie buk seit Tagen Brot. Genauer gesagt, trocknete sie es. Sie arbeitet als Foodstylistin, was im Wesentlichen bedeutet, dass sie Essen so herrichtet, dass es auf Bildern so aussieht, als könnte man es tatsächlich essen.

Sie erwartete den Besuch einer Redakteurin eines ökologischen Feinschmeckermagazins. Das Magazin beschäftigte sich mit Rohkostfragen, und auf Anregung einer Leserin hatte man in der Redaktion die Idee erwogen, dass es doch einmal toll wäre, ein Rohkostbrot ins Heft zu nehmen. Nun hat Rohkost ja die Eigenschaft, unbehandelt zu sein, was es gerade in Bezug auf Brot etwas schwierig macht, da unbehandelt auch bedeutet, dass Backen nicht erlaubt ist. Trocknen allerdings zählt, so die Temperatur sechzig Grad Celsius nicht übersteigt. Mich erinnerte das Prinzip an Bill Clinton: Der hatte ja damals einen Joint auch nur inhaliert, anstatt daran zu ziehen.

Um sicherzugehen, dass nichts chemisch behandelt war, bauten wir die Zutaten für das Brot in unserer Küche an. Wir hatten daher schon Tage zuvor aus einem großen Pappkarton eine Ackerfläche hergestellt. In mehreren Bahnen hatten wir Hafer und Dinkel gesät, der sich tatsächlich gut entwickelte. Kein Wunder, schließlich ließ ich den Pflanzen alle erdenkliche Liebe zukommen. Ich sah mehrmals am Tag nach ihnen, lockerte die Erde, bewässerte den Boden und redete mit ihnen über dies und das. Manchmal erzählte ich ihnen auch von der Geschichte der Menschheit, von damals, als wir von Jägern und Sammlern zu Bauern geworden waren. Vielleicht, dachte ich, fühlten sich unseren Vorfahren so beschwingt wie ich, als das erste Korn die Erde durchstoßen hatte. Ich wurde ganz rührselig.

Weil wir Blumenerde genommen hatten und unsere Tochter gerne damit spielte, bot unsere Küche nach ein paar Tagen den Anblick eines mitteldeutschen Schwarzerdefeldes. Auch für ausreichend Sonnenschein war gesorgt: Um wirklich alle Sonnenstrahlen des Tages auf unsere Pflanzen umzuleiten, bastelte ich aus Aluminiumfolie und Pappe Strahlungsverstärker, ähnlich jenen, die man in amerikanischen Filmen immer sieht, wenn dicke Mafiosi an grauen Tagen am Strand sitzen, Alufolie um den Hals, und krampfhaft versuchen, sich zu bräunen. Durch die intensive Sonnenbestrahlung konnte man die Küche nur im T-Shirt betreten und obwohl wir dauernd gossen, war die Luft sehr trocken. Als mir beim Harken zum ersten Mal die Lippen aufrissen, fühlte ich mich, als wäre ich dem Caro-Kaffee-Werbeclip entsprungen, der irgendwann in den 80ern mal im Fernsehen lief. Ich summte:

»Ich mag das Schöne dieser Welt,
ich mag den Wind im Roggenfeld,

ich mag es, wenn der Tag erwacht
und die Sonne dazu lacht.«

Den restlichen Text hatte ich vergessen, aber viel mehr gab es meines Wissens auch nicht. Außerdem sei an dieser Stelle mal ein Toast auf »Ich mag« des grandiosen Volker Lechtenbrink ausgebracht, der bei einem Auftritt in der Sendung »disco« 1982 nach jeder Strophe erst mal an seiner Zigarette gezogen hatte, was mich als Zehnjährigen sehr beeindruckte.

Wie auch immer: Um das Landburschen-Gefühl noch zu steigern, beschloss ich, Fleisch nur noch blutig zu verzehren. Außerdem besorgte ich eine dieser Plastikdosen, die ein Geräusch machen, wenn man sie umdreht. Ich stellte eine Kuh-Dose in die Küche und drehte sie ständig hin und her, sobald ich den Raum betrat. Es muhte wie verrückt, und, jawohl, ich fühlte mich, als käme ich gerade vom Melken. Selbst die Luft, da war ich mir sicher, roch plötzlich anders.

Als endlich alles gewachsen war, gingen wir daran, die Ähren zu ernten und zu zerstampfen. Ich sang dabei Arbeiterlieder. Ich achtete darauf, dass ich mit sonorer Bassstimme sang. Bei der Ernte fühlte ich mich wie ein muskulöser ukrainischer Kolchosenbauer, der über dem Plansoll liegt, beim Stampfen hingegen wie eine halbverhungerte Frau aus der Sahelzone. Ich legte daher Wert darauf, dass meine kleine Tochter, mein Bruder und dessen Freundin immer zugegen waren, um ein möglichst realistisches Großfamilienszenario herzustellen. Das Zerstoßen der Körner dauerte sehr lange. Ich hatte das Gefühl, Brotbackkunst von der Pike auf zu erlernen. Die zerstoßenen Körner mischten wir mit Wasser und ließen sie zwecks Quellung einen Tag in der Küche stehen.

Sie verwandelten sich in etwas, das aussah, als sei es ein prähistorisches Fundstück. Ich konnte mir nicht vorstellen, dass man das essen wollte.

»Na, was macht das Brot?«, fragte die Redakteurin singend, als sie in unserem Wohnzimmer stand. Sie freue sich schon auf ein frisches Stück, sagte sie und nahm mit einem feierlichen Gesicht am Esstisch Platz. Sie wisse ja, dass es schwierig sei, Brot in eine Rohkostdiät aufzunehmen, aber der Deutsche esse nun mal gerne Brot, und der deutsche Rohkostesser sei da nun mal auch nicht anders. Verzichten zu können, das sei eben nichts für die Deutschen. Sie sagte: »Das ist eben so typisch deutsch.«

Unser Brot war immer noch leicht feucht. Es war nicht dicker als eine Yogamatte, um mal bei einem Terminus zu bleiben, der sich thematisch nicht allzu weit von Rohkost entfernt, und hatte eine grün-schwarze Färbung angenommen. Die Konsistenz war etwas bröselig, weswegen man beispielsweise Schwierigkeiten gehabt hätte, Mettwurst darauf zu schmieren, was aber in diesem Fall nicht schlimm war, denn die Redakteurin hatte vegetarischen Brotaufstrich aus Linsen und Karotten mitgebracht, und es lag mir fern, mit einer Fleischdebatte unnötig die Stimmung zu verschlechtern. Das Brot schmeckte nach … was eigentlich? Es war, als lutsche man Dinkelkerne. Das Essen erforderte Ausdauer und Energie. Man kaute und kaute und kaute, und es dauerte ewig, bis die Kerne sich auflösten und die Geschmacksnerven stimulierten. In seiner Gesamtheit ähnelte das Brot einem schwarzen Loch: Möglichst viel Masse war auf möglichst wenig Raum verteilt. Ein Bissen sättigte für den Rest der Woche.

Ich aß ein kleines Stück, meine Freundin aß ein kleines Stück, die Redakteurin aß ein kleines Stück. Sie lobte die Koch- und Backkunst meiner Freundin, die, das sei hier mal gesagt, natürlich eine tolle Foodstylistin ist und lediglich eine undankbare Aufgabe hatte. Ganz toll sei das Brot gelungen, sagte die Journalistin. Das Magazin mache eine große Fotostrecke damit, sie sehe das jetzt schon vor sich, das ziehe man ganz groß auf, leider nur, und das sei wirklich so was von schade, müsse sie jetzt schon wieder los, sie sei auch schon sehr satt und könne bedauerlicherweise nichts mehr essen. Sie stand auf. Wir boten ihr an, das Brot mit nach Hause zu nehmen. Die Redakteurin sagte: »Das ist ja so wahnsinnig nett«, lehnte aber ab. Schließlich habe sie noch anderes Brot zu Hause, und das müsse ja auch gegessen werden. Außerdem sei es doch schrecklich, wenn sie uns um den Lohn unserer eigenen Hände Arbeit bringen würde. »Köstlich, köstlich« sagte sie, als sie aus der Tür ging.

Wenig später verließen wir ebenfalls das Haus. Wir gingen zu einem Babytreff, kamen an, ich war der einzige Mann, das war mir nicht geheuer, ich ging sofort wieder. Auf dem Rückweg lief ich zufällig an einem Selbsthilfeprojekt einer Ernährungsinitiative vorbei. Im Fenster hing ein »Du bist die Frucht«-Banner, was mir etwas unseriös vorkam. Die Tür stand offen. Ich hatte nicht die Absicht hineinzugehen, sah aber neugierig in den Flur. Genau in diesem Moment kam mir eine Frau mit Batikkopftuch entgegen. Sie nestelte an ihrer Tunika herum, sah mich dann an und ging freudestrahlend auf mich zu. »Kommen sie doch rein«, sagte sie. Sie packte mich am Arm und zog mich in das Gebäude. Außer mir war niemand da.

»Sie kommen zu früh«, sagte die Frau etwas vorwurfsvoll, aber jetzt, wo ich ja schon mal da sei, sei es ja auch egal. »Sie interessieren sich also für ganzheitliches Essen?« Hinter ihr waren Stuhlreihen aufgebaut, die zu einer Tafel zeigten. An der Wand hingen Plakate von verschiedenen Gemüsesorten. In einer Ecke lagen Gurken und Paprika. Ich fragte, ob es sich bei ganzheitlichem Essen um Rohkost handele »Ja, ja.« Sie holte eine Paprika. »Fühlen Sie mal«, sie legte mir das Gemüse in die Hand. »Spüren Sie es?« Ich wusste nicht, was es da zu spüren gab. Sie sagte: »Ich esse nur etwas, wenn ich vorher mit dem Lebensmittel eine Verbindung aufgebaut habe.« Das ginge eben nur mit unverarbeiteten Lebensmitteln. »Diese Pflanze hat sich ihren Charakter erhalten, weil sie schon so aus dem Boden gezogen wurde.« Nur so sei es möglich, das Lebensmittel um Verzeihung zu bitten. »Verzeihung?« Sie nickte. Ich gab zu bedenken, dass die Pflanze ja keinen Vorteil daraus ziehe, wenn sie um Verzeihung gebeten, danach aber trotzdem verspeist werde. »Sie kann sich dann darauf einstellen und sich mir gegenüber öffnen. Andernfalls wird sie ihre Energie für sich behalten. Sie müssen wissen, dass ihre positiven Eigenschaften nur von meinem Körper aufgenommen werden, wenn die Pflanze das auch will.« Sie machte eine Kunstpause. »Wir brauchen auf jeden Fall eine bessere Spiritualität zwischen der Nahrung und uns.« Ich fragte, was denn mit Rohkostbrot sei, und erfuhr, dass es vom spirituellen Standpunkt aus keine Unterschiede zwischen einer Aubergine und einem Stück Brot gebe.

»Ich verrate Ihnen einen Trick«, sagte sie und beugte sich verschwörerisch nach vorne. »Sie müssen den Brotteig im Ofen trocknen. Rohkost«, sagte sie, »ist die Lösung.«

»In der Tat«, dachte ich, »Lösung ist das richtige Wort«. Allerdings hatte es in meinem Verständnis eher die Bedeutung von »Lösungsmittel«. Ich war nämlich mal in einer kanadischen Kleinstadt und verwechselte dort Bohnen mit irgendetwas anderem, vom dem ich dachte, dass man es bequem im Rohzustand essen könne. Ich belegte einen ungetoasteten Toast mit dem Gemüse und aß. Ich aß danach noch zwei weitere Brote. Kurz danach hatte ich einen Interviewtermin mit der Bürgermeisterin des Ortes. Das Rathaus war nicht weit entfernt von meinem Hotel, ich ging zu Fuß. Auf dem Weg wurde mir übel. Mein Magen machte Geräusche, als würde dort Bergbau betrieben.

Ich ging immer schneller. Ich begann zu schwitzen. Ich steigerte die Fortbewegungsgeschwindigkeit in immer kürzer werdenden Intervallen. Von einer angenehmen Spaziergeschwindigkeit ging ich in leichtes Traben über, dem Joggen folgte, an das sich wiederum Rennen anschloss, das von Sprinten abgelöst wurde.

Ich rannte durch die Empfangshalle des Rathauses und rief ohne zu stoppen: »Ich habe einen Termin.« Der Wachmann wurde skeptisch. Vermutlich ging er davon aus, dass ich ein Wahnsinniger sei, was für einen Grund sollte ich sonst haben, durch die Lobby zu rennen, als sei ich auf der Flucht? Er rannte mir hinterher. Obwohl er immer näher kam, konnte ich meinen knappen Vorsprung bis zum Zimmer der Bürgermeisterin halten. Die Tür war geöffnet. Die Amtsfrau stand hinter ihrem Schreibtisch und sortierte Papiere. Sie sah zufällig in dem Moment hoch, als der Wachmann mich einholte und mich mit der ganzen Wucht seines Körpergewichtes gegen die Tür schleuderte. Er nahm mich umgehend in den Polizeigriff. Ich keuchte. Hemd und Anzug waren nass geschwitzt. Ich hatte das Gefühl, mein Magen stände kurz vor der Explosion. Die Bürgermeisterin hatte mich schon erwartet, so allerdings nicht, weswegen sie mich leicht irritiert begrüßte. Ich antwortete mit einer Frage, ich stand gebeugt, da immer noch im Polizeigriff, und sah sie von unten an: »Wo ist denn hier die Toilette?«

Um es kurz zu machen: Das Interview verlief sehr unentspannt für mich, ich musste etwa alle zehn Minuten aufs Klo. Ich vermute, ich hinterließ einen bleibenden Eindruck.

Zurück im Hotel gab ich sofort »Bohnen roh essen« in die Suchmaschine meines Rechners ein. Ich stieß auf die Wissensrubrik einer großen, deutschlandweit erscheinenden Hamburger Wochenzeitung. Bereits das Verspeisen von fünf rohen Bohnen, las ich da, führe unweigerlich zum Tod. Dann wurde erklärt, warum der Tod eintrat und wie das vonstattengehe, so rein chemisch gesehen.

Plötzlich fühlte ich mich stark benommen. Unweigerlich zum Tod. Ich las erneut. Und noch mal. Ich war völlig fertig. Von einer auf die andere Sekunde total panisch. Ich würde sterben. Ich schwitzte, als hätte ich mit Kleidung geduscht, rannte zum Fenster und wieder zurück, galoppierte im Kreis wie ein Zebra im Zoo, schrie und schlug mit der Faust auf die Matratze des Bettes. Ich ging ins Bad, sah in den Spiegel und nahm Abschied von mir selber. Immerhin, dachte ich in einem Anfall von Wahnwitz, jetzt weiß ich wenigstens wie ich reagiere, wenn ich weiß, dass die letzte Stunde geschlagen hat. Ich weinte nicht. Komisch. Ich war mir sicher, dass ich in diesem Motel in einem hässlichen Dorf in der kanadischen Einöde nicht weit entfernt vom Polarkreis verenden würde.

und weinte nicht. Ich lernte stattdessen etwas über mich selber. Offenbar neige ich in Grenzsituationen zum Pragmatismus. Ich suchte meinen Reisepass und legte ihn aufs Bett, damit die Identifizierung schneller ginge, wenn ich gefunden würde, Ich versuchte dann, einen Abschiedsbrief an meine Familie zu formulieren, aber die Wahrheit klang mir zu blöd, wer will schon an Lebensmittelvergiftung sterben. Eine andere Geschichte wollte mir aber partout nicht einfallen, und deswegen ließ ich das mit dem Abschiedsbrief.

Ich gab auf. Ich suchte eine tröstende Geschichte in meinem Gehirn und fand Folgendes: Ich war ein im Gefecht verletzter Grizzly, der mächtigste und größte im Revier, und jahrelang hatte ich alle Rivalen klein gehalten, aber jetzt, da war ich eben alt und verletzlich geworden, und tatsächlich hatte mich ein jüngerer Herausforderer besiegt. Ich hatte viele Kinder gezeugt und viele Kämpfe erfolgreich überstanden. Mir war warm. Ich trottete an meinen Lieblingsplatz im Wald, legte mich unter Bäume ins Gras und wartete auf den Geist, der mich mitnahm in den Bärenhimmel. Ich schloss die Augen und war zu Hause.

Es war eine Vorstellung, die mir gefiel. In meinem Bauch rumorte es. Tod. Es musste in jeder Sekunde so weit sein. Ich legte mich neben den Pass aufs Bett, schloss die Augen und fragte mich, ob ich ein helles Licht sehen würde.

Dann hatte ich eine Idee. Ich wollte mich nun doch nicht mehr kampflos geschlagen geben. »So leicht nicht«, dachte ich und fühlte mich etwa eine Sekunde lang wie neugeboren. Ich sprang vom Bett und gab »Giftnotrufzentrale Hamburg« in die Suchmaschine ein. Als ich das Wort »Gift« las wurde ich erneut ganz schwach. Ich atmete konzentriert, da ich einen

Muskelkrampf mit einhergehendem Herzstillstand befürchtete. Ich fand eine Nummer in Göttingen, rief an, und ein verschlafen klingender Mann meldete sich. Ich schilderte mit hektischer Stimme mein Problem. Er verstand kein Wort. Ich solle langsamer reden. »Ich habe keine Zeit«, sagte ich. »Ich werde sterben.« Er gähnte. War ihm mein Schicksal so egal? »Etwas mehr Anteilnahme«, sagte ich, »wäre angebracht.« Ich hatte die Zeitverschiebung vergessen.

Nachdem ich alles wiederholt hatte, schwor er mir, dass ich einer Falschmeldung aufgesessen sei. Das habe er schon oft erlebt, da werde schlecht gearbeitet und unsauber recherchiert. »Journalisten sind Pfeifen«, sagte er. Am anderen Ende der Leitung lächelte ich. Er gab mir die Garantie, dass ich durchkommen würde. Er sagte: »An rohen Bohnen ist noch nie jemand gestorben.«

Ich entspannte mich. Allerdings nur kurz, denn mein Bauch gab wieder Vollgas. Nach einem längeren Toilettenaufenthalt gab ich erneut »Bohnen roh essen« in die Suchmaschine ein. Ich ignorierte die Wochenzeitung, fand aber weitere Hinweise auf mein baldiges Ende. Bohnen, so konnte ich in diversen Foren, auf Webseiten und Apothekenzeitschriften lesen, das sei ja klar, wirkten tödlich. Ich sackte zusammen. Mein Herz raste jetzt. Der Mann am Telefon hatte wohl keine Ahnung gehabt. Ich gab erneut »Giftnotrufzentrale« ein, fand eine Nummer in Erfurt und rief an. Panisch erzählte ich wieder meine Geschichte. »Ja, ja«, sagte die Stimme am anderen Ende der Leitung. »Was habe ich denn gerade gesagt?«

Ich hatte nicht bedacht, dass es in Deutschland mitten in der Nacht war und alle Giftnotrufzentralen zu einer Leitung zusammengeschaltet waren. Egal wo ich angerufen hätte, ich hätte mit demselben Mann telefoniert. Ich versuchte, mich rauszureden, nicht dass ich ihm nicht geglaubt habe, um Gottes willen, natürlich sei er der Fachmann, ich habe einfach noch mal eine zweite Meinung einholen wollen, man kenne das ja, zwei Ärzte, zwei Meinungen, hahaha, ich lachte sehr laut und sehr künstlich, ich machte alles nur noch schlimmer. Die Stimme erzählte mir leicht beleidigt, dass sie schon seit Jahren als Arzt in der Toxikologie arbeite und dass ich mich entspannen solle, verdammt noch mal. Sicherlich sei das nordamerikanische Brot, das ich zu den Bohnen verspeist habe, ungesünder als das Gemüse. Um mich abzulenken, könne ich ja mal die Zutatenliste studieren. Ich könne aber gerne noch mal anrufen. »Bis bald«, sagte er und legte auf.

Ich legte mich aufs Bett. Ich war jetzt völlig gefühllos. Ich war mir sicher, meinen Unterkörper nicht mehr zu spüren, nahm mir aber vor, auf den Mann am Telefon zu hören und nicht zu sterben. Ich wusste nicht, was ich glauben sollte. Ich fror. Ich starb. Ganz bestimmt. Wahrscheinlich. Vielleicht. Mal sehen. Abwarten. Am nächsten Morgen wachte ich auf und hatte Hunger.

Apropos Essen: Ich hatte in der Zwischenzeit das Seminar für ganzheitliches Essen verlassen und mich spirituell gestärkt auf den Rückweg gemacht. Ich lief an einer Bäckerei vorbei. Ich sah in das Schaufenster. Eine Schule spiegelte sich in der Scheibe. Die Auslage sah so aus wie bei allen Bäckern. Wahrscheinlich backte er schon lange nicht mehr selber, sondern warf irgendeine Backmischung in den Ofen. Ich ging hinein. »Welches Brot läuft denn am besten?«, fragte ich. »Schaumkussbrötchen.« Ich brauchte einen kurzen Moment bis ich verstand, dass Mohrenköpfe sich politisch korrekt zu Schaumküssen weiterentwickelt hatten. Schaumkussbrötchen, kein Wunder, schließlich war gegenüber eine Schule. Ich nickte lahm. Ich sah in einen der Mülleimer vor der Bäckerei und fand Unmengen von belegten Broten darin. Manches war kurz angebissen, anderes gar nicht erst ausgepackt. Die verschimmelten Brote, die dazwischenlagen, waren wahrscheinlich diejenigen, die in Tupperware eingepackt, wochenlang nicht beachtet und irgendwann im Müll gelandet waren.

Ich ging nach Hause. Kind und Frau waren nicht da, wohl noch beim Babykurs. Ich ging in die Küche und betrachtete das abgeerntete Haferfeld. Auf der Arbeitsfläche stand Mehl herum. Das getrocknete Rohkostbrot lag in der Ecke. Ich hatte eine Idee. Ich suchte Eier und Butter aus dem Kühlschrank und mischte einen Teig zusammen. Weißmehl, keine besondere Herausforderung für Gebiss und Darm, köstlich sowohl mit süßem als auch mit herzhaftem Belag. Ich fühlte mich noch besser als während meines ersten Backversuchs. Diesmal würde das Brot viel leckerer werden. Ich knetete ein großes Herz aus dem Teig. Es war ein Liebesbrot, keine Frage. Ich war voller Mehl. Ich schaltete den Ofen ein, legte den Teig hinein und freute mich darauf, das Herzbrot meiner Freundin zu schenken. Es klingelte.

Ein Freund stand vor der Tür. Er war einer dieser Freunde, die ich lange nicht gesehen hatte. Ich war früher oft bis zum Morgengrauen mit ihm ausgegangen, seit ich eine kleine Tochter hatte, ging er aber alleine aus. Er sah mich an. Seine Pupillen waren nicht zu erkennen. Er nickte mit dem Kopf zu einem Beat, den nur er hörte. Er stürmte eilig ins Wohnzimmer, er hatte irgendetwas Dringendes zu erzählen. Er setzte an, stoppte aber sofort wieder ab. Ich sah ihn an. Er deutete auf meinen weißen Ärmel. »Kokain?«

Bevor ich irgendetwas erwidern konnte, griff er wortlos nach meinem Arm und saugte daran.

# HANDTUCH
## AUF DER SONNENLIEGE

Als ich Anfang 20 war, beschloss ich, etwas zu tun, das man nur mit Anfang 20 beschließen kann: Ich fuhr als Teil einer neunköpfigen männlichen Reisegruppe nach Mallorca. Ich machte dort Bekanntschaft mit einer Eigenart, die wechselseitig Deutschen, Engländern und mittlerweile auch Russen zugeschrieben wird: dem Blockieren einer Sonnenliege mittels eines Handtuchs.

Wir buchten uns in einer als Hotel getarnten Verwahranstalt für betrunkene Deutsche ein, ein paar hundert Meter vom Strand entfernt. Es wimmelte von lebenden Klischeedeutschen, rot verbrannten Wurstzombies in weißen Tennissocken, die immer alles besser wussten, das letzte Wort hatten und »zum Entspannen« nach Mallorca gefahren waren, sich dort aber über alles und jeden aufregten. Schon der Flug zur Insel war nichts weniger als die Vorhölle. Ich hasse Fliegen, weil ich mir immer vorstelle, wie sich eine der Turbinen in die Maschine frisst, und zwar auf der Höhe meines Platzes. Manchmal bin ich auch sicher, dass in der nächsten Sekunde ein kleiner Riss in zehntausend Metern Höhe im Flugzeugboden auftaucht und immer größer wird. Schließlich wird der kleine Riss zu einem riesigen Loch, in dem ganze Sitzreihen verschwinden. Im Fall des Fluges nach El Arenal allerdings wünschte ich mir nichts sehnlicher als das. Ich betete um einen Absturz. Ich hoffte inständig, dass wir irgendwo zwischen dem spanischen Festland und Palma de Mallorca ins Meer fallen würden, denn das Flugzeug war voller blondgefärbter und singender, Halsketten- und Feinrippunterhemd tragender Schwachköpfe.

Aber gut, was will man erwarten auf einer Mallorca-Reise? Ich wusste also in etwa, was kommt, schließlich hatten wir absichtlich in der Hauptsaison gebucht, um möglichst viel vom teutonischen Pauschalwahn mitzubekommen. Warum eigentlich? Die Begründung ist einfach und auch schon erwähnt: Wir waren Anfang 20.

Wir flogen ab Düsseldorf, und den Check-In-Counter unseres Fluges konnte man schon von Weitem erkennen. Es war der einzige, bei dem schon morgens um sieben Uhr aus einem mitgebrachten Ghettoblaster Musik von »Scooter« lief. Nach stundenlanger Dauerbeschallung bestieg ich den Flieger mit Kopfschmerzen. Schon während des Fluges wurde nicht nur das deutsche Liedgut gewürdigt, sondern auch dem Alkohol zugesprochen, weswegen die Klobesuchsfrequenz, je länger der Flug dauerte, immer höher wurde. Am Ende der Reise lag ein unaufdringlicher, aber doch deutlicher Fäkaliengeruch über dem gesamten Flugzeug.

Nach der Ankunft lernten wir zügig die Insel kennen. Schließlich hatten wir eine Pauschalreise gebucht, was bedeutete, dass alle Passagiere von einem großen Reisebus eingesammelt wurden. Der Bus fuhr von Hotel zu Hotel, regelmäßig ein Häuflein Menschen absetzend. Die meisten Hotels lagen neben Autobahnzubringern oder mitten in einer Baustelle, ein Hotel befand sich sogar noch im Bau. Wir hatten es vergleichsweise gut erwischt, lag unser Hotel doch gegenüber einem deutschen Discountsupermarkt, der sehr stark frequentiert wurde, da er billigen Alkohol im Angebot hatte. Natürlich gab es auch einen Pool mit allabendlicher Bespaßung. Am ersten Abend mühten sich osteuropäische Tänzerinnen unter einer Stange hindurch, die immer tiefer gelegt wurde. Ein Animateur sprang auf der Stelle und rief immer wieder »Hossa«. Es war traurig mit anzusehen, wie leicht Menschen ihre Würde verlieren können, und noch trauriger, dass ihnen das gar nichts ausmachte. Sie gaben sie lächelnd weg. Hossa. Im Hintergrund dudelte irgendein Schlager, und viele der Urlauber klatschten im Takt oder zumindest in etwas, das sie für den Takt hielten. Hossa.

Am nächsten Morgen ging ich zum Pool. Jede Liege, die nicht besetzt war, war mit einem Handtuch blockiert. »Wenn man verreisen will, soll man das Handtuch nicht vergessen«, schrieb schon Douglas Adams in seinem sehr unterhaltsamen Buch »Per Anhalter durch die Galaxis«. Jetzt endlich wusste ich, warum. Ich wartete. Und wartete. Minutenlang versuchte ich herauszufinden, ob jemand zu den Handtüchern gehörte, was offensichtlich nicht der Fall war. Ich ging zu einer Liege in Poolnähe, entfernte das Handtuch und setzte mich.

»Unglaublich.« »Ja, wirklich, so eine Unverschämtheit.« »Die jungen Leute heute haben vor nichts mehr Respekt.« »Ich würde am liebsten rübergehen und dem Kerl eine Ohrfeige geben.«

Neben mir unterhielt sich ein älteres Ehepaar – offenbar über mich. Ich sah sie an. Der Mann trug eine blau-lila gestreifte Badehose, über die sich der Bauch wölbte, die Frau hatte sich für einen goldfarbenen Badeanzug entschieden. Ihre Haare waren zu einer festungsähnlichen Frisur hochgesteckt. Beide hatten nicht einen Hauch von Nässe an sich. Im Pool schwamm überhaupt niemand. Man saß rum und badete in der Sonne. Dabei ist Sonnenbaden völlig dämlich: Es ist ungesund, langweilig, und schlafen kann man auch nicht, da es auf Sonnenliegen immer wahnsinnig ungemütlich ist. Weil man halb liegt und halb sitzt, kann man auch nicht bequem lesen.

Ich lächelte. »Sie müssen gar nicht so blöd grinsen«, sagte der Mann. Das saß. »Schließlich nehmen Sie einem Mitbürger den Platz weg.«

Er machte sich offenbar ernsthaft Sorgen bezüglich der Entspannungsmöglichkeiten eines Mitreisenden. Ich versuchte, ihn zu ignorieren, was mir allerdings schwerfiel, da er mich ausdauernd beschimpfte.

»So ein Idiot«. »Er wird schon sehen, was er davon hat.« »Dieser freche Hund.« »So ein Depp.«

Nach einer Zeit hielt ich es nicht mehr aus. Der Mann war wirklich unsympathisch. Nichtsdestotrotz versuchte ich, ihn von meiner Liegeninbesitznahme zu überzeugen. Ich versuchte es argumentativ. Hier habe doch niemand gesessen, es wäre doch schade, wenn so eine schöne Liege nicht genutzt würde, ich würde auch gar nicht lange bleiben, und dann sei der rechtmäßige Besitzer der Liege wieder da. Ich behielt für mich, dass der rechtmäßige Besitzer der Liege natürlich das Hotel war und dass es, so rein formaljuristisch, nicht möglich war, rechtsverbindlich eine Sonnenliege mit einem Handtuch zu reservieren. Da lobt man sich doch die Kurtaxe. Einmal für den Strandkorb bezahlt, und schon kann man den ganzen

Tag so viele Handtücher hineinlegen wie man will. Ich fragte mich, ob es zu Lebzeiten des Kurtaxen-Erfinders auch schon Handtuchkriege an der Ostsee gegeben hatte und der Mann mit ebenjener Gebühr genau das verhindern wollte.

Meine Argumente verhallten jedenfalls ungehört. »Sie blöder Kerl«, sagte der Mann.

Ich erinnerte mich, mal gelesen zu haben, dass deutsche Urlauber im Ausland lieber unter sich blieben und von Einheimischen nichts wissen wollten. Ich versuchte daher, mich dadurch mit meinen Sitznachbarn zu verbünden, indem ich einen gemeinsamen Feind schuf. »Hier in Spanien wird man doch ohnehin nur abgezockt«, sagte ich. »Da muss man nehmen, was man bekommt. Ich bin froh, wenigstens für den kurzen Augenblick mal eine Sonnenliege abzubekommen.« Ich setzte einen sehr leidenden Blick auf. »Haben Sie schon die Kosten für das Essen gesehen?« Ich erregte mich, so gut es ging. Ich atmete in kurzer Schnappatmung, um einen möglichst roten Kopf zu bekommen.

»Da hat er recht«, sagte die Frau. Es fing an zu funktionieren. Da der Mann aber noch murrte, erhöhte ich die Dosis. Ich hatte nämlich auch gelesen, dass deutsche Urlauber sich im Urlaub von Briten und Russen belästigt fühlen.

»Haben Sie schon gehört, dass es Hotels an der Ostküste geben soll, die gar keine Deutschen mehr aufnehmen, weil die Engländer alles blockieren? Waren Sie schon mal in Griechenland? Keine Liege zu bekommen ...« Ich atmete laut aus und schüttelte empört den Kopf. »Lauter Engländer.« Ich sagte, dass der Russe an sich ja mittlerweile auch Geld bezahle, um sich eine Strandliege zu sichern. Er gehe dabei so vor, dass er den armen Hotelangestellten Geld zahle, sie also besteche und damit ihre Armut ausnutze. Die Hotelcharge lege dann mitten in der Nacht ein russisches Handtuch auf eine Sonnenliege, die sonst immer nur von Deutschen genutzt worden war. Das sei ja wohl unmöglich, aber der könne es ja machen, der Russe, schließlich habe er neuerdings das ganze Geld. Das könne ja wohl nicht mit rechten Dingen zugehen, da würde man sein ganzes Leben lang hart arbeiten, nur um dann von diesen Salonsozialisten links überholt zu werden. Und überhaupt, sagte ich: »In Deutschland sind die Steuern viel zu hoch.« Das Totschlagargument für jede Gelegenheit.

Der Mann nuschelte etwas, das ich nicht verstand, aber offenbar hatte ich ihn überzeugt. »Er hat doch ganz vernünftige Ansichten«, sagte die Frau zu ihrem Mann. Er drehte sich jetzt zu mir um.

»Möchten Sie ein Bier?« Er hielt mir lächelnd eine Dose hin. Sie war vom Discounter gegenüber. Ich nahm die Dose. Es war kurz nach zehn Uhr. Wir stießen an. »Freut mich, Sie kennenzulernen«, sagte ich, ich verdammter rückgratloser Opportunist. Ich nahm einen großen Schluck.

»Schmeckt Ihnen das Bier?«, fragte er. »Mir nämlich nicht.« Er begann sich aufzuregen.

»Da ist doch was beigemischt. Limo oder so.« Es war dieselbe Marke, die derselbe Discounter auch überall in Deutschland anbot.

Er grummelte, da sei ja die Milch zu Hause stärker. Wo er herkomme, tränken schon die Babys härtere Sachen. Er könne gar nicht sagen, wann er das letzte Mal solch ein klares Wasser gesehen habe. Es sei doch wohl nicht zu viel verlangt, wenigstens im Urlaub mal ein anständiges alkoholisches Getränk zu sich nehmen zu dürfen. Wenn er seinen Freunden zu Hause so eine Plörre anbieten würde, das sei ja völlig klar, was sie dann mit ihm machen würden, mindestens würde er verprügelt werden, wenn nicht noch schlimmer. Er sah mich an. Er glaube, dass das eine Verschwörung sein könne.

»Man will uns hier nicht mehr haben«, sagte er. »Dabei bringen wir doch das ganze Geld ein. Ich glaube, das Bier ist gepanscht, da hat die Regierung ihre Finger im Spiel, alles nur, damit wir woandershin fahren, früher, da war das noch alles anders, da hat man uns geschätzt, aber jetzt …« Er stieß seine Frau an. »Was meinst du?« Sie blickte kurz von ihrer Zeitschrift auf, nickte und versank wieder in die bunten Blätter.

»Ich fühle mich hier nicht willkommen«, sagte er. Er trank die Dose in einem Zug aus. »Eine Frechheit, dass ich Rosenwasser trinken muss.« In Spanien werde man eben nur noch drangsaliert. Er bat mich um eine Einschätzung, ob es denn sinnvoll sei, im nächsten Jahr in die Türkei zu fahren.

Er öffnete ein neues Bier und gab mir auch noch eine Dose. Ich hatte noch nicht mal die erste getrunken. Ich trank sie in einem Zug aus und hatte im nächsten Moment das Gefühl, von der Liege zu fallen. Er hielt mir die zweite Dose hin. Wir stießen erneut an. Ich trank das Bier in großen Schlucken, ich wollte einen Vorsprung herausarbeiten, um dann kurz meine Ruhe zu haben. Er fühlte sich animiert, und steigerte sein Tempo ebenfalls. Als er mir die dritte Dose reichte, sagte er: »Sie sind ein netter Junge.«

Wild gestikulierend setzte er seine Spanien-Beschimpfungen fort. Ich hörte allerdings nicht mehr wirklich zu. Ich war betrunken und musste aufs Klo.

Ich konnte das aber nicht tun, auf keinen Fall. Schließlich hatte ich einen harten Kampf durchstehen müssen, um diese

Liege überhaupt für mich gewinnen zu können. Ich konnte jetzt nicht gehen. Man hat ja auch seinen Stolz. Andererseits hatte ich so langsam das Gefühl, dass ein Messer in meinem Unterleib steckte, das Brennen meiner Blase fraß sich langsam hoch zu meinem Gehirn. Ich konnte mich nicht mehr rühren, jede Bewegung tat jetzt weh. Ich erwog, mein Handtuch auf der Liege zu lassen, solange ich verschwunden war. Schließlich wurde das von der Pool-Gesellschaft akzeptiert. Mit schien das aber nicht männlich genug, außerdem, das erwähnte ich ja bereits, war ich gerade erst gekommen. Ich zog mir das Handtuch über die Hüfte und wollte gerade in eine der leeren Dosen pinkeln, als ich sah, dass eine junge Familie mit zwei Kindern die Strandliege neben mir in Beschlag nahm. Die beiden Töchter, ich schätze sie waren fünf oder sechs Jahre alt, sahen mich an. Ich hatte meine Hände unter dem Handtuch, die Dose machte eine auffällige Beule. »Hallo«, sagte ich lächelnd zu den Mädchen. »Wie geht's?« »Das ist nur eine Bierdose.« Ich lachte laut und sehr künstlich.

Ich stand schließlich auf, es half ja nichts. Ich versuchte, es so lässig zu tun, wie es ging, aber der Schmerz hatte meine untere Körperhälfte schon komplett betäubt. Ich lief ohne meine Hüfte zu benutzen. Hatte ich Gelenke in den Beinen? Ich schwitzte wie ein Schwein. Konnte man an einem Urinstau sterben? Als ich außer Sichtweite war, rannte ich mit der Geschwindigkeit eines Rennpferds auf die nächste Toilette.

»Wo waren sie denn gestern so plötzlich?«, fragte mein neuer Freund, der Sonnenliegennachbar, als ich ihn am nächsten Abend traf. Er trug Shorts, war barfuß und wartete vor einer Flügeltür auf die Öffnung des Speisesaals. Er war nicht allein, sondern hatte sich in mehrere Dutzend Wartende eingereiht. (Speisesäle in Touristenhochburgen sind immer mit Flügeltüren ausgestattet. Nur so ist es möglich zu garantieren, dass sich von den wilden Horden, die ja alle gleichzeitig essen wollen, niemand verletzt, wenn der Saal geöffnet wird und alle gleichzeitig die Tür passieren wollen. Außerdem kann so der größte Durchlauf an Urlaubern garantiert werden.)

Wussten Sie, dass das Handtuchplatzhaltertum, ohne sich groß im Wesen zu verändern, auch auf das abendliche Essen ausgedehnt wird? Auch dort gibt es nämlich Tischreservierungen, obwohl es offiziell natürlich keine gibt.

»Weg da, ich habe schon immer da gesessen« oder »Ich komme schon seit zwei Wochen um diese Zeit« oder »Was fällt Ihnen denn ein? Das ist mein Platz.« Oder »Ich hole gleich die Hotelleitung.« Auch beliebt ist: »Seien Sie froh, dass ich hier im Urlaub bin, sonst ...«

Der Handtuchtrick findet sich allerdings auch im Herzen der deutschen Gesellschaft wieder, nicht nur an ihren Urlaubsrändern. Ich war erst neulich wieder im Kino. Mit Ausnahme ein paar versprengter Besucher war der Saal leer. In der hintersten Reihe saßen ein paar Jugendliche. Ich ging ebenfalls in diese Reihe und setzte mich.

»Hey.« Ich reagierte nicht, weil ich nicht davon ausging, dass sie mit mir redeten. »Hey, du.« Ich sah sie an. »Der Platz ist besetzt«, sagte einer halbstark. Stimmt, dachte ich, ich sitze darauf. Ich sagte aber nichts und sah ihn nur an. »Unsere Kumpels kommen noch.« »Es ist ja noch genug Platz«, sagte ich. »Hast du was mit den Ohren: Der Platz ist besetzt«, sagte der Halbstarke. »Hier ist doch alles frei.« »Hätten wir so viele

Jacken dabei, hätten wir sie alle über die Sitze gehängt ...«
Ein Mädchen war um Deeskalation bemüht und zuckte entschuldigend mit den Schultern.

Mein Handtuch, meine Jacke, offenbar ist man mit diesem Denken sozialisiert. Ich tat ihnen den Gefallen und setzte mich woandershin. »Na, geht doch«, sagte der Teenager. Ich bin nicht sicher, ob ich es verwinden kann, von einem 17-Jährigen vertrieben worden zu sein. Die Freunde kamen natürlich nicht mehr.

Mein Poolnachbar indes schien mich zu verfolgen. Ein paar Abende später wohnten wir zufällig zusammen einer Kulturveranstaltung ersten Ranges bei: Wir besuchten ein Konzert des deutschen Schlagerstars Nicole (kann man da von »Star« reden? Das war jedenfalls die, die »Ein bisschen Frieden« gesungen hat). Ort der Veranstaltung war eine Großraumdiskothek mit dem halbseidenen Namen »Oberbayern«. Der Ort gleicht mehr einem Bierzelt und ist, sind wir mal ehrlich, *der* Grund, warum Deutsche im Ausland manchmal so ein ungünstiges Image genießen. Die Besucher waren ausnahmslos alle laut, betrunken, dick, unattraktiv und trugen Kleidung, die vermutlich 1982 als Kleiderspende in Bulgarien abgeschickt worden war, um die sandinistische Revolution in Nicaragua zu unterstützen und die über irgendwelche Umwege Jahre später in Deutschland gelandet war.

Beim Konzert von Nicole war die Hütte voll. Es herrschte Tanzverbot, warum auch immer, und damit die hinteren Reihen auch was zu sehen bekamen, mussten sich die Zuschauer in der ersten Reihe auf den verspiegelten Tanzboden setzen. Ich saß ganz vorne, neben mir mein Bruder, der schon alkoholselig mit dem Kopf wackelte.

Denn das, mal nebenbei, ist ja der Trick an einem Mallorca-Urlaub: Trinken Sie möglichst am ersten Tag Alkohol. Trinken Sie nie so viel, dass Sie sich übergeben müssen, sondern immer nur in Mengen, die garantieren, dass der Blick leicht getrübt ist und man alles durch einen Schleier sieht. Stellen Sie sicher, dass Sie diese Menge während der gesamten Dauer des Aufenthalts nicht unterschreiten. Und schon haben Sie Spaß.

Das Konzert begann. Nicole sah nicht sehr glücklich aus, sie hatte eine weiße Gitarre und saß auf einem Barhocker. Vermutlich folgte ein Gassenhauer auf den nächsten, ich kannte kein einziges Lied, aber es wurden immer wieder Wunderkerzen angezündet. Weil ja Tanzverbot war, beschränkte sich die Emotion im Publikum auf gediegenes Mitschunkeln. Plötzlich allerdings tanzte ein Derwisch genau vor Nicoles Gitarre. Er beugte sich nach hinten, jaulte bei einem Gitarrensolo, das er auf einer imaginären Luftgitarre spielte und fiel, immer noch wild Gitarre spielend, auf die Knie.

Ordner stürmten die Tanzfläche. Nicole sang tapfer weiter. Sie tat so, als bemerke sie nichts, hatte jetzt aber einen noch traurigeren Ausdruck in den Augen. Sie sah aus wie ein kleiner Hundewelpe. Kaum waren die Ordner in der Nähe des Gitarrespielers, sprang dieser vom Boden auf, um in einen wilden pogoähnlichen Tanz zu verfallen, der ihn in die hinterste Ecke der Tanzfläche trieb. Die Ordner sahen aus wie Maschinen. Sie beeilten sich nicht, den Tänzer einzufangen, aber in ihren Gesichtern war eine große Entschlossenheit zu sehen.

Ich boxte zur Seite, zu meinem jüngeren Bruder, ich wollte

was sagen wie: »Siehst du diesen verrückten Kerl, ganz crazy«, aber ich boxte ein Luftloch. Ich drehte mich um, mein Bruder war nicht mehr auf seinem Platz. Ich ahnte es. Er war immer schon ein sehr musikalischer Mensch. Er konnte sogar Noten lesen. Ich konzentrierte mich auf den Tänzer, der mittlerweile von den Ordnern umzingelt war. Er tanzte so wild, dass sich im ersten Moment niemand traute, den entscheidenden Schritt nach vorne zu machen, weil niemand von ihm getreten werden wollte. Nach ein paar Sekunden des Fixierens fielen sie allerdings über ihn her wie ein Löwenrudel über ein Gnu.

Jetzt konnte ich endlich das Gesicht des Tänzers erkennen. Natürlich war es mein Bruder. Er wurde von den Ordnern an der Hüfte gepackt, versuchte aber selbst dann noch, wilde Tanzbewegungen aufzuführen, als ihn einer am Oberköper und einer an den Füßen packte. Er fing an zu singen:

»Ein bisschen Frieden, ein bisschen träumen, und dass die Menschen nicht so oft weinen.«

Einer der Ordner schlug ihm mit der Faust auf die Nase. Sie fing sofort an zu bluten.

»Ein bisschen Frieden, ein bisschen Freude, ein bisschen Wärme, das wünsch ich mir.«

Er wurde durch eine johlende Zuschauermenge Richtung Ausgang getragen.

»Ein bisschen Frieden, ein bisschen träumen, und dass die Menschen nicht so oft weinen.«

Er wurde vor die Tür geworfen. Ich beschloss, ebenfalls zu gehen, schließlich musste ich meine Solidarität beweisen. Ich beschloss außerdem, Nicole bis zu meinem Lebensende zu boykottieren. Ich habe das bis heute durchgehalten, wobei es natürlich schmerzhaftere Boykotte gibt. (Ich muss aber zugeben, dass ich neulich zufällig eine Ausnahme machte, als ich einen Ausschnitt des Grand Prix von 1982 sah. Nicole war damals erst 18 Jahre alt, und sie sah ein bisschen so aus wie Otto Waalkes.)

Was nun?

Irgendjemand, der zufällig neben uns stand, lobte meinen Bruder für die große Show. Er sagte: »Ich gehe jetzt mit meinen Freunden an den Strand. Wir wollen in den Sand kacken. Kommt doch mit.« Das war uns nun wirklich zu unappetitlich. Warum fährt man noch mal nach Mallorca? Es ist mir ein Rätsel.

Wir gingen trotzdem zum Strand.

Schon jetzt, mitten in der Nacht, lagen Handtücher auf diversen Plastikliegen. Vielleicht lagen sie noch vom Tag zuvor, aber vielleicht galt das auch schon für den nächsten Tag. An einem Sangria-Eimer trafen wir eine Reisegruppe aus Österreich. Ich lernte Waltraud kennen, die wie alle Österreicher diesen putzigen Akzent hatte. Waltraud war etwa so alt wie ich, dafür nur halb so groß und hatte ein Tattoo, das sich in Form mehrer Blumen und eines Drachens über den ganzen Rücken verteilte. Es kam, wie es kommen musste, aber darauf gehe ich jetzt mal nicht näher ein. Gegen sieben Uhr morgens stand Waltraud auf. Was sollte das denn jetzt? Sie komme gleich wieder, sagte sie. Sie nahm ein Handtuch. Sie sagte: »Ich muss kurz zum Pool.«

# JOGGINGHOSE

Eigentlich wusste ich, dass so etwas passieren würde: Finanzkrise, Schweinegrippe, Klimakatastrophe. Warum? Meine Jogginghose ist neulich kaputtgegangen.

Es ist nämlich so: Ich habe einen komischen Aberglauben. Ich glaube, dass Veränderungen in der Welt vom Zustand meiner Jogginghose abhängen. Klingt blöd, ich weiß, aber die Indizien sind einfach nicht von der Hand zu weisen. Als ich meine allererste Jogginghose bekam (die allererste, die nicht aus den abgelegten Beständen eines nahen Verwandten stammte), wurden in Deutschland die Pershing II Raketen stationiert. Bei meiner nächsten Hose wurde Michail Gorbatschow Präsident der Sowjetunion und Hose Nummer 3 führte schließlich zum Zusammenbruch der DDR. (Ich habe den Zusammenhang »Jogginghose – Weltpolitik« danach etwas aus den Augen verloren, hänge diesem Glauben aber nach wie vor an.)

Vor nicht allzu langer Zeit war ich nun in einem Fitnessstudio. Ich tue das manchmal, man wird ja nicht jünger. Ich wollte meine Brustmuskulatur trainieren und legte mich zu diesem Zweck waagrecht auf eine der Bänke. Ich schloss die Augen. Konzentrierte mich auf das Gewicht. Spreizte die Beine um einen besseren Stand zu haben.

Hob das Gewicht mit einem Stöhnen an. Hörte ein Lachen von allen Umstehenden. Oder lachten sie gar nicht? War es eher ein neidisches, zugegebenermaßen sehr lautes Gekicher, weil ich so stark war? Das musste es sein. Genau. Ich war ziemlich stolz auf mich. Ich sagte es laut vor mich hin: »Das ganze Studio ist neidisch.« Ich trainierte noch einige Zeit weiter. Nach jeder Übung stolzierte ich stolz durch die Menge wie ein Gockel durch seine Hühnerschar. Andere Übungen, denen meist gemein war, dass man sich auf den Rücken legen und die Beine spreizen musste.

Ich entdeckte dann leider erst zu Hause, dass meine Jogginghose ein riesiges Loch zwischen den Beinen hatte. Die Naht war einfach gerissen. Nicht dass wir uns jetzt falsch verstehen, so schlimm war es nicht, ich trage ja schließlich Unterwäsche, aber trotzdem … hätte ich mir vielleicht das eher unangenehme »Wie fandest du das, Baby?« ersparen können, dass ich zu dieser neuen Tresenkraft sagte, als ich nach Hause ging.

Wie sich herausstellte, war der Erwerb einer neuen Jogginghose ein eher kompliziertes Unterfangen, das mich in die Untiefen des Deutschseins führte.

»Jogginghosen sind nicht nur das Stylemodell der Zukunft«, sagte der Verkäufer des ersten Ladens, in dem ich mein Glück versuchte. Es war ein sogenanntes Streetwear-Geschäft, Jogginghosen gab es dort wie Sand am Meer. »Sie stehen stellvertretend für die Gesellschaft der Zukunft.« Die Jogginghose sei etwas zutiefst Demokratisches, hochpolitisiert, dabei trotzdem gleichzeitig ganze Bevölkerungsschichten ausschließend. Das sei aber mitnichten ein Widerspruch, denn sie repräsentiere einerseits Revolution, wie aber auch andererseits Repression.

Ich sah mich um. Revolution und Repression? Um mich herum standen Menschen, meist männlich, die im Schnitt zehn Jahre jünger waren als ich und sich durch große Stapel von Hip-Hop-Platten kämpften.

Doch, doch, der Verkäufer nickte. Vielleicht bräuchte ich ein Bild vor Augen, um mir das besser vorstellen zu können, manchen Menschen helfe das ja, also solle ich mal genau zuhören. »Wie wäre es damit«, sagte der Verkäufer, »Rosa Luxemburg würde heute genauso eine Jogginghose tragen wie Otto von Bismarck.« Die Jogginghose, sagte er lautstark – er ruderte dabei mit den Armen –, sei das erste postmodische Kleidungsstück. Es sei doch nun mal so, dass jeder eine Jogginghose besitze. Diese Hose grenze im Grunde ihres Charakters niemanden aus, denn sie habe sich, ähnlich einer Jeans, in jede Gesellschaftsschicht vorgearbeitet. Da die Schichten aber eher nebeneinander statt miteinander lebten, sei sie aber eben doch nicht verbindend. Sie habe jedoch nicht nur proletarischen Charme wie eben die Jeans, sondern wirke auch subproletarisch, wo sie ein großes Käuferpotenzial erschließen könne, da immer mehr Menschen in die Unterschicht abrutschen würden. Andererseits habe sich die Hose zu einer modischen Trendhose entwickelt und auch dadurch nicht nur die Mittelschicht erschlossen, sondern auch die Barriere zum Geldadel gesprengt und dort eine neue Heimat gefunden. Sie sei, wenn man so wolle, eine deutsche Volkshose.

»Eine deutsche Volkshose?«, sagte ich. Der Verkäufer nickte.

Dabei, fuhr er stark artikulierend fort, seien die Leute, die Hosen bei ihm kaufen würden, aber weder der einen noch der anderen Fraktion zuzurechnen, was er persönlich ganz stark bedauere, aber so sei das nun mal. Seine Kunden würden den Kauf aus Gründen vollziehen, die er mir gerne mal aufzählen könne. Er zählte es an den Fingern ab.

Rumhängen.

Fernsehen.

Tanzen gehen.

Sich mit Freunden im Park treffen.

Musik machen, in erster Linie Hip-Hop.

Vor allem letzterer Grund sei wohl entscheidend für den Kauf, da eine solche Hose auch ganz hervorragend das Lebensgefühl vom Harlem der frühen 80er transportiere. Harlem, das wisse man ja, habe kulturell zumindest nicht ganz danebengelegen. »Stichwort Old School«, sagte er.

Er zeigte auf einen Stapel grauer Baumwolljogginghosen. Er könne mir daher eine solche Hose unter keinen Umständen für den Sport verkaufen.

Ich konnte das nicht glauben. Ich stand vor einem Verkäufer, der nichts verkaufen wollte. Ich sagte etwas leidend: »Aber das ist doch eine Sporthose.« Und wenn wir schon bei den 80ern waren: Ich erinnere mich, dass ich in einer solchen Hose vor etwa 25 Jahren durch diverse Waldgebiete Deutschlands lief. Ich hangelte mich an Stangen entlang und machte über Holzböcke Bocksprünge, ich balancierte auf einer Holzstange, die etwa einen halben Meter über dem Boden war, und manchmal, wenn ich besonders fit war, balancierte ich auf einem Bein, auf der Holzstange dabei nach vorne hopsend. Die Übungen waren meist übersichtlich gehalten und einfach zu verstehen, aber wenn ich etwas nicht verstanden hatte, erklärte mir eine kleine weiße Figur auf einer hellblauen Tafel, wie es ging. Sie haben das richtig erkannt: Es handelte sich hierbei um den Trimm-dich-Pfad. Ein sympathischer Mittdreißiger namens »Trimmy« mit schwarzer kurzer Sporthose und weißem Unterhemd motivierte zur Benutzung, indem er den Daumen grinsend in die Höhe streckte.

Was allerdings auch sehr motivierend wirkte, waren meine Eltern, die ständig auf irgendeinem Trimmpfad unterwegs waren. Und weil das Kind ja in der Zwischenzeit irgendwohin musste, konnte man es ja einfach mitnehmen. Sie waren damit aber nicht die Einzigen: Ich erinnere mich an einem Nordseeurlaub 1982, den vermutlich niemand wegen des nahen Meeres gebucht hatte, wimmelte es doch im nahen Wald von Trimmern, die in Blousontrainingsjacken mit Schulterpolstern und leuchtenden Neon-Armbändern sowie Stirnbändern groß wie Handtücher Hüftschwünge übten. Dabei tollten Horden von Kindern um sie herum. Neben der großen Samstagabend-Show war der Trimm-dich-Pfad wohl das Element der frühen 80er, das Familien am stärksten verband.

Ich seufzte und schloss kurz die Augen, um mich deutlicher zu erinnern. Plötzlich kam es mir so vor, als könnte ich den Geschmack dieser Zwei-Pfennig-Brausebonbons, die es bei jedem Bäcker gab, auf der Zunge schmecken. Ich summte das Colt-Sievers Thema »Unknown Stuntman« (tat ich leider für den Rest der Woche, weil mir die blöde Melodie nicht mehr aus dem Kopf ging). Ich schreckte damit offenbar den Verkäufer ab. Er war im Begriff wegzugehen.

»Hallo«, sagte ich, »ich brauche eine Hose.« Er könne doch nicht einfach gehen, da er, wie ich das verstanden habe, Verkäufer sei, und dessen Job sei nun mal der Verkauf, und ich wolle gerne etwas kaufen.

Einem One-Hit-Wonder gleich spielte er seinen Song noch mal. Sport sei dieser Hose nicht würdig. Ich müsse das schon verstehen, entweder Politik oder Old School. Wobei sein Fokus eher auf der Politik liege, aber das habe er ja schon gesagt, wie er überhaupt alles schon mal gesagt habe und ich wohl der Einzige sei, der eine weitere Erklärung benötige. Der politische Aspekt sei ja auch insofern bedeutend, als diese Hose, er nahm eine in die Hand und schwenkte sie vor meiner Nase, ja auch in Bangladesch hergestellt sei, und er könne doch wohl sein Leben darauf verwetten, dass der Hersteller ein Subunternehmer eines deutschen Produzenten sei, der seinen Leuten schlechte Löhne zahle, sie in baufällige Häuser einsperre und ihnen nicht mal eine Pause zum Pinkeln gewähre. Möglicherweise, auch das könne ja durchaus sein, klebe Blut an dieser Hose, und insofern passe es viel besser, wenn Bismarck diese Hose trage und nicht Luxemburg. Trotzdem bleibe die Hose eine Volkshose, und wenn er aber über die weltweiten Verstrickungen nachdenke, dann müsse man sich überlegen, ob das Kleidungsstück den nationalen Charakter, den er ihm vorhin gegeben habe, noch verdiene, aber das sei wohl eine Definitionssache. Na ja, er schüttelte den Kopf. »Oder eben Old School«, sagte er erneut.

Der Verkäufer war Anfang 20. »Ich weiß, was das ist: Old School«, sagte ich. Ich lächelte schwach. Sein »Old School«-Begriff war offenbar ein anderer als meiner. Während er an Grandmaster Flash und Run DMC dachte, fielen mir dabei

Klimmzüge im Ostseeheilbad Dahme ein und Hüftkreisen in Bad Segeberg.

Ich verließ den Laden schließlich ohne Hose. Ich sah Jogginghosen in den nächsten Tagen bei zweierlei Klientel: bei den ewig jung gebliebenen Stylern, die in Parks Frisbee spielten oder Skateboard fuhren und dazu immer Latte macchiato tranken, und bei jenen, die nur vom Sofa aufstehen, wenn sie zum Bierholen vor die Tür gehen müssen. Mein Nachbar zum Beispiel, seit 16 Jahren Alkoholiker, trägt immer eine Jogginghose. Er kombiniert die Hose mit einem Pullover, grob karogemustert, einer Baseballmütze, auf der der Name eines Landmaschinenherstellers eingestanzt ist, und einem Oberlippenbart. Eigentlich also der Styler schlechthin, aber trotzdem wird er in der Gegend, in der ich wohne, eher abschätzig angesehen. Und das, obwohl alle, die ihn so abschätzig ansehen, das Gleiche tragen. Komisch. Offenbar hatte der Verkäufer recht gehabt, und ich hatte was verpasst.

Ich brauchte allerdings immer noch eine Hose.

In meiner Nachbarschaft befindet sich ein Geschäft für Armeebedarf. Ja, ich weiß, das ist fragwürdig, und ich lehne außerdem Idioten ab, die in Tarnmontur tagelang in einem Waldstück auf einem Hochsitz sitzen, um einen armen Feldhasen zu töten, aber Armeeklamotten sind, das dachte ich zumindest, vom Vorwurf der Hippness befreit. Ich hatte eine schwarze Polyesterhose im Fenster gesehen. Der Plan war folgender, und er klang einfach: reingehen, zuschlagen, rausgehen. (Ich habe das jetzt absichtlich so formuliert, als sei ich eine Invasionsarmee, um eng am Thema zu bleiben.)

Ich betrat also den Laden und äußerte meinen Hosen-wunsch. Der Verkäufer sah mich überrascht an. Ich sei doch wohl deutscher Staatsbürger, fragte er. Etwas verwundert bejahte ich. Es war mir nicht ganz klar, was das eine mit dem anderen zu tun hatte.

Ganz einfach sei das, sagte der Mann. Er ging zu der schwarzen Hose, hielt sie in die Höhe und erklärte theatra-lisch, dass er diese Hose nur im Angebot habe, weil in der Nachbarschaft so viele Mitbürger mit Migrationshinter-grund leben würden. Er verstieg sich in die Behauptung, dass Deutsche keine Jogginghosen tragen sollten. Ich fragte ihn, wie er darauf komme, schließlich hatte ich vor ein paar Tagen etwas genau Gegenteiliges gehört. Ich sagte: »Ich dachte, die Jogginghose ist eine deutsche Volkshose.«

Der Verkäufer atmete so schwer und gequält aus, als müsse er ein Klavier alleine tragen. Erstens, sagte er, wolle er mit solch rechtem Gesindel, wie ich es offenbar sei, nichts zu tun haben. Zweitens habe er da einen Bekannten gehabt, der 1990 nach dem WM-Sieg der Deutschen habe feiern wollen, der aber auf die Schnelle keine Fahne zur Hand hatte. Nun sei es so gewesen, dass ebenjener Bekannter eine Joggingho-se der deutschen Fußballnationalmannschaft getragen habe, komplett mit DFB-Abzeichen und Schwarz-Rot-Gold. Der Freund habe dann eine Idee gehabt. Jawohl, er habe die Hose ausgezogen und über den Kopf geschwenkt. Er sei dann nur in Unterhose und T-Shirt bekleidet durch eine Fußgänger-zone gelaufen. Die schwarz-rot-goldene Jogginghose habe er dabei über dem Kopf geschwenkt. Außerdem habe er »Sieg« gebrüllt, wobei, das gäbe er gerne zu, sagte der Verkäufer, gerade Letzteres etwas unsympathisch rechtsradikal klingen würde, aber so etwas sei ich ja vermutlich gewohnt, wenn ich hier mit einem Wort wie »Volkshose« um mich werfen würde. Der Freund sei schon etwas betrunken gewesen, weswegen er kurze Zeit später vom jubelnden Hauptstrom abgekommen und sich in einer schwach beleuchteten und weniger frequentierten Nebenstraße wiedergefunden habe. Nach ein paar Minuten sei er dabei auf eine Rotte Jugendlicher mit Migrationshintergrund gestoßen. Seines Wissen wohl Italiener und Türken, aber er wolle das keineswegs beschreien. Auf jeden Fall hätten sie ebenfalls Jogginghosen getragen und sich von seinem Bekannten in ihrer Männlichkeit verletzt gefühlt, da er seine Jogginghose über dem Kopf geschwenkt und nicht als Beinkleid benutzt habe, und ja, womöglich habe ihnen auch seine Unterhose nicht zugesagt, aber das sei nur eine Mutmaßung. Jedenfalls hätten sie ihn verprügelt.

Genau, genau, sagte er, die Jogginghose sei eben ein Kleidungsstück für Südländer und offenbar kulturell in einer Art kodiert, die er nicht kenne, aber er wolle sich da auch nicht einmischen, er könne auch Jeans tragen. Er ging dann ausführlich auf das Problem der Jugendgewalt ein, denn spätestens dort würde einem ja die Jogginghose wieder begegnen, thematisierte dann, dass alles mit allem zusammenhänge, und sprach letztlich über seine Unsicherheit bezüglich eines EU-Beitritts der Türkei. Er wolle das mit mir aber nicht näher diskutieren, da ich ja offenbar dem rechten Gedankengut nahestünde, ich mit meiner Volkshose, und er sich daher sicher sei, dass ich eine Meinung habe, die er aber, da könne ich mir sicher sein, so wahr er hier stehe, nicht hören wolle. Da unser Gespräch nun am Ende angekommen sei, würde er mich nun mit Nachdruck darum bitten, seinen hübschen Laden zu verlassen.

Offenbar war die Hose auch hier politisch durchsetzt. Zum Abschied sagte er sinngemäß etwas wie: Die Jogginghose ist keine Hose für den Sport. Sie ist das Zeichen der Gewalt in Deutschland. Ich fand das stark übertrieben.

Ich hatte immer noch keine Hose.

Nun möchte ich mich nicht hinstellen und eine Phrase wie »Früher war aller besser« bemühen, aber immerhin war die Jogginghose zu meiner Jugend noch klar positioniert. Sie wurde von Sportlern getragen. (Ist ihnen eigentlich auch schon mal aufgefallen, dass Leute mit topmoderner Sportbekleidung immer an roten Ampeln auf der Stelle hüpfen oder wahlweise auch im Kreis weiterjoggen, um nur nicht aus dem Rhythmus zu kommen? Das sind meist dieselben, die Minuten später nicht mehr können und am Rand eine Pause machen, während man locker vorbeiläuft.)

Sportbekleidung = Sportler = toller Kerl; das lernte ich in der Schule, achte Klasse, Sportunterricht. Ich hatte damals einen Sportlehrer, der ausschließlich blau-gelbe Seidenblousontrainingsanzüge trug.

Der Lehrer begann jede Sportstunde damit, von der amerikanischen Basketballliga NBA zu erzählen und von einem Menschen namens Magic Johnson. (Ich dachte jahrelang, so ein bekloppter Vorname.)

Im Unterricht wurde ausschließlich Basketball gespielt. Die Mannschaften setzten sich dadurch zusammen, dass der Seidenblousonträger aus seinen Lieblingsschülern die Mannschaftskapitäne bestimmte, die dann ihr Team aus dem unwürdigen Rest auswählten. Wer anfangen durfte zu wählen, wurde dadurch bestimmt, dass die beiden Teamchefs, abwechselnd Fuß vor Fuß setzend, aufeinander zugingen. Wer als Letzter einen vollen Fuß in die Lücke zum Gegner setzen konnte, hatte gewonnen und durfte den ersten Mitspieler auswählen. Ich war immer unter den letzten drei Übriggebliebenen mindestens, manchmal war ich aber auch der Allerletzte, der gewählt wurde. Obwohl man dann natürlich nicht von »gewählt werden« reden kann: Ich wurde demjenigen wie sauer Bier zugeteilt, der das Pech hatte, an der Reihe zu sein. Ich hätte auch zehn Minuten später kommen können, niemand hätte es je bemerkt. Im Laufe der Zeit versuchte ich, kleine Siege einzufahren. So entwickelte ich einen gewissen Ehrgeiz darin, nicht als Letzter an der Reihe zu sein, und verbuchte es als Sieg, wenn ich es tatsächlich schaffte, als Viertletzter gewählt zu werden. Immerhin hatte ich etwas, das der Sportlehrer, »die deutschen Tugenden« nannte. »Das passt zu deinen Klamotten«, sagte er einmal abschätzig zu meiner Sporthose. Dabei hatte meine Mutter die gröbsten Löcher immer mit Herzchennähern geflickt. (Ich rächte mich, indem ich einmal eine deutsche Tugend namens »Blutgrätsche von hinten« auspackte und ihn ummähte wie einen Grashalm.)

Ein einziges Mal hatte ich einen guten Tag. Ich war wie üblich zuletzt gewählt worden und bekam den Ball anfangs nur dann zugespielt, wenn die Alternative gewesen wäre, ihn an den Gegner zu verlieren. Diesmal allerdings konnte ich machen, was ich wollte: Ich traf den Korb mit jedem Wurf. Mit wirklich jedem Wurf. Zudem war mein Passspiel plötzlich auch ganz passabel. Alleine die Tatsache, dass ich das alles noch weiß, als wäre es gestern gewesen, zeigt, dass dieser Zufall die Ausnahme war. Die nächsten drei oder vier Basketballspiele wirkte der Zauber noch. Ich wurde immer als Erster gewählt. Ich fühlte mich wie ein junger Gott, trabte über das Feld, gab lautstark Anweisungen – und verlor die Bälle sofort. Natürlich traf ich auch kein einziges Mal in den verdammten Korb. Ich versuchte, meine normale, also sehr schlechte Leistung, durch großes Lamentieren zu überdecken. Ich schob gerade überstandene Krankheiten als Erklärung vor, und manchmal ließ ich Angehörige sterben, nur um meine schlechte körperliche Verfassung zu erklären. Zum Ende des Schulhalbjahres stand ich trotzdem wieder dort, wo ich am Anfang war: als lebendes Sonderangebot auf der Resterampe.

Ich hatte aber nie eine wirkliche Chance. Ich hatte nicht nur keine schicke Jogginghose, sondern das Dilemma fing schon viel früher an: bei den Begrifflichkeiten. Ich habe zum Beispiel lange nicht gewusst, was »Jogging« bedeutet, sagte ich doch, Trimmy erfahren, »Dauerlauf«, wenn ich mich schnell von Punkt A nach Punkt B bewegen wollte.

Mal nebenbei: Ich habe auch jahrelang nicht gewusst, was ein Judenbeutel sein soll, bis ich herausfand, dass es den gar nicht gibt. Da ich ja im Hessischen aufwuchs und man dort dazu neigt, sowohl den jeweils letzten Buchstaben eines Wortes wegzulassen als auch dazu, Konsonanten möglichst weich und breit auszusprechen, war der »Juddebeudel« tatsächlich eine Jutetasche. Ich habe mich zwar immer gefragt, was Mitbürger jüdischen Glaubens mit einer kratzigen Einkaufstasche zu tun hatten, die in Nicaragua hergestellt war und mittels Aufdruck gegen den NATO-Doppelbeschluss demonstrierte, aber da das offenbar jeder wusste außer mir, habe ich mich nicht getraut zu fragen.

Weil ich immer noch keine Hose hatte, versuchte ich mein Glück in einer dieser modernen Einkaufspassagen in der Fußgängerzone meiner Stadt.

Ich ging in ein Sportgeschäft, dort zumindest musste es ja eine Jogginghose geben. Kaum hatte ich den Laden betreten, sprang ein dauergrinsender Verkäufer auf mich zu. »Was kann ich denn für Sie tun?« Er schaffte es, seinen Mund während dieses Satzes kein einziges Mal zu schließen. Ich verlor mich in seinen Porzellanzähnen.

»Jogginghose«, sagte ich und schaffte es, dabei meinen Mund kein einziges Mal zu öffnen.

Er fragte mich, ob ich »spinning«, »cycling«, »running« oder »walking« bevorzugen würde. Je nach Art des Sportes müsse die Hose anderen Ansprüchen genügen, was wiederum andere Belastungen des Materials voraussetze. Eine Allroundjogginghose habe man nicht im Programm, so was gebe es schon lange nicht mehr. Er wiederholte, diesmal fragend.

»Spinning?«

»Cycling?«

»Running?«

»Walking?«

Herr im Himmel. Weder hatte ich das Gefühl in einem Volkshosengeschäft zu stehen, noch sah ich mich von Kleinkriminellen umzingelt. Die Hose war vielmehr globalisiert worden. Ich trauerte eine kurze Sekunde Trimmy hinterher und beschloss dann, ein Zeichen zu setzen.

»Dauerlauf«, sagte ich. Dann verließ ich den Laden.

Auf dem Rückweg kam ich an einem Schwimmbad vorbei. Ich fasste einen Beschluss: Ab jetzt wollte ich nur noch schwimmen gehen. Ich kaufte keine Jogginghose mehr. Es war Zeit für eine Veränderung. Eine Woche später brach Lehman Brothers zusammen. Ich war nicht überrascht.

# GEDANKEN-
# UND ANTRIEBSFELDER

# UNLOCKER

Ms. Diane, einfach nur Diane, Pressebetreuerin der Sängerin Nelly Furtado, war so um die 42 Jahre alt, hatte Zähne, die so hell strahlten, dass sie, würden wir noch im Mittelalter leben, zum Blenden von Feinden eingesetzt werden könnten, ein Kleid, das so verdammt maritimblau war, dass es kein Wunder wäre, wenn gleich vergnügte Delfine herausgesprungen wären, um Luftsprünge vorzuführen, und Speckröllchen unter den Armen, die aussahen wie eine gut abgehangene Fleischwurst im inhabergeführten Fachgeschäft um die Ecke.

Ms. Diane stand in der Ecke eines Zimmers im dritten Stock eines Londoner Hotels und hielt eine allgemein gehaltene Rede zum Thema »Pressefreiheit in Bezug auf Stars«, die das Allgemeine allerdings schnell verlor, um zügig auf die Person »Nelly Furtado« zu schwenken, die ja, davon solle man bitte nicht ausgehen, keine PR-gemachte Kunstfigur sei, sondern ein echter Mensch, der sich gerne den Fragen der Presse stelle und auch noch viel lieber mit den geschätzten Kollegen lache. Im Wesentlichen, sagte Ms. Diane, solle man aber wissen, dass, wolle man das Arbeitsverhältnis nicht unnötig belasten, es auch Fragen gäbe, die man besser nicht stellen solle, Fragen, die man auf keinen Fall fragen dürfe, und Fragen, die nun überhaupt nicht gingen. Auf keinen Fall solle man auch Fragen stellen, die etwas zu persönlich seien, sich zu weit von der neuen Platte wegbewegten oder, das müsse auch noch gesagt werden, das Verständnis der Künstlerin, die ja gerne lache und die Presse sehr schätze, für Fragen, die nun wirklich gar nichts mit der neuen Platte zu tun hätten, überstrapaziere. Ms. Diane sagte dann noch, dass sie leider, das sei wirklich bedauerlich, aber so sei es nun mal, eine Null-Toleranz-Politik gegenüber Fragen fahren müsse, die thematisch etwas abseitig lägen (was sich natürlich auf die neue Platte bezog).

Wenn das so weit alles klar sei, dann könne man ja beginnen. Sie, Ms. Diane, sei schon ganz gespannt, und die Künstlerin Nelly Furtado, die ja übrigens sehr gerne gemeinsam mit den Freunden von der Presse lache, freue sich schon auf entspannte Gespräche.

Ob das denn so weit klar wäre, wollte Ms. Diane dann tatsächlich wissen, und diverse deutsche Journalisten, die um einen großen Tisch herumsaßen und sich zuvor eifrig Notizen in Notizbüchern gemacht hatten, nickten ergeben. (Allerdings erst, nachdem ein junggebliebener Mann in weißen Tennissocken, der sich als Mitarbeiter eines lokalen bayerischen Privatradios entpuppt hatte und der so aussah, als habe er bei der Erfindung der weißen Tennissocke eine nicht ganz unwesentliche Rolle als Role Model gespielt, tatsächlich fragte, ob auch Fragen bezüglich der Beziehungssituation von Frau Furtado gestattet seien, was ein lautes Stöhnen bei Ms. Diane auslöste – Nein, solche Fragen waren nicht gestattet.)

Ich saß auf einem schwarzen Ledersessel und nickte ebenfalls wie benommen mit im Chor.

Nur Sekunden später hatte ich die große Freude, von Ms. Diane in ein persönliches Gespräch verwickelt zu werden. Ich vermutete, dass es um eine Relativierung einer ihrer Aussagen bezüglich der Charaktereigenschaft deutscher Staatsbürger gehen sollte. Ich war nämlich verspätet im Hotel angekommen und hatte Ms. Diane tuschelnd mit einem schwarzen Hulk erwischt, der ein Kreuz hatte wie ein Schiff. Beide hatten sich darüber beschwert, dass zum heutigen Interviewtermin ausschließlich deutsche Journalisten zugelassen seien, was offenbar eine Schande war und irgendwie auch eine Beleidigung, jedenfalls kamen beide zu dem Schluss, dass ein unglaublich langweiliger Tag bevorstände. Ich lag allerdings falsch: Ms. Diane befahl, dass ich der Letzte in der Reihe der vorgelassenen Journalisten sei. Obwohl ich sogar etwas größer war als sie, schaffte sie das Kunststück, abschätzig von oben herab an mir herunterzusehen.

Ich solle mich mal umsehen …

Tat ich.

… und mir dann überlegen, woran das läge.

(Im Folgenden zweifelte sie noch mehrere Sekunden daran, ob ich tatsächlich der sei, für den ich mich ausgebe, und verschwand dann kopfschüttelnd aus der Szene.)

Hinter mir standen: eine Journalistin im Hosenanzug (die eine Fernsehzeitschrift vertrat, die im 14-Tage-Rhythmus erschien), ein Autor im schwarzen Dreiteiler (der für eine badische Regionalzeitung arbeitete), ein Redakteur im sportlich-legeren Look, der Jeans mit Sakko kombiniert hatte, wie drei Viertel aller Medienmenschen (er gab seinen Auftraggeber nicht preis) und ebenjener Privatradiomann mit den weißen Socken.

Ich will das jetzt nicht so sehr auswalzen, aber ich hatte wohl diverse Fehler gemacht.

(Als gut, ich vermute wie folgt: 1. Ich trug einen sehr ausgewaschenen Micky-Maus-Pullover nebst dreckiger Jeans. 2. Ich hatte in dieser Kleidung geschlafen. 3. Beides roch nach Erbrochenem. 4. Kennen Sie den wenig charmanten Hinweis: Du stinkst aus dem Mund wie eine Kuh aus dem Arsch? (Oder gibt es das nur in Hessen?) Auf mich traf es an diesem Tag jedenfalls zu. 5. Ich hatte weder Stift noch Zettel dabei. 6. Als ich es geschafft hatte, mir Ersteres bei der Kollegin im Hosenanzug auszuleihen, schrieb ich mir Notizen auf die Hand, was mir wohl in der Tat einen wenig professionellen Touch verlieh. 7. Weil ich das merkte und mir auch über die begrenzte Aufnahmefähigkeit meiner Hand bewusst wurde, wechselte ich schließlich zu einer Papierserviette. 8. Ich wurde mir dann klar darüber, dass, wenn Nelly Furtado unter Umständen etwas zu sagen hatte, das von Relevanz war (und ich hoffte, dass sie das hatte, schließlich war es bestimmt ein Leichtes, eine persönliche Brücke zu ihr aufzubauen. Sie lachte ja immerhin gerne mit den Kollegen von der Presse, und das war im Allgemeinen ein gutes Zeichen), war eine Serviette viel zu klein, weswegen ich mir alle Servietten aus dem Serviettenhalter nahm und sie vorsorglich in meine rechte Hosetasche steckte. 9. Die Papierservietten in meiner Hose sahen aus wie ein Riesenpenis und 10. Ich war fälschlicherweise von der Annahme ausgegangen, dass ein Witz, der das Themengebiet »Riesenpenis« abdeckte, dazu beitragen würde, mir diese Schwäche nachzusehen. (Heißt es nicht in Motivationsbüchern, dass man aus seiner Schwäche eine Stärke machen muss, indem man selbstbewusst damit umgeht?)

Die Gespräche begannen. Ich rundete die Wartezeit mit einem Gang zum Klo ab.

Ich stand also dort und pinkelte und vermisste die in Deutschland so beliebten Kondomautomaten auf öffentlichen Toiletten (können Sie mir vielleicht erklären, warum es in annähernd jedem hessischen Landgasthof, aber auch in niedersächsischen und solchen in Nordrhein-Westfalen, Travelpussies zu kaufen gibt? Weil es auf Klos in der Regel wenig zu tun gibt, überlege ich dann manchmal, ob 1. die Geburtenrate im Land deswegen so niedrig ist, weil es ein Einfaches ist, an jeder Ecke eine Kunstvulva aus dem Automat zu ziehen und 2. dieses Hilfsmittel ähnlich einem Kondom aus einem Kondomautomaten wohl auch nach Feuerzeugbenzin riecht?), als der Hulk den Raum betrat.

Ohne mich anzusehen, sagte er: »Ich mag dich.«

(Ja, das hat sich wirklich so zugetragen, und in der Tat war die Szene etwas surreal, schließlich standen wir beide immer noch auf dem Klo und hatten unsere Schwänze in der Hand. Sein Penis war übrigens auffallend klein, und das widerspricht wohl jeglichem Rassismusklischee, das einem so im Gehirn herumspukt. Andererseits sieht ein normal großes Steak auf einem riesigen Teller ja auch klein aus, was ausschließlich etwas über die proportionale, aber nichts über die absolute Größe des Fleisches aussagt. Um sicherzugehen, hätte ich ihn wohl bitten müssen, einen Rap zum Besten zu geben, weil, wenn wir schon bei Klischees sind, Schwarze ja wohl auch alle Hip-Hopper sind, und wenn er das nicht gekonnt hätte … na ja, lassen wir das, weil es in eine Richtung abdriftet, die mir selber nicht gefällt.)

Er sagte: »Diese Deutschen sind so obrigkeitshörig.« Im

Grunde drehte sich der folgende Monolog darum, dass der Deutsche an sich immer genau das tue, was man ihm sage und in Habt-Acht-Stellung jeden Befehl ausführe. Manchmal sehe er (der Deutsche) dabei auch aus wie ein Dackel, und er (der Hulk) warte nur auf den Ersten, der bald mal anfange zu bellen. Es wäre nicht übertrieben, wenn ich sagen würde, dass ich eine gewisse Feindseligkeit spürte (meinen schüchternen Hinweis, dass ich ebenfalls aus diesem mitteleuropäischen Land käme, das er nicht mochte, wischte er mit einem dahingenuschelten »Ja, ja« beiseite).

Gestern zum Beispiel, fuhr der Muskelberg fort, seien Engländer da gewesen, und die hätten sich einen Scheiß um Ms. Diane und deren dummes Geschwätz gekümmert, und Nelly Furtado habe das genossen. »So solltest du auch vorgehen«, sagte er und packte seinen Pimmel ein.

In der Tür drehte er sich um. Er habe, sagte er, durchaus Verständnis für dieses Aufgetakel im Kleidungsbereich, aber man müsse doch bitte schön die Verhältnismäßigkeit beachten, schließlich rede man hier nicht mit einem Präsidenten, sondern nur mit einer Sängerin. Er fragte mich abschließend, ob ich wisse, warum ich ihm sympathisch sei, und schob die Antwort gleich hinterher: »Du siehst aus wie ein Penner.« (Das war vermutlich das komischste Kompliment, das ich jemals gehört hatte).

Okay, hier scheint mir der Moment günstig, die Vorgeschichte der Geschichte zu erzählen:

Ich war im Urlaub. Ich bereiste die englische Hauptstadt, weil ich bei einem Freund zum Geburtstag eingeladen war. Die Veranstaltung fand in der Küche des Freundes statt und entwickelte sich schwungvoll. Geplant als kleiner Umtrunk, wuchs sie schnell zu einem Treffen heran, bei dem alle Anwesenden irgendwann sentimental wurden (»Mann, haben wir uns lange nicht gesehen«, »Mensch, hast du dich verändert«, »So jung kommen wir nicht mehr zusammen«). Man kennt das ja: Je höher der Grad der Sentimentalität, desto höher der Alkoholkonsum, desto höher wiederum der Grad der Sentimentalität. Am Ende war es dann so sentimental, dass jeder Anwesende allen anderen Anwesenden seine Liebe erklärte, wobei man sich mit ernster Mine versicherte, natürlich nicht schwul zu sein, trotzdem aber mal loswerden wolle, dass man sich sehr möge. Dann wurde geschwiegen. Man verstand sich von nun an blind. Es war wie eine moderne Blutsbrüderschaft, zumindest für diesen Abend. Gegen drei Uhr morgens begann ich damit, mich ausdauernd zu übergeben. Irgendwann schlief ich röchelnd auf einer Eckbank ein.

Am nächsten Morgen klingelte mich das Telefon wach. Ich lag alleine in der Küche, roch nach kaltem Rauch, Alkohol und Erbrochenem gleichzeitig und hatte Kopfschmerzen. Ich meldete mich mit einem Geräusch, das einem Grunzen ähnelte.

»Hallo«, lachte ein Medienmensch aus Hamburg voller Sonnenschein ins Telefon.

Er hatte offenbar wenig Zeit, da er ohne Punkt und Komma redete, manche Worte miteinander verband, obwohl sie nichts miteinander zu tun hatten, und aufs Atemholen verzichtete. Es klang in etwa so: »Ichhabe einen Job für dich nellyfurtado ist inderstadt ich brauche ein interview das mussich mitnehmen ganz dringend mussich mitnehmen ich habe schon seiten im heft reserviert wann kannstduden text abgeben mussich ganz dringend mitnehmen ichfreumich aufden text.« Seine Stimme war kurz davor, sich zu überschlagen. »Mitnehmen, mitnehmen«, sagte er erneut.

Ich erwiderte, dass ich im Urlaub sei, und außerdem habe er mich geweckt. Beides schien ihn nicht weiter zu stören. Er sagte wieder, dass er sich auf den Text freue.

Es war nun so, dass ich gänzlich unerfahren in Nelly-Furtado-Dingen war (und es nach wie vor bin). Das Einzige, das ich über sie wusste, war, dass sie irgendwas mit Portugal zu tun hatte. Mein diesbezüglicher Einwand wurde mit dem Argument abgebügelt, dass ich auf eine Vorrecherche verzichten könne, weil das bestimmt ganz von selber laufe, da man ja immer höre, dass die Furtado Nelly eine ganz Nette sei.

Nach einigem Hin und Her sagte ich schließlich zu.

»Gut«, sagte ich, »ich gehe schnell duschen, dann fahre ich los«. »Mhh«, machte der Redakteur, fragte, wo in London ich gerade sei, erschrak, als ich ihm meine Lage durchgab, und bat mich, auf der Stelle auf die Uhr zu sehen. (Ich erschrak nicht, sondern sagte gleich wieder ab, weil mir der Zeitplan doch zu sportlich erschien. Als der Redakteur das Honorar erhöhte, wobei er sich ausgiebig über meine Gier beschwerte und seine Spontanität in Finanzfragen hervorhob, zumal er sich, wie er mir mehrmals versicherte, noch über seine Befugnisse hinwegsetze, sagte ich wieder zu.)

Was soll's, stank ich halt. So ist er eben der Rock'n'Roll, dachte ich, das werden Musiker schon verstehen.

»Ach ja, du weißt doch, dieser eine Hit mit dem Video, wo sie so im Gras liegt und Vögel aufsteigen und dann sitzt sie plötzlich im Baum.« »Kenn ich nicht.« »Doch, doch, bestimmt, das war ihr erster Hit.« »Ich habe keine Ahnung.« »Vielleicht war da auch was Gezeichnetes drin im Video.

So eine Animation oder so, kann sein, weiß ich jetzt nicht mehr genau. Wie heißt denn der Song noch mal?« »Ich weiß es nicht.« »Na ja, ist ja auch egal, auf jeden Fall, wäre es toll, wenn du mal fragen könntest, wie sie den komponiert hat. Also, was hat sie dabei gedacht, und auf welche Situation bezieht sich das? Jetzt weiß ich's ... free like a bird. Was wollte sie damit ausdrücken? Free like a bird, kennst du den? Ich finde den super.«

Ich musste los.

Als ich in die Bahn stieg, hatte ich sofort angenehm viel Platz um mich herum.

Dass der Grund meines Auftrags journalistischer Natur war, hatte einen ungeheuren Vorteil: Ich wurde beim Betreten der Hotellobby nicht sofort wieder entfernt wie ein lästiger Stein im Schuh. Als Einziger in der Lobby trug ich Turnschuhe, als Einziger einen (bereits erwähnten) grauen Micky-Maus-Pullover, und als Einziger litt ich unter einem großen Transpirationsanfall, der vermutlich meiner Eile geschuldet war. (Ich nehme natürlich nur an, dass ich der Einzige war, der so schwitzte, so viel Interpretationsspielraum muss schon erlaubt sein. Natürlich habe ich bei niemandem geschnüffelt.)

»Hallo«, säuselte ich bemüht und dass ich wegen Nelly Furtado da sei. Ich war mir sicher, dass mein Atmen ausreichen würde, unsichtbar im Holz der Rezeption verborgene Insekten zu töten. Ich bewunderte die Angestellte für ihre Contenance.

Ich wurde in einen Raum geführt (vorbei an holzvertäfelten Wänden, alten englischen Wappen und Menschen in Zwei- und Dreireihern, die eine Tageszeitung vor sich hertrugen wie einen Schild. Manche sahen aus, als seien sie Statisten in einem Humphrey-Bogart-Film, andere wiederum waren so bleich, als seien sie schon lange tot. Männer hatten einen Business-Gesichtsausdruck aufgesetzt, der ihnen ein möglichst profilreiches Gesicht bescheren sollte, Frauen schauten stoisch geradeaus. Ich war der Einzige unter 40. Gemein war den andere Gästen, dass sie mich alle, auch die stoischen Frauen, ansahen, als ich vorbeiging, nicht unbedingt mit einem Gesichtsausdruck, bei dem einem als erster Gedanke in den Sinn gekommen wäre, dass er unter die Rubrik »Sympathie ausstrahlen« fallen könnte), in dem ich Ms. Diane traf, und hier kommen wir wieder zurück zum Anfang der Geschichte.

Irgendwann war ich an der Interview-Reihe.

»Hallo«, sagte Nelly Furtado. Sie kam mir entgegengesprungen wie ein junger Hund. Ich ging instinktiv einen Schritt zurück (der Gestank, Sie wissen schon). Ich bemühte mich, Abstand zu halten und beim Reden den Mund nicht zu öffnen.

Vermutlich nur um das Eis zu brechen, sagte sie: »Schöner Pullover«, aber das reichte, um mich in eine Sekundenverliebtheit zu versetzen. Warum auch nicht, hübsch war sie ja. Ich gab das Kompliment zurück und lobte ihr Kleid (eigentlich ihren Ausschnitt, aber das habe ich so nicht gesagt). Wir nahmen Platz. Das Hotelzimmer passte so gar nicht zu dem Teil des Hauses, den ich kennengelernt hatte. Es hatte nichts von altem englischen imperialen Gehabe, sondern sah aus wie das Lehrerzimmer einer deutschen Schule, die irgendwann in den 70ern gebaut worden war. Nelly Furtado saß in etwa einem Meter Abstand neben mir am Kopfende eines Tisches und, ja, ich gebe es ja zu: Ich dachte weniger an das gleich zu führende Interview, sondern beschäftigte mich eher mit diversen sexuellen Gedankenspielen, deren einzige Konstante Nelly Furtado war und die ich ansonsten gegeneinander abwog, kombinierte und einzelne Elemente darin mit anderen austauschte.

Sie sah mich fordernd an. Kein Wunder, außer Begrüßungsfloskeln hatte ich bisher noch nichts gesagt. »Äh«, sagte ich, »erzähl doch mal was von deiner neuen Platte.«

Ich bin sicher, dass sie von meinem innovativen Interviewkonzept überrascht war.

Sie fragte, was genau ich wissen wolle, und ich erwiderte, dass grundsätzlich alles für mich von Interesse sei.

Ich habe vergessen (wahrscheinlich eher verdrängt), wie es dann tatsächlich losging, aber das tat es. Im Laufe des Gesprächs sagte sie doch tatsächlich, dass sie Krieg doof fände, und intolerante Menschen seien auch schlecht (Ach). Überhaupt diene ihre Musik dazu, dass der Zuhörer sich erfreue und die Welt ein besserer Ort werde (Puhh). Ungefähr zu der Zeit sah ich zum ersten Mal aus dem Fenster. (Ich will hier nicht den Eindruck eines arroganten Sonderlings erwecken, aber es war wirklich nicht besonders fesselnd.) Manchmal sei sie so frustriert, wenn sie Nachrichten höre, weil die Welt so schrecklich sei, und Kindersoldaten fand sie auch schrecklich, natürlich Darfur, ganz schlimm, aber das gehört ja mittlerweile zum guten Ton, das schrecklich zu finden (ist ja auch schrecklich, also durchaus legitim, solch eine Meinung zu vertreten, aber es klingt doch sehr gestelzt, wenn Leute mit Millioneneinkommen manchmal auf Goodwill-Tour nach Afrika gehen oder in Interviews erzählen, dass da dringend mal geholfen werde müsse, oder wahlweise versuchen, den Kontinent leerzuadoptieren, weil das arme schwarze Kind mit den großen Kulleraugen so traurig aussieht, und überhaupt sind Schwarze ja immer so stolz, und wenn das kein Rassismus ist, dann weiß ich auch nicht). Ich malte Kringel auf meine Papierserviette. Außerdem ein Haus mit Schornstein, das von drei Laubbäumen umgeben war und über das diese Vögel flogen, die man so einfach zeichnen kann, wenn man einen in der Mitte nach unten gebogenen geschwungene Strich macht.

Je länger unsere Unterhaltung dauerte, desto mehr erinnerte sie mich an diese Poesiealben, die man als Kind in der Schule immer bekommt. Dort gab es auch eine Kategorie namens »Ich finde doof«, und natürlich drehten alle am ganz großen Rad. Doof fand man nicht Mitschüler oder Fernsehserien, sondern: Krieg, Umweltzerstörung, Tierquälerei und Atomwaffen (ganz gewitzte Leute schrieben unter der Rubrik »Musikgeschmack« immer: »alles, was im Radio kommt« oder »wechselt«. Ach je).

Irgendwann sagte ich: »Ich finde Umweltzerstörung doof.«

Nelly Furtado sah mich irritiert an. Zu einer weiteren Reaktion kam es allerdings nicht, da just in dieser Sekunde Ms. Diane den Raum betrat und mich auf meine verrinnende Interviewzeit hinwies.

Sie setzte sich auf einen Stuhl, um aufzupassen, dass keine Frage gestellt wurde, die nicht erlaubt war. Ich geriet kurz in Versuchung, das zu tun, vertiefte mich dann aber in den Fluchtwegeplan, der an der Innenseite der Tür befestigt war. Nelly Furtado redete weiter, ich habe keine Ahnung wovon.

Ms. Diane begann jetzt, in regelmäßigen Abständen darauf hinzuweisen, wie viel Zeit noch für das Gespräch zur Verfügung stand. Sie zählte die Minuten runter wie eine Stoppuhr auf zwei Beinen (eine übergewichtige Stoppuhr, insofern vielleicht eher eine Bahnhofsuhr, aber die zählt ja die Zeit nicht rückwärts). Noch drei Minuten. Noch zwei Minuten. Jetzt noch eine Minute. Die letzte Frage bitte. Kommen Sie bitte zum Schluss. Vorbei. Danke für Ihre Aufmerksamkeit. Es war schön mit Ihnen.

Wie gesagt, ich weiß nicht wirklich, um was es im Verlauf des Gesprächs ging, aber wahrscheinlich habe ich nichts verpasst. Auf einer Skala von 1 bis 10, wobei 10 besonders interessant und 1 besonders uninteressant ist, war Nelly Furtado eine glatte 2. (Ich nehme ihr das nicht übel, bestimmt ist sie privat äußert sympathisch, und bezaubernd ist sie allemal, aber was will man erwarten: Erstens stank ich, und zweitens sind Interviews mit bekannten Leuten per se öde, weil sie nur dem Verkauf von CD/ Film/ Buch/ der großen Leere dienen.)

Obwohl jeder merkte, dass unser Gespräch nicht vor Esprit gesprüht hatte, wurde ich danach noch zum Essen eingeladen (eine Höflichkeitsgeste gegenüber den ach so wichtigen Menschen von der Presse, vielleicht auch ein bisschen Korruption. Ohne jemandem zu nahe treten zu wollen: Das kommt ja gerne mal vor, dass man als Journalist etwas geschenkt bekommt, sagt: »Das kann ich unmöglich annehmen«, und es dann annimmt).

Es gab Entenbrust.

Die Tischregie hatte mich genau neben Nelly Furtado gesetzt. Ich hatte vor dem Essen noch versucht, meine Ausdünstungen zu verdünnen, indem ich in einem unbeobachteten Moment minutenlang an meinem Pullover herumgezerrt hatte, um ihn zu entlüften. Es war ein sinnloses Unterfangen.

Der schwarze Hulk saß mir gegenüber.

Er stellte sich als Mitarbeiter einer Plattenfirma aus New York heraus, der Deutschland (»regnet immer«), dem deutschen Fußball (»langsam und uninspirierend«) und deutschen Lebensmitteln (»fettig«) gegenüber eher skeptisch eingestellt war, aber das wusste ich ja schon. Kaum dass alle am Tisch Platz genommen hatten, sagte er, dass er deutsches Essen, deutschen Fußball und deutsches Wetter nicht möge.

Alle sahen ihn an, überlegten kurz und nickten dann zustimmend.

Zum Thema des Tages wurde, dass, hätte man keine gesellschaftlichen oder familiären Verpflichtungen, man schon lange aus Deutschland ausgewandert wäre. Teilweise wurden die Erklärungen, warum man noch da sei, so abstrus, dass ich es der Höflichkeit halber verschweige. Es sei jedenfalls sehr gruselig in Deutschland. Freiwillig schien niemand da zu sein.

Der Lokalradiovertreter beschwerte sich über das deutsche Spießertum und die schlimme deutsche Kultur, die TV-Programmfrau über die Verklemmtheit und die Geizmentalität, der Sakkomann über die deutsche Großmannssucht und das Elitedenken, dem der Anzugträger sofort widersprach und das Gegenteil behauptete, und außerdem über die grenzenlose Dummheit, die deutsche Politik und den fehlenden Humor meckerte. Der Sakkomann plädierte dann dafür, mal ehrlich zu sich selber zu sein. Richtig gute Musik käme eben einfach immer nur aus den USA oder England oder von sonst woher, aber jedenfalls nicht aus Deutschland, und diese ganzen Versuche, Deutsch zu singen, schrecklich, da müsse man sich nichts vormachen, das klinge doch immer so verkopft. Die deutsche Sprache sei eben einfach nichts für die Kunst und den Rock'n'Roll. Der Radiomensch pflichtete bei. Manchmal habe er schon überlegt, dass es das Beste wäre, wenn alle Deutschen nur noch Englisch reden würden. Er sehe da ohnehin keine Zukunft mehr für Deutschland, das gelte so im Allgemeinen. Ein beliebtes Wort, das im Minutentakt aufgerufen wurde, war: unlocker.

Südeuropäer hingegen, die seien immer so locker, sagte die Fernsehzeitschriftfrau, er (sie wandte sich an den Hulk) solle mal nach Italien oder Frankreich fahren, eine ganz andere Lebenskultur sei das. Oder die Portugiesen, pflichtete der Sakkoträger bei, Nelly Furtado dabei anzwinkernd, ganz tolle Menschen seien das, nicht so miesepetrig.

Ja, ja, der Deutsche, sagte der Dreiteiler seufzend, er könne eben gut Ingenieursleistungen vollbringen, aber ansonsten müsse man froh sei, wenn dieser Trampel nicht zu viel kaputt mache in der Welt. Er zum Beispiel sei ja froh, wenn der Deutsche, na, wie solle er das jetzt am besten ausdrücken, an der Hand genommen werde, also etwa im kulturellen Bereich. Er freue sich daher immer sehr, wenn er zum Arbeiten nach London käme (was er so regelmäßig zu tun schien, dass er sich irgendwann im Laufe der Unterhaltung als »halber Engländer« bezeichnete), denn das Gefühl, das es hier gäbe, das hätte man bei uns gar nicht, das sei so pulsierend, die Leute »sind hier ganz anders drauf«. »Nicht immer so schlechtgelaunt wie bei uns«, pflichtete die Programmzeitschrift bei. Die Luft sei eben erfüllt von Kreativität, das merke man schon, wenn man jetzt nur hier sitze.

Im Hintergrund liefen kreative Kellner vorbei. Gäste gingen zum kreativen Liftboy, um dann an der kreativen Lobby auszuchecken.

»Man kann es einfach keinem Künstler verdenken, wenn er lieber zum Pressegespräch nach London einlädt, als nach Deutschland zu kommen.« Die Programmzeitschriftfrau seufzte. Der Muskelmann grinste mich an.

Ich stöhnte.

Alle sahen mich an.

Ich begann wieder zu schwitzen, ich fühlte mich so unaufgeräumt wie ein Sack ungewaschener Wäsche. Mir fiel überhaupt nichts ein. Bis auf ein einziges Wort: Erdbeermarmelade (fragen Sie mich nicht, weswegen es ausgerechnet dieses Wort war, ich weiß es wirklich nicht, aber ich musste plötzlich daran denken, dass ich im letzten Sommer massenweise Erdbeermarmelade eingekocht hatte). Ich sagte: »Ich koche gerne Erdbeermarmelade ein.« Außerdem, um einen Kontrastpunkt zu setzen: »Das geht immer recht locker (!!!) von der Hand.«

Stille. Niemand sagte etwas. »Erdbeermarmelade« in einer sich selbst geißelnden Popjournalistenrunde war offenbar ein ähnliches Totschlagargument wie »Arbeitsplätze« in einer Diskussion unter Wirtschaftsweisen. Ja, es war mir unangenehm, und ich hätte die Worte am liebsten wieder eingefangen. Ich sah mehr oder weniger gehetzt durch den Raum, keine Ahnung, was ich suchte, ich wollte mich vermutlich verstecken, wie ein kleines Kind, das die Augen zumacht und dann denkt, dass es nicht mehr da sei (beim wilden Umsehen ist mir übrigens aufgefallen, dass einer der Kellner in diesem hübschen Hotelrestaurant offenbar einen Hüftschaden hatte, jedenfalls zog er das rechte Bein nach. Heute würde ich denken, dass dieses Bild meine Anwesenheit recht gut darstellte, schließlich war es ein perfektes Bild – ich sage mit Absicht »Bild«, weil das nur eine Fassade und kein Zustand ist – mit einem kleinen Fehler.)

Und dann sagte Nelly Furtado plötzlich, dass sie Obst auch gut fände. Der Bann war gebrochen. Erstens kümmerte sich kein Mensch mehr um mich, zweitens begann eine Diskussion über die Nährwerte von Früchten, in deren Verlauf die Teilnehmer laut in Furtados Richtung lachten, ohne die dazugehörige Choreografie zu vergessen.

Der Lokalradiomann nickte tief und stoppte seinen Kopf immer erst kurz vor der Tischplatte. Die Fernsehzeitschriftfrau sagte entweder glucksend: »Genau, so ist das« oder »Ach je«. Der Dreiteilerträger deutete mit der Gabel auf die Sängerin und sagte tatsächlich: »Wir verstehen uns, wir verstehen uns«, und der Sakkoträger lächelte verschmitzt, um dann eine Anekdote zum betreffenden Thema zu erzählen, die die Kindheit und Jugend des Sakkomanns in den Mittelpunkt stellte, manchmal aber auch dessen akademische Laufbahn thematisierte. Außerdem: die Entscheidung zur Berufswahl, die spätere Karriere, die sich immer verändernden Herausforderungen in seinem Beruf, die Liebe zum Journalismus und vor allem den Genuss, zwischen all den künstlichen Stars, auch noch jemanden zu treffen, der Authentizität aufweise, was heute ja leider nicht mehr selbstverständlich sei. (Er versuchte dabei jeweils, Nelly Furtado in die Augen zu sehen, so tief es ging, als habe er etwas darin verloren und suche es nun. Sie entdeckte jedes Mal just in diesem Moment ihr Interesse für irgendwas, das sich unter dem Tisch befinden musste).

Inspiriert davon versuchte auch der Lokalradiomann, mit Nelly Furtado ins Gespräch zu kommen. Alles, was er fragte, wusste er bereits.

»So, Sie haben also portugiesische Wurzeln?« »Ist es wahr, dass Sie neben der Gitarre auch die Ukulele beherrschen?« »Es stimmt also, dass Ihre Tochter Sie auf Tour immer begleitet?«

Erkenntnisgewinn war allerdings auch nicht Ziel der Übung. (Nach seinen Interviewzielen befragt, hatte er zuvor »Ich will Privates über sie erfahren« zu Ms. Diane gesagt. Er sagte: »Ich führe immer ganz ungezwungene Gespräche über das normale Leben der Stars. Das sind ja auch nur Menschen wie du und ich. Ganz normale Leute eben, die auch ihre Ängste und Sorgen haben. Keine Panik, wir finden da immer eine freundschaftliche Ebene.« Einerseits fragte ich mich, warum Ms. Diane diesbezüglich panisch werden sollte, andererseits hätte ich gerne das Geheimnis seiner Freundschaftsorganisation erfahren. Sie musste jedenfalls sehr effektiv sein, denn mit Nelly Furtado auf eine Freundschaftsebene zu kommen war in zehn Minuten Gesprächszeit zumindest eine Herausforderung. Ich traute mich aber nicht zu fragen.) Vielmehr versuchte er, über den Smalltalk hinaus in ein richtiges Gespräch einzusteigen. Die Antworten von Nelly Furtado waren allerdings eher übersichtlich und sparsam formuliert.

Nach einer kurzen Weile aß sie ein paar Erbsen (etwa acht, schätze ich mal, sonst nichts), verabschiedete sich und verschwand dann auf ihrem Zimmer, was der Radiomann mit einem Witz zu unterbinden versuchte (»zuhause sterben die meisten Leute«), über den er selber laut lachte.

Die Runde sah ihr nach. Ich nutzte die Zeit und aß ihre Entenbrust.

Jemand brachte sein Bedauern darüber zum Ausdruck, dass sie schon weg sei, worauf zwar alle sofort einstiegen, in derselben Sekunde aber auch ihr Verständnis äußerten, da Stars im Allgemeinen und Nelly Furtado ganz bestimmt im Speziellen ja immer viel zu tun hätten und man ihr natürlich nachsehen müsse, wenn sie sich mal ausruhen wolle. Die Runde stellte besorgt fest, dass man nicht in der Haut von Stars stecken wolle (die Verantwortung und so, Sie wissen schon), da man sich ja nur mal vorstellen müsse, wie stressig es sei, täglich auf der Straße erkannt zu werden.

Irgendwann war auch dieser Teil überstanden, und die Veranstaltung näherte sich dem Ende. Das sei doch alles ganz gut gewesen, sagte Ms. Diane, einfach nur Diane, Pressebetreuerin der Sängerin Nelly Furtado, so um die 42 Jahre alt, in einer abschließenden Rede. Sie sagte: »Sie waren alle so undeutsch.« Die Journalisten um mich herum wieherten fröhlich. Ich hatte Angst, dass sie gleich losgaloppierten.

Nur einer, sagte Ms. Diane, der sei doch arg verklemmt gewesen. Sehr unentspannt, richtig unlocker. Sie lächelte mich an.

# WURST

Der Tag begann damit, dass ich überlegte, ob ich a) einem Nervenzusammenbruch nahe war, b) an einer Krankheit litt, die ich mal mit dem Kunstwort »Wurstbesessenheit« zusammenfassen möchte, oder c) einfach nur zu lange in der Sonne gestanden hatte.

Ich sah in den Himmel, und die einzige Wolke, die am azurblauen Firmament (tatsächlich hatten Wasser und Himmel an diesem Tag exakt die gleiche Farbe, und wäre die Wolke nicht gewesen, ich hätte im tiefen Blau um mich herum wahrscheinlich meinen Verstand verloren) zu sehen war, war so ausgefranst und unsortiert, dass sie mich an einen Haufen Schlachtabfälle erinnerte. Wenn ich auf den Boden sah, sah ich keinen feinen Sandstrand, sondern äußerst feines Hackfleisch (wahlweise halb und halb oder hundert Prozent Rind). Und selbst wenn ich auf die Straße ging, sah ich keine Dorfidylle, sondern eine Kolonie Esser, die mich dadurch fertigmachen wollten, dass sie leckere Wurstspezialitäten von mir erwarteten. (Ich hatte sogar nachts von einer Weide geträumt, auf der ein Rind stand, das, kaum dass es mich sah, sagte: »Ich bin dein Freund, iss mich nicht.« Das Rind verdoppelte sich ständig, und kurz bevor ich schließlich wach wurde, riefen mir Hunderte Rinder zu: »Ich bin dein Freund, iss mich nicht.« Da soll man nicht verrückt werden.)

Ich war ja selber schuld.

Ich hatte meinen Nachbarn ein »deutsches Fest« versprochen. Dazu hatte ich Schwarzbrot und Bier besorgt, ein Poster von Michael Ballack und eines von Heidi Klum an die Wand gehängt und eine Schneekugel gekauft, in der das Brandenburger Tor stand. Ich hätte gerne noch »Wetten, dass ...?« vorgeführt, hatte aber weder Fernseher noch DVD-Spieler geschweige denn Elektrizität. Es war ohnehin schon schwierig genug, alles zusammenzubekommen, schließlich wohnte ich zu jener Zeit in einer Strohhütte in Mosambik.

Ich war Tage zuvor bei ebenjenen Nachbarn eingeladen worden. Es gab irgendetwas Regionales zum Verzehr, und ich wollte mich revanchieren. Ich hatte eine große deutsche Spezialität angekündigt, weltbekannt, köstlich, die Leibspeise meiner Landsleute und die Seele der deutschen Nation (das hatte ich zumindest im Überschwang behauptet, und es klang ja auch gut): Wurst.

Und hier begann jetzt das Problem: Es gab weder Rind noch Schwein in Mosambik (vermutlich ist »in Mosambik« zu hoch gegriffen, irgendwo gab es das bestimmt, aber eben nicht in meiner Region). Eigentlich hatte ich mir das gedacht (das Land ist zu arm für übermäßigen Fleischverzehr), aber weil die Hoffnung bekanntlich zuletzt stirbt, war ich tagelang mit dem Bus auf der Suche nach einem schlachtbaren Wiederkäuer durch diverse ostmosambikanische Küstendörfer geeiert. Resultat: 1 schwerer Sonnenbrand, 5 Stunden neben dem Bus stehen, weil er immer wieder ausging, 30 neue Freunde (so ungefähr), 360 Grad Blick auf Mosambik und

umfassende Kenntnisse der örtlichen Geografie, 1 Sonnen-
stich und dadurch bedingte Fieberschübe und wirklich fiese
Albträume, 0 Schweine, 0 Kühe.

Schließlich hatte ich die Suche aufgegeben und mir am
Vormittag des Festes auf dem Markt meines Dorfes ein
Huhn besorgt. Das Huhn, und das war Problem Nummer 2,
gab es allerdings nur am Stück und in einer Darreichungs-
form, die mir nur mäßig gut gefiel: lebend.

Nun waren tote Tiere auf einem Straßensupermarkt auf-
grund der mangelnden Kühlmöglichkeit in der afrikanischen
Hitze nicht nur unpraktisch, sondern auch nicht erwünscht.

Ein Mann mit Zigarre legte mir nahe, die Schlachtung
selber auszuführen, weil schließlich Jagen und Töten das sei,
was den Mann ausmache. Natürlich könne ich auch einen
Nachbarn fragen, aber das sei so im Großen und Ganzen
doch arg peinlich für mich. (Ich fühlte mich in der Folge wie
ein Paket, das bestellt und nicht abgeholt wurde. Mit dem
Huhn im Arm stand ich etwas ratlos auf dem Markt und kam
mir vor wie meine eigene Subkultur. Schließlich hatte ich als
guter Europäer alles versucht, um mit den Leuten vor Ort
zu verschmelzen, aber es war mir augenscheinlich nicht gelungen. Mein Integrationsprozess drohte an der Frage einer
Hühnertötung zu scheitern.)

Ich war offensichtlich der einzige unwillige Schlachter im
Ort. Selbst kleine Kinder kamen mir entgegen und machten
grinsend irgendwelche Tötungsgesten.

Es war mir selber peinlich, schließlich war ich Metzgersenkel.

Zumal meine Eltern beide berufstätig waren und ich in
besagter Dorfmetzgerei jahrelang zu Mittag gegessen hatte

– zusammen mit fünfzehn Metzgern mit dicken Beinen, von denen jeder Einzelne immer nach frischem Blut roch. Es waren hemdsärmelige Gesellen. Leute der Art, die zuerst kühl und abweisend bis unfreundlich sind und bei der kleinsten Meinungsverschiedenheit mit Vermengung unter die frische Blutwurst drohen, sich nach gegenseitigem Kennenlernen, aber als äußerst nette Zeitgenossen erweisen.

Am Tisch wurde sich ausschließlich über Bolzenschussapparate und Knochensägen unterhalten, durchaus auch Gebiete von Feinmechanik und Tötungswinkel, Effizienz und Preis-Leistungs-Verhältnis betreffend, sodass ich auf diesem Gebiet einigermaßen bewandert bin. Vor nicht allzu langer Zeit sah ich auf einem Flohmarkt mal eine Knochensäge, die ich aus Gründen gesteigerter Sentimentalität dann auch prompt kaufte.

Jene Metzgerei wurde, wenn man so will, äußerst nachhaltig geführt. Zum Essen gab es ausschließlich Restefleisch, das Gute wurde verkauft. Angestellte und Familie waren für die vollständige Wertstoffverwertung zuständig.

Ich erinnere mich an Schnitzel, die so stark paniert waren, dass man das darunterliegende Fleisch kaum finden konnte. So dachte ich jahrelang, es sei völlig normal, dass ein Schnitzel eine sehnige Masse ist, die nur durch die beiliegende Zitrone einen Geschmack entwickeln kann. Außerdem hätte ich Stein und Bein geschworen, dass Hähnchen per Definition immer zäh und fettig, Pommes immer aufgewärmt und biegsam, Gemüse immer aus der Dose und Salat eine Erfindung der Medien war. (Ich will nun niemandem zu nahe treten, und gründliche Recherche meinerseits ergaben auch, dass die Qualität des verkauften Fleischs nicht zu beanstanden war, aber im innerhäuslichen Verzehr war »Genuss« für mich ein Wort wie »Plusquamperfekt« – mir völlig unverständlich, was das war). Essen, das war 1. Nahrungsaufnahme und 2. Fleisch. Kompromisse wurden nicht gemacht (wenn es eine Beilage gab, dann meist Sauerkraut. Das wurde für Großküchen in Fünfzehn-Liter-Eimern geliefert, war essfertig zubereitet und musste nur schnell warm gemacht werden).

Manche Metzger aßen nach dem Hauptgang als Nachtisch noch eine Bratwurst, andere als Beilage Blutwurst, wieder andere legten Wert auf ein buntes Wurstpotpourri, das sowohl geschmacklich als auch farblich eine möglichst große Bandbreite abdeckte. Es gab Schnitzel mit Leberwurst bestrichen, mit zerdrückter Jagdwurst zubereitet und mit Hackfleisch, halb Rind, halb Schwein als Beilage. Wurst mit Wurst kombiniert; das wurde gerne gesehen im Haus, denn das gab nicht nur Kraft und Saft für die nächste zu köpfende Kuh, sondern schließlich galten in der Küche und im Geschäft meiner Großeltern mütterlicherseits folgende Glaubenssätze:

1. Fleisch und Wurst ist Gottes Gabe.

2. Der Rest Teufelswerk.

3. Viel hilft viel, gerade beim Fleischgenuss.

4. Gegessen wird immer.

»Ach ja, eine Streichwurst«, hörte ich mich sagen. Offenbar war ich schon zu lange in Afrika. Das Huhn auf meinem Arm gluckste und sah so gleichgültig geradeaus, wie es Fahrer von Massentransportmitteln in Großstädten immer tun.

Mir fiel nichts Adäquates ein. Ich trottete in Richtung des Dorfzentrums. Das Huhn starrte.

Ich will das mal so formulieren: Der touristische Sektor in

Mosambik ist noch nicht an seinen Grenzen angelangt. Ich war der einzige Weiße dort. Ich lief als Einziger mit einem Huhn auf dem Arm durch die sengende Mittagssonne. Es sah so aus, als würde ich Gassi gehen. Ausnahmslos jeder starrte mich an.

Ich ging in ein Café und belegte dort zwei Plätze, einen für das Huhn und einen für mich. Weil Mosambik früher mal portugiesische Kolonie war, gab es Puddingtörtchen und Milchkaffee (für Szene-Großstäder: Galão) wie in Lissabon. Ich bestellte und verbrachte dann Minuten damit, Löcher in die Luft zu starren.

Schließlich fragte mich ein Gast, warum ich denn ein Huhn mit mir herumtragen würde. Ich antwortete: »Ich bin Metzgersenkel!« (Ist doch wahr, verdammt, ich konnte mich doch nicht von einem lebenden Huhn in meiner Wurstmacherabsicht behindern lassen. Auf eine Art und Weise, die ich nicht erklären kann, war meine Familienehre gekränkt. Ich hätte dem Huhn einfach den Kopf abschneiden sollen, Messer hatte ich zuhauf. Was ich nicht hatte, war fließendes Wasser, um das tote Tier auszuwaschen. Der nächste Brunnen war einen Kilometer entfernt. Wollte ich da wirklich hinlaufen?)

Das Huhn sah mich an. Es blieb entspannt auf dem Stuhl sitzen und sah ganz zufrieden aus. Ich sah das Huhn an. Ich gab dem Tier einen Teil meines Puddingtörtchens. Wollte ich wirklich etwas essen, das mich ansah? (Nein, wollte ich nicht. Wollte ich von Anfang an eigentlich nicht, insofern stand die Existenz des Huhns nie wirklich auf dem Spiel. Ich brauchte nur noch Zeit. Ich konnte mir noch nicht eingestehen, dass ich nicht in der Lage war, ein Tier, dazu noch ein so sympathisches, zu töten, der Metzger in mir war stark. Mal so ganz allgemein: Leider bin ich auch Teil dieses dummen Supermarktsystems. Da kauft man Fleisch bis zum Abwinken und hat völlig den Bezug dazu verloren, dass jedes noch so kleine Hacksteak irgendwann mal durch die Gegend muhte. Ich habe mit voller Absicht nicht gesagt: »auf einer Wiese stand«, weil das ja leider meist nicht so ist. Auf diese Gründe wiederum einzugehen, erspare ich uns an dieser Stelle, da der Text sich ja nicht mit deutsch-europäischer Agrarpolitik befasst.)

Früher hatte ich damit zumindest kein Problem: Um mich herum wurde gestorben was das Zeug hielt, und ich aß.

In oben bereits erwähnter Metzgereiküche hingen nämlich riesige Fliegenfänger.

Das Schlachthaus war im selben Gebäude, genau neben der Küche, weswegen immer alle möglichen Schlachtabfälle herumlagen, was gerade im Sommer bei den Fliegen der Region sehr beliebt war. So wimmelte es im Schlachthaus permanent von Tausenden von ihnen, die, wenn sie schon mal da waren, auch in der Küche vorbeischauten. Gewehrt wurde sich mit eben jenen Fliegenfängern, die auf den ersten Blick aber nie als Fliegenfänger erkennbar waren, denn jede Klebefläche war belegt. Sie sahen eher aus wie ein schwarzer, summender Stock.

Manchmal kam ich mir vor wie auf einem großen Tierfriedhof. Nebenan ließen Dutzende Schweine und Rinder ihr Leben, über mir traten Tausende Fliegen die Reise ins Jenseits an, und im Keller unter mir verabschiedeten sich diverse Ratten. Als Kind durfte man nie in den Keller, damit man nicht aus Versehen mit dem überall herumliegenden Gift spielte.

Kennen Sie übrigens einen Fettabscheider? Das ist ein großer Tank, der bei allen Gastronomiebetrieben oder sonstigen Gemeinschaftsverpflegungen im Keller steht und Fett, wie der Name schon sagt, von Wasser trennt. Das Fett muss einmal im Monat entsorgt werden, was eine ziemlich unappetitliche Angelegenheit ist. Und Fett gab es immer genug. Auch im Wurstbereich gab es nämlich die Verkaufswurst und die Familienwurst. Letztere zeichnete sich durch einen erhöhten Fettanteil aus, um das teure Fleisch zu sparen. So hatte ich immer das Gefühl, dass die Reinigung des Fettabscheiders sich einfach dadurch verzögern ließe, wenn ich nur oft genug bei meiner Oma zu Mittag essen würde. Ich arbeitete sozusagen als biologische und zudem noch äußerst kostengünstige Fettaufnahme- und Abbaustation.

Fettig war allerdings nicht nur die Wurst, Gleiches galt auch für den Boden, die Bänke, den Tisch, die Vorhänge, das Geschirr, auch wenn es gerade frisch gewaschen war, den Begrüßungshändedruck aller Anwesenden und für die meisten Metzger galt es auch (man arbeitet eben mit Fleisch, da ist das so). Trotzdem ging es allen immer gut. Von zwei, drei Bluthochdruckepisoden abgesehen, litt niemand unter einer wie auch immer gearteten gesundheitlichen Einschränkung. Ich bin mir seither sehr sicher, dass Obst und Gemüse überbewertet sind, so unter dem Gesundheitsaspekt betrachtet. Eskimos essen nie Obst und Gemüse, sondern immer rohes Fleisch und sind nicht ausgestorben. Meine Oma wurde 94 Jahre alt, meiner Mutter geht es blendend, ich habe kein Problem, und mein Bruder ist ebenfalls gesundheitlich voll auf der Höhe, obwohl wir schon in jungen Jahren mengenmäßig vermutlich die halbe argentinische Rinderherde verzerrt haben. Niemand von uns ist krank, träge oder schlecht gelaunt.

Im Nachhinein war die harte Wurstschule meiner Jugend gar nicht schlecht. Ich lernte, alles zu verzehren, wirklich alles, und sei es noch so sehnig, was mich zum idealen Gast macht, da ich nie über das Essen meckere.

Außerdem hat Wurst meine Jugend entscheidend beeinflusst. (Ich möchte mich an dieser Stelle mal etwas weiter aus dem Fenster lehnen und diese Wurstsache insoweit auswalzen, als dass ich sagen würde, Wurst – also eigentlich Salami – hat die Ausbildung einer demokratischen Kultur in meiner Schule befördert.)

So war ich in der Grundschule befreundet mit einem BiFi-Esser. Der BiFi-Esser per se zeichnete sich durch das Tragen von Lacoste-Hemden aus. Er spielte Tennis statt Fußball, fuhr ständig in den Urlaub, dabei aber nie nach Spanien oder Italien, sondern er reiste interkontinental. Er hatte dauernd neue Turnschuhe (damals hieß das noch so), war oft mit einem Arzt oder Apotheker verwandt und beliebt bei Lehrern, Mädchen und Mitschülern. Selbst wenn der BiFi-Esser nicht im Mittelpunkt stand (was selten genug der Fall war), hatte er diese unangenehme »Alles dreht sich nur um mich«-Ausstrahlung, die, oberflächlich betrachtet, der »Netter Schwiegersohn«-Ausstrahlung ähnelte, die Moderatoren im Privatfernsehen oft bis sehr oft vermitteln. Im Grunde waren BiFi-Esser also völlig hassenswerte Personen (sie waren, das mal nebenbei, auch meist Eszet-Schnitten-Esser).

Ich will mal ehrlich sein: Bei meinem Freund war das genauso (womöglich ist der Begriff »Freund« daher vielleicht auch ein etwas ungenaues Wort für die Beschreibung unserer Beziehung).

Es war eine Freundschaft, die eher nicht auf Augenhöhe stattfand und die es überhaupt nur gab, weil wir zufällig Nachbarn waren. Sobald wir den Schulhof betraten, hatten wir nur noch wenig miteinander zu tun.

Natürlich bestätigen Ausnahmen die Regel, aber unterm Strich würde ich behaupten wollen, dass BiFi-Esser sich freiwillig separierten.

In jeder Pause bildeten sie einen Kreis, der Nicht-BiFi-Esser automatisch ausschloss. Ich weiß nicht, ob das anfangs absichtlich geschah, es entwickelte sich im Laufe der Zeit aber zu einer Selbstverständlichkeit. Der Genuss dieser Billigwurst hatte etwas Elitäres, deren Esser sich von dem Pöbel, also mir, absonderten. Kein Wunder, schließlich waren diese Würstchen vergleichsweise viel teurer als ein Schinkenbrot. BiFi-Esser luden meist nur sich selber zu Geburtstagen ein, wurden aber von jedem anderen eingeladen und wurden von ihren Eltern in einem viel zu großen Auto abgeholt. (Ja, ja, das ist alles generalisierend, richtig erkannt. Ganz bestimmt gibt es auch andere, ich bitte dennoch, von statistischen Unregelmäßigkeiten in meiner persönlichen Datensatzerhebung abzusehen.) Und sie bissen die Wurst auch immer so ab, wie Werbeheinis im Fernsehen die Wurst abbissen: Seitlich, dabei die Hand nach rechts reißen und gleichzeitig den Kopf nach links drehen. (Ich wundere mich heute noch, dass damals nie jemand ein Schleudertrauma davongetragen hat.)

Ich spielte weder Tennis noch trug ich Lacoste-Hemden. Außerdem fuhr ich normalerweise mit dem Fahrrad zur

Schule, und in meiner Geburtstagseinladungsfrequenz gab es durchaus noch Luft nach oben. Meine Chancen, jemals Mitglied dieses Clubs zu werden, waren also äußerst gering.

Nun wurde ich irgendwann mal im BMW meines Nachbarsfreundes mit in die Schule genommen. In der ersten großen Pause nahm er mich zudem mit in den erlauchten Kreis, ich konnte mir nicht erklären, warum. Vielleicht hatte er Mitleid, vielleicht hatte sich mein hartnäckiges (böse Zungen könnten auch das Wort »anbiedernd« benutzen) Freundschaftswerben ausgezahlt.

Anfangs war ich scheu und sagte keinen Ton. Die Gruppe begann ihre Würste auszupacken. Und dann fragte mich jemand: »Hast du keine Salami dabei?« (Die Frage war natürlich ausschließlich als rhetorische Fingerübung gedacht, schließlich wusste er ganz genau, dass ich keine BiFi – was nur ein Synonym für »Salami« war – dabeihatte. Eine Salami hatte ich allerdings sehr wohl dabei (hey, ich war Metzgersenkel, ich hatte ein täglich wechselndes Wurstprogramm).

Kennen Sie diese Episode aus »Crocodile Dundee 2«, als Paul Hogan in New York von einem Gangster mit Springmesser überfallen wird, seine Freundin durchdreht und etwa Folgendes sagt: »Nun gib ihm doch das Geld, er hat ein Messer.«? Und Paul Hogan erwidert: »Ein Messer?« Er zieht sein Buschmesser aus der Tasche, etwa zehnmal so groß. »Das ist ein Messer.« So ähnlich war es mit mir und meiner Salami.

Offenbar hatte die Schulhofelite ihr Selbstbewusstsein aus einem Abfallwurstrest gezogen, der zu einer Kleinstsalami geformt war, denn fortan war ihre Überheblichkeit Geschichte. Zwar trugen sie nach wie vor Lacoste-Hemden, aber sie trugen sie anders, weniger selbstverständlich, ein-

fach nur noch wie ein Hemd. Im Laufe des Schuljahrs zer-
fiel die Gruppe. Ihre Mitglieder wurden sozial verträgliche
Zeitgenossen (man könnte die ganze Geschichte auch als
Phallussymbolfabel umdeuten. Sicherlich bekäme man dann
von einem Fachmann eine interessante Analyse geliefert. Ich
werde das wohl bei Gelegenheit mal machen lassen).

Lang war es her. Ich seufzte und trank meinen Kaffee.
»Komm«, sagte ich zum Huhn, »wir gehen nach Hause«. Ich
nahm das Tier behutsam auf den Arm und lief über die stau-
bige Straße zurück in meine heimelige Strohhütte.

Das Huhn stellte sich als nicht besonders scheu heraus. Es
fühlte sich sofort heimisch. Offenbar war es charakterstark,
lief es doch zu dem Eimer mit Gewürzen, die ich extra für
die Wurstherstellung besorgt hatte (außerdem hatte ich eine
große Handkurbel gekauft, um das tote Tier mit ebenjenen
Gewürzen zu vermischen. Ich hatte sogar Kunstdarm in
Südafrika bestellt), und sah hinein.

Ich ging zur Tür und betrachtete den Indischen Ozean,
der nur fünfzig Meter vor meiner Haustür den Strand mit
sanften Wellen streichelte. Jede Springflut hätte mich sofort
ertränkt, aber im Normalzustand war der Platz am Meer äußerst angenehm. Das Wasser war fast durchsichtig, so klar
war es. Mein Garten war von Palmen bewachsen, ich hatte
eine Grillstelle und mir außerdem aus Kokosnussblättern
und diversen Schnüren so etwas Ähnliches wie eine Holly-
woodschaukel gebaut. Es war recht gemütlich (wenn man
davon absieht, dass ich kein fließendes Wasser hatte und
keine Elektrizität). Zur Beleuchtung nahm ich Kerzen. Vor,
hinter und im Haus gab es nichts als Sand. Den ständigen
Moskitoattacken geschuldet (allerdings ist das ein Jammern

auf hohem Niveau, denn am Meer sind Moskitos nicht so nervig wie etwa der überall präsente Sand, weil dort immer ein leichter Wind herrscht und sie dann schlecht in der Luft stehen können), schlief ich immer unter einem Netz. Immerhin war das Bett nicht zu weich: es war gemauert. (Tagsüber herrschten übrigens annähernd vierzig Grad im Schatten. Wenn es regnete, ertrank ich fast, da es auch keine Kanalisation gab.)

Ich sah mich um und bedachte die Fehler, die der Ort hatte. Letztlich war das eine tröstliche Übung, konnte ich mir doch einreden, dass ich das Huhn nur nicht tötete, weil dieser Platz von keinem deutschen Gesundheitsamt jemals für die Wurstherstellung akzeptiert werden würde. Ich redete mir weiter ein, dass ich wohl zu deutsch war und ebenjene Gesundheitsvorschriften offensichtlich in mein Fleisch und Blut übergegangen waren. Genau, dachte ich, ich töte das Huhn nicht, weil ich nichts töten kann, sondern weil ich meine Nachbarn nicht gefährden will. Es hätte ja schließlich sein können, dass das tote Huhn mit irgendwelchen Maden, Fliegen, Bakterien und ähnlichem Kram infiziert wird. Man weiß ja nicht, dachte ich, was in Afrika alles so kreucht und fleucht. Ich war froh, mich so toll selber belügen zu können. Ich war irgendwie erleichtert.

Vom Strand her kam einer meiner Nachbarn winkend näher. Als er mich erreicht hatte, schenkte er mir zwei frisch gefangene Fische, riesige Tiere, für das Fest am Abend. Was denn das deutsche Essen mache, fragte er. Ich zeigte auf das Huhn, das freundlich gluckste (zum Glück hatte ich ihm nicht erzählt, dass Wurst eigentlich aus Rind oder Schwein besteht). »Ich arbeite dran«, sagte ich und versuchte, dabei nicht allzu verzweifelt zu klingen. Er nickte und ging. Als er schon ein Stück entfernt war, drehte er sich zu mir um und rief, dass er sich schon sehr auf diese deutsche Spezialität freue.

Neulich las ich übrigens, dass auch die Römer wahre Wurstliebhaber waren (vielleicht haben wir nicht nur den Kalender aus Rom und die Grundlagen der abendländischen Justiz, sondern auch den Wurstgeschmack). Auf Gelagen wurden im Alten Rom angeblich gerne auch ganze gebratene Schweine verzehrt, die mit Würsten gefüllt waren. Besonders beliebt soll Hirnwurst gewesen sein. Wer das auch mal herstellen will: Einfach Gehirn mit einem Ei, Milch einer Wölfin und Thymian mischen, und fertig ist die Laube. Und wenn wir schon dabei sind: Für Siebenbürger Hirnwurst, eine regionale Spezialität, einfach die Wolfsmilch weglassen und durch Reis ersetzen. Bitte vergessen sie nicht, die Hirnwurst sofort nach Herstellung zu verzehren, da sie nicht geräuchert und somit haltbar gemacht wird. Aber wer kann schon einem frischen Hirnbrot mit Petersilie widerstehen?

Apropos stehen: Wo war ich stehengeblieben?

Ach ja, Afrika, tausend heiße Feuer. Kennt jemand eigentlich noch dieses Lied von 1983?

Ich konnte mich nie entscheiden, ob ich die englische (von Rose Laurens) oder die deutsche (von Ingrid Peters) Version lieber mochte. Schließlich hatte ich beide auf einer Musikkassette (Musikkassette!!!) namens »Club Top 13«, eine Reihe, die regelmäßig erschien und die alle Hits abbildete, die gerade eben so modern waren. Trotz Originalkassette dachte ich jahrelang, dass das Lied von Abba sei, was daran lag, dass auf dem sehr kleinen Künstlerfoto, das auf der Kassettenhülle war, beide Sängerinnen a) total gleich aussahen und b) genauso aussahen wie Agneta Fältskog.

»Im tiefen Dschungel hörst du die Trommeln
und aus dem Dunkel Beschwörungsformeln
der Voodoo Master ruft meinen Namen,
mein Herz schlägt schneller unter meiner weißen Haut.
Afrika.«

Toll.

Aber ich will nicht abschweifen, außerdem ist hier der ideale Zeitpunkt für eine Überleitung gekommen, denn mein Herz schlug auch schneller. Ich hatte nämlich keine Ahnung, wie ich mein Wurstversprechen einhalten sollte.

Ich hätte nie gedacht, dass Wurst mein Leben sogar so weit dominierte, dass ich selbst am Ende der Welt noch in die Bredoullie kam. Zuhause kannte ich das ja.

So war ich mal sehr in eine Frau verliebt. Sie war jedoch Vegetarierin, was die Beziehung in einem permanenten Zustand der Krise hielt. Auch in der Liebeshochphase fühlte ich mich nämlich genauso vom Tofu im Kühlschrank belästigt wie sie von meinem (mehr oder weniger) penetranten Leberwurstgeschmack im Mund. Dabei versuchte ich, rücksichtsvoll vorzugehen. Ich nutzte jede sich bietende Gelegenheit zum Wurstkonsum außer Haus: In der Mittagspause aß ich Wurst im Imbiss, Geschäftstermine legte ich immer auf ein Mittagessen, bei Veranstaltungen aß ich regelmäßig den Schnittchenteller leer, und wenn ich mich mit Freunden verabredete, kam ich immer zufällig zum Essen vorbei.

Die Beziehung scheiterte letztlich an einem Gefallen. Ich

begleitete sie zu einem Vegetariergrillabend im nahen Park (was mir ähnlich sektiererisch vorkam, wie eine Scientology-Veranstaltung. Grillen und Gemüse, das geht doch gar nicht. Was auch nicht geht: bereits vorgewürztes Billigfleisch vom Discounter verwenden, Ketchup zur Bratwurst – es muss Senf sein –, Alufolie auf den Rost, Handschuhe verwenden, Gespräche über das Krebsrisiko wegen des verbrannten Fetts. Alles die gleiche Liga).

Ich will ehrlich sein: Ich war schon schlecht gelaunt, als ich ankam. Wenigstens gab es in diesem Park (zumindest nicht in unserer Nähe) keine Kleinkünstler, die irgendetwas jonglierten und die einem immer auf die Nerven gehen, sobald nur ein einziger Sonnenstrahl durch die Wolkendecke lugt. (Um Seiltänzern, Keulenwerfern, Hochseilartisten und ähnlichem das Grillvergnügen reduzierenden Unsinn zu entgehen, grille ich gerne auf dem Balkon. Das hat außerdem den Vorteil, dass man, hat man viel getrunken, die Toilette in Reichweite hat. Balkongrillen empfiehlt sich auch, wenn ein großes Sportereignis ansteht, das man nebenher anschauen möchte.)

Ich wartete, bis alle Teilnehmer ihre Paprikascheiben, Tofuwürste, Kartoffeln, Fischimitate und Reisbällchen auf den Grill gelegt hatten, und legte dann ein riesiges Steak in die Mitte. (Ich gebe zu, dass ich das Fleisch extra blutig gekauft hatte, um die Leute zu provozieren.) Ich sah, dass in der Mitte des Grills kein Platz mehr war, tat es aber trotzdem. Ich sah außerdem voraus, dass meine Beziehung deshalb Schaden nehmen würde, aber es ging nicht anders, ich musste zu meiner Familiengeschichte stehen, und ich mag meine Familie.

Das Steak blutete das Gemüse voll. Die Veranstaltung lief

aus dem Ruder, ich wurde als »Faschist« beschimpft und »Fleischnazi« tituliert, hatte zu meinem Fleisch aber plötzlich noch eine Grünbeilage, da sich die Vegetarier weigerten, das vollgeblutete Gemüse zu verzehren. Meine Freundin hasste mich. Die Zeit unserer Restbeziehung war von da an überschaubar.

Um mal zum Ende zu kommen: Als die ersten Gäste in meine frisch gefegte Hütte kamen, war das Huhn nach wie vor lebendig (und blieb es auch für den Rest meines Aufenthalts. Wer kann schon von sich behaupten, dass er mal ein Huhn als Haustier hatte?).

Ich hatte Brot und Bier, einen Salat und Fleisch und: Wurst. Feine, sauber geknetete, köstlich mit Gewürzen abgeschmeckte Schmierwurst. Die Nachbarn freuten sich, die Stimmung stieg. Im Laufe des Abends gab ich diverse deutsche Hits zum Besten (»Sonderzug nach Pankow«, »Wir steigern das Bruttosozialprodukt«, »Skandal um Rosie«) und gackerte mit dem Huhn um die Wette.

Irgendwann nahm mich einer der Nachbarn zur Seite und fragte, wo denn eigentlich seine Fische seien, er habe sie mir doch extra für das Fest geschenkt. Ich tat so, als hätte ich die Frage nicht gehört.

# AUTO

Früher dachte ich, Auto und Sex, das hätte unmittelbar miteinander zu tun. Man sah das ja immer im Fernsehen: Hatten nicht alle Actionhelden immer tolle Autos und am Ende auch die Frau?

Es war also völlig klar. Ich würde 18 Jahre alt werden, und die Bräute würden mir die Tür einrennen.

Nun ist man mit 17 ja kein kleines Kind mehr, und deswegen hatte ich eine gewisse Vorahnung, dass das doch nicht stimmen könnte mit den Bräuten, aber die Hoffung stirbt bekanntlich zuletzt. Außerdem war es ja nicht so, dass ich schon besetzt war von einer Frau, man könnte sogar sagen, ich war ziemlich einsam. Der Grad meiner sexuellen Begehrtheit zu jener Zeit war doch einigermaßen übersichtlich. Alle meine Hoffnungen steckten also in diesem blöden Stück Papier, das mich berechtigen sollte, ein Auto zu fahren.

(Das Auto sollte natürlich nur Mittel zum Zweck sein, aber es gibt ja auch Leute, die das gleichsetzen, Auto und Sex. Ich hatte mal einen Nachbarn, der seinem Gefährt die absolute Verehrung zukommen ließ. Er wusch, polierte und wienerte das Auto täglich eine Stunde lang. Nach getaner Arbeit fuhr er zuerst mit der Hand über die Karosserie, langsam und vorsichtig, es war mehr ein Streicheln, und dann das Auto spazieren. Wenn er nach etwa zwanzig Minuten zurückkam, gab er ihm einen freundschaftlichen Klaps in Höhe der Fahrerseite, dann wechselte er ein paar Worte mit dem Gefährt. Der Nachbar hatte weder Frau noch Kinder und auch kein Haustier, was das vielleicht erklärt. Andererseits war ich auch mal auf der Internationalen Automobilausstellung in Frankfurt, mit großem Abstand die ödeste Veranstaltung des Universums. Es wimmelte von Fahrzeugfetischisten, die die Autos betatschten, stöhnten und zuckten und so überfordert von den ganzen Kotflügeln waren wie ein Teenager vor dem ersten Geschlechtsverkehr.)

Ich konnte da jedenfalls gar nichts dagegen machen, ich freute mich schon ein Jahr vorher auf meinen Geburtstag.

Dann wurde ich 18. Ich wachte mit einem verdammten Kribbeln auf. Und nichts passierte.

Gut, dachte ich, das muss nichts heißen. Schließlich sind noch andere Leute 18 geworden, und im Zweifel haben die auch die besseren Autos. Ich fuhr den japanischen Kleinwagen meiner Mutter. Ich fuhr die Dorfstraße rauf und runter und hatte das Radio an, möglichst laut. Ich sang mit, egal was kam. Zu der Zeit hörte ich in erster Linie den großen Guns N'Roses Song »Welcome to the Jungle«, und das passte ja auch. Die Welt war groß und wild, und bis die paarungswilligen Weibchen in mein Auto sprangen, war es nur noch eine Frage der Zeit. Ganz bestimmt.

Ich bemühte mich, jeden Tag mit dem Auto in die Schule zu fahren, und fing an, mein Fahrrad zu verachten. Trotzdem: Es ging nicht voran.

Vielleicht lag es daran, dass mir Autos im Grunde meines

Herzens immer völlig egal waren, ich wollte sie, wenn man so will, nur ausnutzen. Musste man nicht vielmehr eine emotionale Beziehung zu ihnen pflegen, die sich dann von der Karre auf die Frau übertrug?

Ich lehnte mal am grünen VW eines Bekannten. Minuten später kam ebenjener mit hochrotem Gesicht angehetzt.

»Du verkratzt den Lack«, sagte er hechelnd. »Außerdem«, er begann zu hyperventilieren, »wenn du dich aufstützt, verzieht sich was.« (Merke: »Verzogen« ist immer irgendwas. Der klassische Auffahrunfallsatz ist: »Da ist bestimmt was verzogen.« Gerade auch, wenn man nichts sieht, ist der Schaden garantiert am größten, weil irgendwas verzogen ist. Wobei »verzogen« nie näher definiert wird, aber natürlich die Gesamtkonstruktion »Auto« gefährdet. Am Ende kostet die Ausbesserung des verzogenen Teils immer mindestens eine vierstellige Summe.) Jener Bekannte duldete auch nie mehr als zwei Mitfahrer, weil er Angst hatte, dass das Gewicht der Leute auf der Rückbank die Hinterachse des Wagens »verziehen« würde, falls er über eine Bodenwelle fahren müsste.

Vielleicht war das der richtige emotionale Einsatz (andererseits bin ich da nicht so sicher, denn der Bekannte hat bis heute keine Frau).

Ich hatte zu jener Zeit Nachhilfeunterricht in Mathematik. Der Nachhilfelehrer hatte eine Schwester, 17 Jahre alt, das mit Abstand schönste Mädchen im Ort. Sie war brünett, etwas kleiner als ich, hatte große Augen und eine Stupsnase. Und ich war total verknallt.

Ich schaffte es, der Familienbande sei Dank, dass sie mit mir ausging. »Ich hole dich mit dem Auto ab«, sagte ich und dachte, »ho ho, ein Selbstläufer, ich und das Auto«. Ich dachte den ganzen Tag, bevor es losging: »Jetzt geht's los«. Wie im Fußballstadion sang ich die Melodie in meinem Kopf und grinste die ganze Zeit. Jetzt geht's los. Als ich sie abholte, roch ich wie ein ganzer Parfümladen; notwendigerweise, denn vor Nervosität schwitzte ich, als hätte ich eine Woche ohne Pause in der Sauna verbracht. Noch während ich an der Tür klingelte, ging ich von sofortiger Paarung aus. Ich dachte: »Sie liebt mich jetzt schon, ich spüre das.«

Sie war weniger beeindruckt, als ich gehofft hatte. »Die hat aber eine tolle Selbstbeherrschung«, dachte ich, als ich den Motor startete. Während der Fahrt sagte ich anfangs keinen Ton, nichts, kein Wort. Ich war viel zu verliebt, um mehr zustande zu bekommen als ein regelmäßiges Glucksen. Stattdessen fummelte ich nervös am Radio herum, machte die Lüftung an und wieder aus, stellte mehrmals aus Versehen den Scheibenwischer an, obwohl es nicht regnete, und weil ich besonders lässig fahren wollte, würgte ich versehentlich einmal den Motor ab. Ich versuchte alles, um das Auto zu präsentieren (einen japanischen Kleinwagen!) und damit auch mich. Ich sagte irgendwas wie »Das ist ein 1,2 Liter-Motor« und verband das mit solch unvorteilhaften Sätzen wie »Fast anderthalb Liter Bier kann ich auch trinken«. Im Prinzip hätte ich da schon nach Hause fahren können. Ich agierte völlig kopflos. Ich muss jetzt seriöser werden. Es blieb beim Vorsatz: Wir saßen an einer roten Ampel und warteten auf Grün, und ich starrte sie die ganze Zeit verknallt an. Es fehlte nur noch, dass mein Mund offen stand und ich gesabbert hätte. Nach einer Weile fragte sie, was ich denn habe, und ich sagte: »Ich bewundere deine Schönheit.« Herrgott, hatte ich das wirklich gesagt? Ich hasste mich schon dafür, noch während ich den Satz aussprach. Ich versuchte, auf der Stelle tot umzufallen, aber das klappte nicht. Dann versuchte ich, mich lächelnd über die Situation hinwegzuretten, aber auch das klappte eher nicht, denn ich hatte die Hoheit über meinen Körper schon lange verloren. Ich sonderte während des Lächelns ein Geräusch ab, das stark an das Wiehern eines alten Gauls erinnerte.

Es war ein Fiasko. Wir sind nie wieder ausgegangen, und geknutscht haben wir auch nicht.

Ich begann, das Erfolgsrezept »Auto« in Frage zu stellen.

Autofahren half offenbar doch nicht bei der sexuellen Erfüllung. (Geht man allerdings davon aus, dass Auto und Frau/Sex das Gleiche ist, würde das immerhin erklären, warum die meisten Autofahrer so aggressiv sind. Völlig klar, dass dann jeder Überholvorgang absolut persönlich genommen wird. Das Gleichnis würde ja bedeuten, dass jemand mit einer schöneren Frau an einer nicht so schönen vorbeiprotzt, und das ist natürlich ein guter Grund, um sich aufzuregen.)

Um Aufregung im Auto ganz generell entgegenzuwirken, hätte ich einen Tipp zur Hand: Indien.

Ich war da kürzlich, und weil ich einiges zu tun hatte, mietete ich mir ein Auto. Kann ja so schwer nicht sein, dort zu fahren, dachte ich. Theoretisch stimmt das auch, schließlich funktioniert Autofahren überall gleich. Praktisch lernt man im Straßenverkehr Indiens jedoch den Begriff »Gottvertrauen« mit Inhalt zu füllen.

So wird nachts ohne Licht gefahren, um die Batterie nicht unnötig zu belasten. Gerade zu Beginn der Reise fand ich es äußerst irritierend, wenn plötzlich aus dem schwarzen Nichts ein Lkw-Kurs auf mich nahm. Außerdem wird im

Gegenverkehr überholt und ausdauernd gehupt, auch wenn es nichts zu hupen gibt. Vorfahrt hat grundsätzlich derjenige, der als Letzter ausweicht. Ich war so kulant und überließ wirklich jedem die Straße, hatte danach aber Probleme, mich wieder einzuordnen, denn Markierungen auf den Straßen gibt es nicht, warum auch? Sonst könnte man ja nie ausprobieren, ob man sich zwischen drei überladenen Lkws noch in der Mitte durchschlängeln kann. Die Hupe dient dabei nicht nur der Warnung, sondern auch der Kommunikation. Hupen kann auch so viel heißen wie: »Hallo, wie geht es dir?« Es kann also sein, dass man zu viert nebeneinander fährt, zwei Lkws entgegenkommen, niemand ausweicht und sechs Fahrzeuge hupen. Als Durchschnittsdeutscher ist das insofern anstrengend, als man sich den hierzulande gelernten »Jetzt rege ich mich aber sehr auf, weil ich angehupt wurde«-Reflex erst abtrainieren muss. Das geht allerdings flott, weil ja andauernd gehupt wird. Dazu wird man regelrecht aufgefordert, »Please horn« steht an jedem Lkw.

Trotzdem wird jedes Überholmanöver zum Himmelfahrtskommando. Schließlich sind neben Autos auch Ochsenkarren, Kamelreiter, Fußgänger oder Rollstuhlfahrer unterwegs, nicht zu vergessen die obligatorischen Kühe, einzeln oder in Herden auftretend, die dort ebenfalls alle die Autobahn benutzen, gerne auch direkt in der Mitte. Verunglückte Wagen bleiben oft tagelang am Straßenrand liegen, als Mahnmal sozusagen, einmal sah ich auch einen total zerquetschen Rollstuhl. Immerhin ist der Verkehr in Indien familienfreundlich: Wo sonst wird man in einer Kurve, in der man die Gegenfahrbahn absolut nicht einsehen kann, von einer fünfköpfigen Familie nebst acht Hühnern überholt, die alle auf einem Motorrad Platz finden? Auch die Motorradrikschas, die im innerstädtischen Verkehr auf Stoßstangenhöhe so dicht kreuzen, dass regelmäßig einer der Fahrer mit dem Arm am Außenspiegel des Autos hängen bleibt, regen niemanden auf.

Hat man sich erstmal mit der Situation abgefunden und seinen Frieden mit Schöpfer und Ewigkeit gemacht, wird aus einer der stressigsten Sachen, die es gibt, nämlich Autofahren in Indien, eine ungemein entspannte Sache. Falls man aber doch mal in einen Streit im Verkehr verwickelt wird, sollte man beiläufig erzählen, dass man aus Deutschland kommt, die Gemüter kühlen dann schnell wieder ab. Ich erfuhr, dass das daran liege, dass Deutsche in zwei Weltkriegen gegen Engländer kämpften. Ich reagierte auf diese Erklärung jedes Mal, indem ich verlegen auf den Boden sah, und bekam genauso regelmäßig aufmunternde Klapse auf die Schulter. »Falls du es noch nicht mitbekommen hast«, sagte der Reiseunternehmer, den ich in Mittelindien traf, »Inder und Engländer haben unterschiedliche Auffassungen über die Kolonialzeit.« Ich hatte ihn in einem Stau kennengelernt, der von einer rastenden Ziegenherde ausgelöst worden war. Als er erfuhr, dass ich aus Deutschland komme, schenkte er mir einen dreitägigen Bustrip nach Madras, Südostindien. Der Mann bot innerindische Busreisen an. Das passe doch, sagte er, ein Deutscher in seinem Bus. Denn der Deutsche, das wisse man ja, der liebe Autos. Außerdem habe einer dieser Deutschen die Autobahn erfunden, und ihm zu Ehren hatte der Busunternehmer seine Firma »Hitler Travel« getauft.

Der Stau löste sich auf. Er lachte, klopfte auf eines der etwa

239

dreißig Hakenkreuze, die quer über den Bus verteilt waren, stieg ein und fuhr hupend und salutierend davon.

Angehupt zu werden regt mich seit der Indienreise nicht mehr auf. Ich verwandele mich jetzt vielmehr, kaum das ich mich in ein Auto setzte, in einen Zenmönch. Ich werde während des Fahrens eins mit dem Motorgeräusch und spüre jede noch so kleine Umdrehung der Kurbelwelle, mich dabei in der Ewigkeit des Augenblicks verlierend, um so zu meinem inneren Chakra vorzustoßen.

Ich habe die Methode allerdings an deutsche Verhältnisse angepasst. Auf der Autobahn habe ich immer eine Metallica-CD dabei, um auf dem Weg zum Chakra schneller voranzukommen.

Für den Fall, dass ich mich an einer Baustelle nach dem Reißverschlussprinzip einfädele und damit (wie üblich) den Unmut aller anderen Autofahrer auf mich ziehe (die Autofahrer hinter mir verstehen nie, warum ich irgendjemanden vorlasse, die Autofahrer, die nach dem Autofahrer kommen, den ich vorlasse, versuchen rücksichtslos, noch mit in die Lücke zu fahren und mich zu verdrängen, weswegen ich schnell Gas gebe, um die Lücke zuzufahren, was wiederum nicht besonders gut ankommt), habe ich eine lange Metallkette unter den Fahrersitz deponiert. Wenn es zum Stau kommt und ich von allen Seiten beschimpft werde, kurbele ich das Fenster runter und halte die Kette aus dem Wagen, dann ist in der Regel Ruhe im Karton. (Was man auch machen kann: den Beschimpfer verfolgen, wenn er auf den Rastplatz fährt, ebenfalls auf den Rastplatz fahren, ein paar Meter Abstand halten, Blickkontakt suchen, hörbar laut einatmen, dabei Spucke nach hinten ziehen, einen Mundwinkel heben – zitternd –, dabei mit einem amerikanischen Polizeischlagstock spielen. Klappt immer.)

Nach dem Flop im japanischen Kleinwagen begann ich, an der »Das Auto verspricht Sex«-Konzeption zu zweifeln. Ich verabschiedete mich nur nicht völlig davon, weil ich in der Zwischenzeit Jenny in einer Diskothek kennengelernt hatte. Wir spazierten scheinbar ziellos vor dem Laden herum, bis wir plötzlich vor ihrem Auto standen. Ich sagte etwas völlig Unpassendes, schließlich war es ein Golf, ich sagte: »Cooles Auto.« »Ach ja, findest du?«, erwiderte sie viel zu schnell, so als habe sie nur auf einen Satz von mir gewartet. »Komm, wir fahren ein Stück.«

Sie fuhr anders als ich. Viel aggressiver, viel schneller, sie sang dabei, und wenn sie sich mit mir unterhielt, sah sie mich jedes Mal lange an. Die Straße war schmal, rechts und links wuchsen Bäume bis an das Ende des Asphaltes heran. Das Unterholz war so dicht, dass man nicht sehen konnte, was dahinterlag. »Ich habe eine Idee«, sagte sie und sah mich wieder lange an. »Guck doch mal nach vorne, verdammt«, dachte ich.

Jenny war eher alternativ angezogen, wollte sich jedoch trotz Palästinensertuchs nicht über die Lage ebenjener unterhalten, was sehr angenehm war. Sie trug schwarze Springerstiefel und eine Militärjacke, die etwas zu groß war und ihre Hände verdeckte. Auf den Rücken der Jacke waren Sticker diverser Punkbands genäht. Jenny hatte einen Nasenring. Ihre Haare waren schwärzer als die dunkelste Nacht, ihre Augenbrauen mit Kajalstift nachgedunkelt. Ihr Gesicht war der reine Kontrast, weiß und eben wie Elfenbein.

Sie schob eine Kassette in das Autoradio. New Model

Army. Zuerst »51$^{st}$ State«, danach »Vagabonds«. Als die beiden Lieder abgelaufen waren, spulte sie zurück, und wir hörten sie erneut.

»Ich will jetzt auch eine Band gründen«, sagte sie. »Ich spiele Gitarre.« »Wie ist das so, Musikerin zu sein?«, fragte ich. Sie zuckte mit den Schultern. »Crazy«, sagte ich.«

Sie sang und schüttelte den Kopf.

>>We're the 51$^{st}$ State of America.
Yeah, we are the 51$^{st}$ State of America.
This is the 51$^{st}$ State of America«

Ich ging einen möglichen Unfall im Kopf durch. Ich bereitete mich auf den Einschlag eines Rehs oder, schlimmer, eines Wildschweins vor. Mein Plan sah vor, mich sofort zusammenzurollen und in den Fußraum des Beifahrersitzes zu rutschen.

Ich dachte, sie sollte mal vorsorglich hupen, um das Getier, das irgendwo neben der Straße stand und nur darauf wartete, sich selbstmörderisch vor das Auto zu werfen, in den Wald zu scheuchen. Ich behielt diese Überlegung aber für mich, schließlich hätte Kritik an ihrem Fahrstil ja bedeutet, dass er mir nicht ganz geheuer war, und diese Blöße wollte ich mir auf keinen Fall geben. Ich wäre lieber von einem Rudel Hasen erschlagen worden, als bei ihr den Eindruck zu erwecken, dass ich Angst hatte. Ich sah wie ein Luchs in das Dickicht neben der Straße, bereit, sofort zu reagieren, wenn ein Tier auftauchen würde.

Die Schwierigkeit war nun, dabei entspannt und unbeteiligt auszusehen. Während ich mich ganz locker gab, und über die Themen der Zeit plauderte (Kiffen, Kurt Cobain, später irgendwas mit Medien machen, Auswandern, genau, immer weg, vielleicht nach Kanada. Schließlich konnte man sich hier nicht kreativ verwirklichen), krallten sich meine Finger im Sitzpolster fest. Als sie ein anderes Auto an der Auffahrt zu einer Bergkuppe überholte, wurde ich eins mit der Sitzschale.

Irgendwann hielten wir tatsächlich an. Wir fuhren in einen Waldweg. Es war dunkel und kalt, und wir tranken abgestandenes Bier. Wir redeten irgendeinen völlig belanglosen Kram, so was wie: »Eine schöne klare Nacht heute.« Es war offensichtlich, dass die Kommunikation nur einen Zweck hatte.

Als es endlich losging, fuhr plötzlich ein Auto von hinten in den Feldweg. Es stoppte hinter uns, und der Fahrer stellte das Fernlicht an. Ich zog mich so schnell an wie nie wieder in meinem Leben und war völlig außer Atem, als ein Depp in Polizeiuniform an die Scheibe klopfte.

»Was machen Sie denn da?« Er machte eine fordernde Handbewegung. »Papiere, Fahrzeugschein.« Nach Minuten kam er grinsend wieder. Es stellte sich heraus, dass irgendjemandem das Auto auf dem dunklen Waldweg verdächtig vorgekommen war und er Alarm geschlagen hatte. Der Polizist sagte, immer noch grinsend: »Viel Spaß noch.«

Unnötig zu erwähnen, dass unsere Stimmung stark reduziert war.

Nach diesem erneuten Fehlschlag beschloss ich, das Autoproblem selber in die Hand zu nehmen. Aller guten Dinge sind drei, dachte ich. Jetzt musste es doch mal klappen (ich war schon tendenziell besessen). Ich kaufte einen Opel Kadett C.

Ein tolles Auto, da gab es nichts zu meckern. Vier Meter

lang, eins fünfzig breit, eins dreißig hoch. Der Wagen sah aus, als hätte er einen Spoiler, obwohl er keinen hatte. Ein toller Trick im Design, der mich heute noch ähnlich sprachlos macht wie die Hecklappen, die bis zum Dach gingen und die Rundinstrumente, die so völlig zurückhaltend aussahen und dabei trotzdem so präsent waren. Fahrverhalten? Ich kann mich nicht erinnern. Das Auto war allerdings ziemlich laut, eine normale Unterhaltung zu führen, war nicht möglich, es sei denn, man wollte seine Stimme für einen Auftritt als Sänger schulen, bei dem man eine Konzerthalle ohne Verstärker beschallen sollte.

Das Ziel war ja ohnehin nicht, damit zu fahren (habe ich das schon mal erwähnt?). Jetzt geht's los, dachte ich (schon wieder, aber das Gute an Niederlagen ist ja, dass man sie in der Regel schnell verdrängt, sonst könnte man sich ja aufhängen).

Das Auto war eine Verheißung und ein Versprechen. Es war windschnittig und der Motor heulte wie ein Wolf, der den Vollmond anjault. Leider war die Farbe gewöhnungsbedürftig: Der Kadett war orange. Dafür sah die Innenverkleidung aus schwarzem Kunstleder sehr schick aus.

Sagte ich schon, dass ich in einem Dorf aufwuchs? Über einen Mangel an Mitfahrern konnte ich mich daher nie beklagen. (Ich hatte mich vom »Auto=Sex«-Gedanken nach Fehlschlag Nummer 2 schon so weit entfernt, dass ich die Tatsache, dass mein Auto voller jüngerer Mädchen war, weil es eben ein Fortbewegungsmittel war, völlig ignorierte. Ich schaffte es, mir stattdessen einzureden, dass die Mädchen alle wegen mir mitfuhren – Bauchmuskeln, Intellekt, Frisur, von mir aus auch Charakter.)

Wie dem auch sei, mein Auto war voller Menschen, meist weiblich. Alle waren betrunken. Wir kamen aus oben bereits erwähnter Diskothek zurück (sie hieß »Hard Rock« war aber eher so ein Alternativschuppen, in dem Gespräche geführt wurden wie »Der Eddie Vedder, der ist so was von authentisch« und waren auf dem Weg zu dem Bauernhof eines Freundes, der außerhalb lag. Die Eltern des Freundes waren im Urlaub.

Diesmal schien alles aufzugehen.

Auf der Rückbank hatten zwei der Mädchen begonnen, miteinander zu knutschen. Alle im Auto stanken nach Schweiß und Bier, der Innenraum war so heiß, dass Kondenswasser von der Decke tropfte. Alles war Punk und der Kadett C passte dazu.

Plötzlich roch es ganz stark nach verbranntem Plastik. »Was ist denn das?«, fragte der Beifahrer. »Ach«, machte ich und drehte die Musik lauter.

Der Plastikgeruch war spätestens dann nicht mehr zu ignorieren, als zuerst weißer und dann dreckiger Rauch durch das Gebläse in den Innenraum des Fahrzeugs umgeleitet wurde. Die Mädchen auf der Rückbank bekamen Panik. Recht unverblümt und gerade heraus ließen sie mich wissen, dass sie nicht bereit seien, mit einem Penner wie mir in einem Auto, »Scheißkarre« nannten sie den Kadett völlig zu Unrecht, zu ersticken. Wir hatten noch etwa fünf Kilometer bis zu jenem Bauernhof zurückzulegen. Ich fuhr rechts ran, das war unproblematisch, weil es da, wo wir wohnten, nur selten Verkehr gab. Als wir ausgestiegen und die Motorhaube geöffnet hatten, kam uns eine Flamme entgegen. Der Motorblock brannte, weiß der Teufel, wie das passieren konnte. Es blieb auch wenig Zeit, das Problem einer genaueren Analyse zu unterziehen, da die Flammen schnell in den Innenraum des Wagens übergriffen.

Das Auto brannte komplett aus.

Im Abstand einiger Jahre betrachtet, muss ich zugeben, dass es schön aussah: ein orangenes Auto, in dem gelbe Flammen wüteten, unter einem klaren Sternenhimmel vor einer tiefschwarzen Nacht. Wie gesagt, es gab keinen Verkehr, daher gab es niemanden, der einen Feuerlöscher hätte vorbeibringen können, es gab niemanden, der die Feuerwehr hätte alarmieren können, und es gab auch niemanden, der uns hätte mitnehmen können. Mobiltelefone hatte noch keiner, eine Telefonzelle war nicht in der Nähe. Es war Januar, Schnee lag auf den umliegenden Feldern, es war saukalt.

Als der Kadett in Flammen stand, ging mir das sehr nahe. Warum? Später versuchte ich, eine metaphysische Erklärung dafür zu finden. Brannte wirklich nur ein Auto? Oder ging nicht vielmehr die ganze unbeschwerte Zeit zwischen 18. Geburtstag, Verlassen der Schule und Zivildienst in Flammen auf? Kann sein. Sicher ist auf jeden Fall, dass es damals noch einfach war, ich hatte keine Jobprobleme, musste kein eigenes Geld verdienen, mich nicht selber versichern, keine Kinder ernähren, mir keine Gedanken machen wegen der Rente. Kurz: Ich hatte keine Verantwortung.

Etwas überhöht würde ich daher sagen: Meine Unbeschwertheit verbrannte mit dem Auto.

Am nächsten Tag kaufte ich meine erste Bahncard.

# HOCHKULTUR

An einem Samstagmorgen um 10 Uhr stand ich pünktlich vor dem Gebäude der Volkshochschule. Ich wollte dichten lernen. Ich hatte mich immer gefragt, wo denn die ganzen Dichter und Denker sind, im Land der Dichter und Denker, und weil ich keinen kannte, hatte ich mir vorgenommen, selber einer zu werden (das Seminar hieß: »Schreiben und Dichten lernen für Anfänger«).

Ich sah auf die Uhr, ich hatte wenig Zeit (ich habe immer wenig Zeit, ich habe ein Kind und musste noch in den Kindergarten, um eine Wand zu streichen), aber zum Glück wollte ich nicht Russisch lernen, sondern nur dichten, und das schien mir doch sehr einfach zu sein. Ein Wochenendkurs, zweimal acht Stunden, war offenbar ausreichend.

Als ich die Schule betrat, war ich etwas nervös. Ich war kurz davor, die dichtende und denkende Basis des Landes kennenzulernen. (Wussten Sie übrigens, dass ein Literaturkritiker namens Wolfgang Menzel 1836 ebenjenen Satz von den Dichtern und Denkern prägte? Das steht zumindest im Online-Lexikon Wikipedia. Ich darf mal zitieren: »*Die Deutschen thun nicht viel, aber sie schreiben desto mehr.* [...] *Das sinnige deutsche Volk liebt es zu denken und zu dichten, und zum Schreiben hat es immer Zeit.* [...] *Was wir in der einen Hand*

*haben mögen, in der anderen Hand haben wir immer ein Buch.«*
*(Wolfgang Menzel)*. Verlinkt ist dieses Zitat mit der PISA-Studie, was auf jeden Fall sehr humoristisch ist.

Die Volkshochschule roch, als sei gerade eine Putzkolonne mit dem zitrusduftigsten Putzmittel der Welt durch alle Räume gefegt. Schon nach wenigen Minuten war meine Nase abgestumpft und völlig geruchsunempfindlich.

Ich vertrieb mir die Zeit bei der Suche nach dem richtigen Klassenraum mit dem Durchblättern der Lokalzeitung. Irgendwann stieß ich auf die Geburtstagsanzeigen:

»Kaum zu glauben, aber wahr, der Kalle wird heut 50 Jahr.«

Oder:

»Zu deinem Geburtstagsfeste wünschen wir das Allerbeste«.

Ich warf die Zeitung in den nächsten Mülleimer. Keine Frage, das Land schien sich mit schon lange verblühten Rosen zu schmücken. Ich atmete erschöpft aus, jetzt wurde alles gut. Eine neue Generation von Großdichtern stand schon in den Startlöchern.

Ich fand den Raum. Die neue Dichtergeneration war offensichtlich schon etwas älter.

Ich war nicht nur mit großem Abstand der jüngste Teilnehmer, es stellte sich bald heraus, dass ich auch der Einzige war, bei dem die Kinder noch nicht aus dem Haus waren.

Etwa dreißig Leute waren schon da (wie gesagt: Ich war pünktlich. Dennoch war ich der Letzte), in der Mehrzahl ältere Frauen. Sie hatten sich U-förmig um eine Tafel gesetzt, vor der ein kleinwüchsiger und sehr dünner Mittdreißiger saß. Er sah aus wie sein eigenes Klischee, hatte etwas leicht

Linkisches und blätterte in einem Stapel Papier. Er sprach mit sich selber. Sein Resthaar war von links nach rechts über den Kopf gekämmt, er trug einfarbige Kleidung (braun), einen Rollkragenpullover und eine Cordhose. Ich nahm an der Talsohle des Us Platz, ganz hinten, in der Mitte aller Teilnehmer.

Zunächst musste sich jeder vorstellen.

Mir ist das immer unangenehm, weil es mich an diese Tanzbärvorführungen in Rumänien erinnert, aber gut ... Was will man machen. Name. Alter. Was machst du so? Lächeln. Warum bist du hier? Was versuchst du, Neues über dich in diesem Kurs zu lernen? In die Runde sehen. Lächeln. Mit möglichst vielen Leuten Augenkontakt herstellen. Die Gesichtsmuskeln nicht bewegen, weil immer noch Lächeln angesagt ist. Und dann das Finale: Wann bist du zum ersten Mal mit der Dichtkunst in Berührung gekommen und warum?

Als die erste Frau anfing, sagte jemand: »Lauter.« Ein anderer hustete. Die Dritte sagte: »Bitte aufstehen beim Reden.« Mir war irgendwie übel. Um es schnell hinter mich zu bringen, führte ich aus, dass ich arbeits- und interessenlos sei. (Ich war mal auf einer Medienveranstaltung und sagte, dass ich Dachdecker sei. Ich schwöre bei Gott und meiner Mutter, dass den ganzen Abend niemand mit mir geredet hat.)

Im Prinzip sagten alle dasselbe. Es klang in etwa so: »Ich bin Dagmar, 57 Jahre alt und arbeite im Verkauf in einem mittelständischen Betrieb. Ich lese schon immer gerne, und jetzt hat mein Mann mich überzeugt hier teilzunehmen, er sagt immer, ich hätte so eine blühende Fantasie und solle mehr daraus machen. Ich schreibe schon immer Tagebuch, dabei kann ich gar nicht schreiben.« (An dieser Stelle wurde kokettierend gelächelt, und tatsächlich sagten dann alle anderen Anwesenden, wie toll man doch sei, und bestimmt könne man wunderbar mit Worten umgehen, und dass es sehr mutig sei, hier aufzutauchen, und dass so viel Courage nicht jeder habe, und dass das schon werde – an der Stelle wiederum nickte der Kursleiter höchst anspornend und sagte, dass man deswegen ja auch zusammensitze.)

Da es ja um das Erreichen höchster literarischer Gipfel ging, warf der Kursleiter an dieser Stelle ein, dass Qualität immer von Qual komme. Eine große Erzählung entstehe meist aus Leid. Flugs hatte er ein Beispiel parat. Er hielt »Die Leiden des jungen Werther« in die Höhe. Goethe, was sonst? (Ich kann mich ja des Eindrucks nicht erwehren, dass Goethe eine Persilscheinfunktion hat. Geht es um Kultur, in welcher Form auch immer, sagt immer irgendwer: »Aber Goethe ist auch super.«) Den »Werther« jedenfalls solle jeder gelesen haben, sagte der Kursleiter, da könne man mal sehen, welche Kraft die Sprache habe, mit welcher Leidenschaft Worte gefüllt werden könnten, hier könne man regelrecht fühlen, welche Emotionen ein einziges Wort auslösen könnten. Die Sprache, sagte er, sei schließlich das Fundament unserer gemeinsamen Kultur. Sein ganzer Körper vibrierte wie ein Handy, das lautlos klingelt.

»Das allerdings« – er hielt ein anderes Buch in die Höhe, einen Bestseller, in dem es darum ging, dass eine Frau sich alles, was nicht bei drei auf dem Baum ist, in ihre Körperöffnungen einführt – »das ist Mist. Unzweifelhaft. Nur Hauptwörter«, sagte er, mit dem Buch wedelnd, »keine Dramaturgie. Keine Geschichte.« Als er beide Bücher zurück auf den

Schreibtisch legte, achtete er darauf, dass sie genau aufeinander lagen.

Er zog eine komische Grimasse und schlug dann vor, dass doch jeder ein Namensschild malen könne, so wisse man nämlich immer, mit wem man rede, und das könne einem Gedankenaustausch ja nicht schaden.

Die nächsten Minuten vergingen mit Bastelarbeit. Viele Teilnehmer ließen ihrer Kreativität schon an dieser Stelle freien Lauf und taten mehr als nötig. Einige Frauen malten eine Sonne auf ihr Schild, andere stellten ihren Namen gleich in eine Waldlandschaft oder ließen Tiere rundherum äsen. Die Ersten packten Brote aus. Eine Thermoskanne mit Kaffee wurde herumgereicht. Die Teilnehmerinnen begannen damit, sich gegenseitig kennenzulernen. Das war zwar Sinn der Namensschilder, aber doch nicht so, wie es sich der Kursleiter vorgestellt hatte. Er versuchte, die Initiative an sich zu reißen.

»Das ist aber schön, dass wir alle hier sind.« Die Intensität der Hintergrundgespräche veränderte sich nicht. Er hob seine Stimme. »Haalloo!!« Der Kurs schien ihm schon zu Beginn zu entgleiten. Er schlug mit einem Buch auf den Tisch. Die Frauen sahen ihn empört an. »Bitte«, sagte er, er klang jetzt weinerlicher, »hören Sie doch zu. Bitte.« Das klappte besser. Die Gespräche ebbten ab. Er lächelte, er hatte das Kommando zurückgewonnen.

»Was braucht man, um ein großer Literat zu werden?« Niemand reagierte. Manche Frauen sahen sich an, andere zuckten die Schultern. »Na, meine Damen?« Stille. »Überlegen Sie mal.« Seine Worte tropften an einer Wand aus Schweigen ab. Er wollte helfen: »Aus was bestehen denn Bücher?« Nichts. Er gab auf. »Wöööörter«, sagte er. »Ganz einfach: Wörter.«

Um schreiben zu können, müsse man zuerst seinen Wort-
schatz erweitern. Immer nur »sagen« zu sagen sei nicht gut,
gar nicht gut, das Wort habe nämlich keine Emotion. Er ging
zur Tafel, nahm ein Stück Kreide und bat um Synonyme, die
das seiner Meinung nach unsägliche Wort »sagen« ersetzen
sollten. Nach ein paar Sekunden Anlaufzeit kam die Runde
in Schwung. Es war, als habe jemand einen Schalter umgelegt. Ein Wort folgte auf das nächste, die Frauen meldeten
sich artig, nur um dann mehrere Wörter gleichzeitig loszuwerden.

> raunen
> schmunzeln
> stottern
> stöhnen
> flüstern
> wispern
> schmatzen
> erzählen
> offenbaren
> ausplaudern
> äußern
> behaupten
> versichern
> vorbringen

Mir wurde ganz schwindelig.

> brabbeln
> einwerfen
> erklären

erwähnen

informieren

mitteilen

reden

sprechen

nuscheln

»Sehr gut, meine Damen, sehr gut.«

Ich wendete ein, dass »stöhnen« oder »erklären« eine völlig andere Bedeutung habe als »sagen« und es deswegen oft nicht passe, von »ausplaudern« und »informieren« ganz zu schweigen. (Ich formulierte extra zurückhaltend, weil ich auf keinen Fall neunmalklug klingen wollte – eigentlich wollte ich nur nicht auffallen und war über meine eigene Wortmeldung schon ganz erschrocken.) Sofort wurde ich mit Blicken abgestraft. Der Kursleiter sagte: »Um Emotion geht es, nicht um die Inhaltsebene.« Offenbar sah er in mir einen strauchelnden Schüler, denn er ließ mich nicht im Stich: »Ich würde mich sehr freuen, wenn du dich konstruktiv beteiligst.«

Ich wusste nicht, wie, blieb also still.

In den Kurspausen war ich isoliert. Niemand hatte das Bedürfnis, sich mit mir zu unterhalten, ich musste die Sache selber in die Hand nehmen. Das Gespräch in der fünfköpfigen Frauengruppe, die ich ansteuerte, wurde immer stiller, je näher ich kam, und stoppte schließlich ganz. Ich hörte aber noch eine Mittvierzigerin sagen: »In den USA, da haben sie ja gar keine Kultur, die wissen da ja gar nicht mal, was das ist.« Sie trank einen kräftigen Schluck Saft aus einem Tetrapak. Sie sagte, sie sei mal in Disney-World gewesen, natürlich wollte sie dort nicht hin, aber die Umstände hätten sie nun eben dorthin verschlagen. Es sei ganz grausam, viel schlimmer, als man immer höre. Und diese ganzen Touristen, ach du lieber Gott, aber wie gesagt, Geschäftstermine, man habe eben nach Disney-World gehen müssen, sie habe sich auch sehr gesträubt und ihr Missfallen deutlich zum Ausdruck gebracht, aber am Ende, da habe es eben nichts genutzt.

(Ich möchte an dieser Stelle mal kulturpolitisch werden: Ist Ihnen auch schon mal aufgefallen, dass der deutsche Drang zur Hochkultur ja regelmäßig dazu führt, dass man Sachen ablehnt, die eigentlich Spaß machen, nur weil sie angeblich keine Kultur haben? Es ist ja eines dieser Missverständnisse, dass Kultur hierzulande oft mit hoch subventionierten Schauspielen oder Philharmonieaufführungen gleichgesetzt wird, die keiner sehen will. Ich habe mal »Nabucco« gesehen und, vom Gefangenenchor abgesehen, war es eine der ödesten Veranstaltungen, denen ich jemals beiwohnen durfte. Ich sagte das so ähnlich. Ich machte mich damit endgültig zur Pariafigur.)

Am Abend des ersten Tages bekam ich Fieber.

Am nächsten Tag frühstückten wir zusammen: Das Gemeinschaftsgefühl sollte gestärkt werden. Ich frühstückte alleine, hatte aber dank des Fiebermittels trotzdem Spaß. Der Kursleiter kündigte kauend einen Dramaturgen an. Der Mann habe sich bereiterklärt, etwas über seine Arbeit am Theater zu erzählen. Außerdem, ja ja, meine Damen, würde er sich sehr freuen, talentierte Nachwuchsdichter kennenzulernen. Das Erste, was der Dramaturg sagte, als er Minuten später den Raum betrat, war: »Ist noch ein Brötchen da?«

*Ist noch ein Brötchen da?* war einer dieser Hochkulturellen, deren Kleidung schon alles sagt, weil sie entweder ausschließlich aus Cord besteht (mit einem Schal) oder so bunt ist, dass man das Gefühl bekommt, ein Ara flöge vorbei. Bevor der Hochkulturelle irgendwas sagt, weiß man sofort Bescheid. Natürlich urlaubt der Hochkulturelle in Norditalien und trinkt Rotwein, aber nicht zu viel, denn Betrinken ist unter seinem Niveau. Außerdem hat er ein Theaterabo, das er zwar selten nutzt, aber das er benötigt, um sich von dem Pöbel abzugrenzen, der nicht Kunstgeschichte studiert hat. 1982 war meine Familie bezüglich des Fußball-WM Halbfinals Deutschland-Frankreich mal bei so jemandem zu einem Essen eingeladen (ein Lehrerehepaar, schlimm genug). Wir gingen davon aus, dass das Anfeuern unserer Mannschaft elementarer Bestandteil des Festes sei, und waren dementsprechend mit Trikot und Fanschal ausgerüstet. Als der Lehrer (Deutsch, Mathematik) uns die Tür öffnete und uns in Schwarz-Rot-Gold gehüllt sah, brach er die Begrüßungszeremonie mitten im Satz ab. Vermutlich war er überrascht, hatte er doch die ganze Wohnung mit Blau und Weiß und Rot verhüllt. Zu trinken gab es Rotwein, wobei der Gastgeber ausdrücklich betonte, dass Bier einfach würdelos sei. Essen wurde in Form von Baguette und Käsehäppchen gereicht, das Foodstyling erreichte nie dagewesene Höhen: In jedem Käse steckte die Trikolore. Wir feuerten trotzdem an. Es war so ähnlich wie in einem Stadion mit zwei verfeindeten Fanblöcken, nur viel intimer. Mein Vater (Gewichtheber) war kurz davor, die Stadionsimulation so weit zu drehen, dass er laut darüber nachdachte, noch eine Hooligansequenz mit einzubauen, denn dann könne man ja mal sehen, wohin dieses Weißbrotgefresse führe. Ich bekenne: Als Harald Schumacher diesem französischen Stürmer so ins Gesicht sprang, dass der fast an seiner Zunge erstickte, habe ich mich gefreut. Ich weiß, das gehört sich nicht, und der arme Mann kann auch gar nichts dafür, aber was soll man machen, hatte ich doch gegen Spielende das Gefühl in eine Art Krieg verstrickt zu sein, der sich aber nicht zwischen Deutschen und Franzosen abspielte, sondern zwischen – eingebildeter – Hochkultur und dem normalen Rest. Ich war aber nicht der Einzige, der sich freute. Das sei doch eine Schwalbe gewesen, ganz klar, behauptete mein Vater standhaft für den Rest des Abends und ließ sich auch durch die mehrfache Zeitlupenwiederholung nicht davon abbringen. Wer etwas Gegenteiliges sage, der könne sich auch gerne mal eine fangen, weswegen sogar der Franzosenblock scheu dieser krassen Fehleinschätzung zustimmte. Nebenbei: Als ich vor vier Jahren in Westafrika war, traf ich dort einen französischen Ölarbeiter, der sich als Allererstes mit mir über den Charakter von Harald Schumacher unterhalten wollte.

Ich mach's mal kurz: Ich habe keine Ahnung, was der Dramaturg erzählte, ich habe schlicht nicht zugehört.

Ich hatte Fieberschübe und schwitzte. Noch mehr allerdings, als *Ist noch ein Brötchen da?* fertig war, denn nun durfte jeder eine Frage stellen. Weil zufällig die ersten beiden Frauen anfingen mit ihrer Frage, fühlten sich Nummer 3 und 4 ebenfalls inspiriert, weswegen Nummer 5 davon ausging, danach an der Reihe zu sein. Mit anderen Worten: Die Fragerei ging reihum. Ich wurde leicht panisch. Ich wollte schließlich nichts von ihm wissen.

Als ich an der Reihe war, sagte ich: »Ist nicht die Hochkultur von heute nichts anderes als die Popkultur von gestern?«

Ohne dem Kulturmann die Chance auf eine Antwort zu

geben, fiel mir der Kursleiter ins Wort. »Ich habe auch eine Frage an dich: Hättest du vielleicht mal die Güte, etwas Konstruktives beizutragen?« Gejohle im Saal. Er hatte einen aggressiven Unterton, als er mich aufforderte, die Hausaufgabe vorzulesen. Jeder hatte über Nacht ein Gedicht schreiben müssen.

»Der hat bestimmt nichts«, sagte jemand zu meiner Linken. »Na, da bin ich aber mal gespannt«, warf jemand anderes ein. Ich begann (ich nannte das Gedicht »Der Bäcker und das Kind«, weil das inhaltlich ganz gut passte).

»Das Kind kam zu dem Bäcker rein,
dieser dachte, »oh wie fein«,
ich kann ja wirklich mal versuchen,
wie das so schmeckt, das Kind im Kuchen.«

Erstes Gemurmel. Hatte er das wirklich gesagt: »Das Kind im Kuchen«?

»Er schlachtete das Kind, es schrie.«

Erschrockenes Einatmen.

»Er machte so was früher nie.«

»Krank«, sagte irgendwer, »der ist doch krank«. Andere Stimmen fielen in diese Meinung so in etwa ein. »Widerlich.« »Abstoßend.« Die Kursteilnehmer benutzten hauptsächlich Adjektive, um ihre Meinung über mich kundzutun.

»Doch jetzt, er schlug das Blut zu Schaum,
mit Marzipan war es ein Traum.«

Zwei Leute sagten: »Aufhören«. *Ist noch ein Brötchen da?* sagte nichts, der Kursleiter stand von seinem Stuhl auf. Er lehnte sich an den Tisch und führte die Hand zum Kinn, Denkerpose. »Geht das noch weiter?«, fragte er. Eine sehr weit vorne sitzende Frau sagte: »Ich bin so stolz auf meine Kinder, wissen Sie«, ihre Stimme zitterte, in die Runde gewandt, »mein Sohn studiert Germanistik und meine Tochter Pharmazie, sie hat selber eine kleine Tochter, Lea, wenn ich mir vorstelle, wie Lea … Also nein«. An mich, feuchte Augen: »Sie müssen voller Hass sein.« Sie stand auf. »Woher kommt denn das bloß?« Eine andere warf ein: »Er hat sicher selber als Kind viel durchmachen müssen, und das ist ein Weg, das Erlebte zu verarbeiten.« Die Stehende stöhnte. Sie trug einen Umhang, der eine Mischung aus Tunika und Poncho war. Sie sagte: »Ich würde Sie gerne umarmen.« Vermutlich sei es ja so, dass ich einfach Zuneigung spüren müsse. »Sie armer, armer Mensch.«

»Er buk das Kind.«

Das kann doch nicht sein Ernst sein.

»Schön leicht und kross
o je, es war sein eigner Spross.«

Ab hier sagte niemand mehr irgendwas. Stilles Entsetzen hatte sich breitgemacht.

»Jetzt fiel's ihm auf, jetzt war's zu spät,
wie das Leben nun mal geht.
Was soll's, er aß, es schmeckte sehr,
es machte Appetit auf mehr,
doch als er auf ein Ärmchen biss,
verhakt es sich, sein Magen riss.
Er starb in Schmerzen voller Qual,
doch lang ist's her, das war einmal,
fern in einem fremden Land,
wo einst das Bäckerhäuschen stand.«

Es war ja nicht so, dass ich Applaus erwartet hatte, aber ein bisschen stolz war ich auf mich, schließlich hatte ich noch nie etwas gedichtet. Der Raum war mittlerweile nur noch halb voll, viele Teilnehmer hatten ihn aus Protest verlassen. »Interessant«, sagte der Kursleiter. Er sah so aus, als sei jemand gestorben. »Sehr experimentell.« Die durchschnittliche Meinung der anderen kanalisierte sich in einem einzigen Wort: pervers.

Nachdem alle wieder im Raum waren, wurde darüber abgestimmt, ob ich noch ein Teil des Kurses sein könne oder ob ich, nehmen Sie es bitte nicht persönlich, einfach nach Hause gehen solle. Die Abstimmung wurde per Handzeichen durchgeführt. Ich bekam zwei Stimmen. *Ist noch ein Brötchen da?* stimmte lächelnd für mich und die Frau mit dem Umhang. Sie argumentierte, dass man mich in einer solch schwierigen Phase meines Lebens nicht alleine lassen dürfe. Ihr Einsatz war vergebens.

Als ich zu Hause ankam, war ich müde. Das Schreiben und Dichten hatte mich geschafft, ich schaltete den Fernseher ein. Bei einer Auswanderersendung schlief ich ein.

# VERBOTEN

Es war so gegen sieben am Morgen, als ich die Tür öffnete. Ich hatte mich tageszeitbedingt noch nicht so richtig schick gemacht und trug daher nur eine Unterhose. Ich sah in eine schwarze Maske.

Der Schwarzbemaskte stand fünf Leuten mit Helm und schwarzer Kampfmontur vor, die Waffen am Gürtel trugen. Er hielt mir einen Zettel ins Gesicht: »Durchsuchungsbefehl«.

Ich war wohl so überrascht, dass es den Eindruck erweckt haben muss, ich würde in der nächsten Sekunde gewalttätig werden wollen, denn wie auf Kommando kamen die fünf Kampfmonturtypen in meine Wohnung und nahmen mich in die Mitte. Der mit der Maske war der Einzige, der redete, offenbar der Chef. Er wies mich darauf hin, dass ich Gegenstand eines SEK-Einsatzes sei und fragte der Form halber, ob ich etwas dagegen habe, wenn er sich mal umsehe.

Ich beschied ihm, dass er sich ganz wie zu Hause fühlen dürfe. Die Männer schwärmten aus.

Ich brauchte ein paar Sekunden, dann hatte ich mich so weit gesammelt, dass ich fragen konnte, was denn das Problem sei.

»Können Sie sich das nicht denken?«

Ich überlegte. Vor Jahren hatte ich massenweise VHS-Kassetten neuester Kinofilme kopiert und meiner Schulklasse kostenlos zur Verfügung gestellt. (Ich schreibe das hier nur, weil ich Schriftsteller bin, alles unwahr, würde ich nie tun, Raubkopierer sind böse.)

Ich war dafür allerdings schon genug bestraft worden. (Es war keine Bestrafung im juristischen Sinne, sondern eher etwas Moralisches. Soll ich es mal erzählen? Na gut: Ich studierte »Germanistik«, Teilgebiet »Neuere deutsche Literatur und Film« und bekam ein Referat über die Verfilmung des Romans »Berlin Alexanderplatz« zugeteilt. Ich sollte die Anfangsszene besprechen: Franz Biberkopf kommt aus dem Knast. Was bedeutet das? Was hat der Autor sich dabei gedacht? Wie zeichnet sich bereits dort die Entwicklung des Charakters ab? Zwecks Beispielgebung musste ich den Film im dazugehörigen Seminar vorführen. Ich nahm also eine Kassette, die bei mir zu Hause auf einem unbeschrifteten, ungeordneten Stapel herumlag, spulte zurück, drückte »Aufnahme«, steckte den Film in meine Tasche und ging zur Uni. Der Seminarraum war voll. Ich spulte die Kassette zurück. Drückte den Wiedergabeknopf. Sah entsetzt, wie ein großer schwarzer Penis eine Frau penetrierte. Wieder und immer wieder. Der Mann grunzte, die Frau kiekste. Eine halbe Minute lang. Stille im Raum. Dann wurde Franz Biberkopf aus dem Gefängnis entlassen.

Es war nun so, dass der Universitätsvideorekorder wohl einen stärkeren Motor hatte als derjenige, den ich zu Hause hatte, jedenfalls spulte er stärker zurück und konnte deswegen noch ein kleines Stück Band am Anfang herausholen, das ich einfach aus technischen Gründen nicht hatte überspielen können. Der erste Satz eines Kommilitonen war jedenfalls: »Kann ich die Szene noch mal sehen?« Ich war zwar einerseits für den Rest des Semesters der Star des Seminars, andererseits war das insofern unangenehm, als meine damalige Freundin zu ebenjener Zeit genau neben mir saß, weil sie ebenfalls irgendwas referieren sollte. Die Beziehung hielt nicht lange, aber das lag an was anderem, glaube ich zumindest.)

Ansonsten fiel mir jedenfalls keine Gesetzwidrigkeit ein, zumindest keine, die eine Hausdurchsuchung rechtfertigen könnte.

Der Mann mit der schwarzen Maske sagte: »Sie werden verdächtigt, eine Terrorzelle zu bilden.« Ich nahm das mal nickend zur Kenntnis. Er sagte, man habe mich im Auge, ich solle mich nicht sicher fühlen. Tat ich nicht, und dass man mich im Auge habe, glaubte ich auch sofort, aber die Stimmung schien mir nicht günstig, um ein Gespräch über Datenschutz in Deutschland zu beginnen.

Er fragte, was ich während meines letzten Marokko-Aufenthaltes eigentlich genau getan habe, wies mich aber sofort darauf hin, dass ich nicht antworten müsse, da kein anwaltlicher Beistand in Sicht sei. Wenn sich hier etwas finde, werde er mich ohnehin sofort mitnehmen. Und dann vermittelte er mir folgenden Erkenntnisgewinn. Er sagte: »Terroranschläge, mein Freund, sind verboten.«

Ach so.

Ich war gerade erst eingezogen. Bis jetzt hatte ich in der Wohnung: ein Sofa, eine Matratze, ein Notebook, einen Wäscheständer und zwei blaue Säcke voller Wäsche. Die Hausdurchsuchung war daher schnell beendet.

»Sie haben ja gar nichts«, sagte der Maskenmann. Ich schüttelte den Kopf.

Er kam jetzt auf die Idee, nach meiner Identität zu fragen: »Sind Sie Hassan el-Gerbi?« Ich verneinte. »Ihren Pass, aber schnell.« Ich suchte. In welchem der beiden Säcke war der denn er noch gleich? Beim Bücken musste ich meine Unterhose festhalten, was mit Sicherheit ziemlich unsouverän wirkte, aber den Vorteil hatte, dass das Spezialkommando sich jetzt völlig entspannte. Es war ziemlich offensichtlich, dass von mir keine Gefahr ausging.

Schließlich fand ich ihn. »Sie sind ja gar nicht Hassan El-Gerbi.« Ach.

Der Maskenmann sagte etwas unschlüssig zu seinen Kollegen, dass hier doch ein Araber wohnen solle, der Mann da, er deutete auf mich, sei aber gar kein Araber. Ich erlaubte mir die Bewerkung, dass ich sehr rothaarig, sehr hellhäutig und überhaupt sehr deutsch aussähe (zum Glück musste ich das nicht erklären, denn das ist ja, sind wir ehrlich, ein völlig inhaltloser Satz, der nahelegt, dass alle Deutschen blond und blauäugig sind oder zumindest sonst irgendwie hell. Mein Lieblingsprominentendeutscher ist, wenn ich das mal erwähnen darf, weil es so schön in den Zusammenhang passt, Mesut Özil) und dass ich einen Araber mit diesem Aussehen noch nie gesehen hatte. Der Maskenmann sagte: »Jetzt nicht frech werden, Freundchen.«

(Meiner Erfahrung nach sagen Polizisten das öfter. Ich erinnere mich da an eine Szene im Hamburger Stadtteil St. Pauli, Straßenfest, ein Bezirk namens Sternschanze, es kommt dort regelmäßig ein-, zweimal im Jahr abends zu Straßenschlachten. Ich war mit meinem Bruder und einem

Freund Biertrinken. Wir trugen keine schwarze Kleidung und wollten niemanden mit Steinen bewerfen. Ich war ein paar Meter vorausgegangen, und während ich lief, schloss sich hinter mir ein Polizeikessel, Bruder und Freund waren noch drin.

Rausgehen: verboten. Rumstehen: verboten. Nach Hause gehen: auch verboten.

Die Stimmung war gereizt. »Sie gehen 57 Meter und dann rechts, das ist erlaubt«, sagte ein Polizist allen Ernstes zu meinem Bruder. Der Freund sagte: »Sollen wir das jetzt abzählen, oder was?« Der Polizist war wohl aus einem östlichen Bundesland als Unterstützung zugezogen, so was macht man ja manchmal auf Länderebene. Er sagte jedenfalls in breitestem Sächsisch, dass er keine Diskussionen hören wolle. »Na«, sagte der Freund mit aller Arroganz, die er in sich hatte, »wo kommen Sie denn her?« Der Polizist erwiderte: »Jetzt nicht frech werden, Freundchen.«

Bruder und Freund jedenfalls blieben stehen und applaudierten hämisch jeder Polizeiaktion. Sie riefen »Hohoho, die Polizei.« Sie taten das so lange, bis sie erkennungsdienstlich behandelt wurden.)

Wie auch immer: Der Maskenmann gab mir schließlich noch den Rat, auf der Hut zu sein, da meine Wohnung offenbar von Herrn El-Gerbi gemietet sei. Meinen Einwand, dass das nicht stimmen könne, da ich ja einen Mietvertrag unterschrieben hatte, wischte er barsch vom Tisch. Die Polizei irre sich nicht, da gebe es kein Vertun. Falls ich aber den Gesuchten anträfe, wäre er mir sehr verbunden, wenn ich ihn telefonisch darüber in Kenntnis setzen könne, da der Mann, das wüsste ich ja nun, unter dringendem Terrorverdacht stehe. Ich versprach, mein Bestes zu tun, und das Kommando verabschiedete sich höflich nickend.

Nein, ich habe keinen Schaden von dem Einsatz davongetragen. Danke der Nachfrage, mir passiert das öfter: Ich reiste mal nach Moskau und wurde dort unter dem Vorwand verhaftet, Uran nach Russland schmuggeln zu wollen, und das sei schließlich verboten. Die Fotokamera eines Freundes, so der Vorwurf, diene als Versteck. Wir fanden, dass das eine verrückte Argumentation war, waren aber in der Unterzahl und folgten den Milizionären daher brav in einen Verhörraum. Ich wurde eine knappe Stunde ausgefragt, der Freund etwa fünf. Der Verdacht erhärtete sich nicht, wir konnten schließlich gehen. Die Kamera allerdings sahen wir nie wieder.

Ein anderes Mal stand ich London-Heathrow und wartete auf meinen Flug Richtung New York zusammen mit Hunderten von anderen Passagieren. Sicherheitsbeamte liefen an der Schlange entlang, und als sie sich eine Stichprobe herauspickten, war ich das. Vor den Augen aller anderen Passagiere sollte ich, mittlerweile ohne Socken und Schuhe und nachdem ich von einem stiernackigen Klischeeengländer abgetastet worden war, den Beweis führen, dass mein Notebook auch funktionsfähig ist. Dazu sollte ich das Gerät nicht etwa anschalten, sondern den Akku entfernen. Ich hatte das noch nie gemacht. Wozu auch? Ich versuchte es minutenlang erfolglos. Nach einer Viertelstunde hatte ich meine Glaubwürdigkeit offenbar bewiesen und konnte gehen.

Beim dritten Mal durfte ich Miami stundenlang nicht verlassen, weil ich mich zufällig mit einem Mann aus Wuppertal unterhalten hatte. Wie sich später herausstellte, war der Mann Kokainhändler und wurde in mehreren südamerikanischen

Staaten gesucht (deswegen flog er nach Costa Rica und reiste über Panama mit dem Auto nach Kolumbien, weil die grüne Grenze dort offenbar sehr durchlässig ist). Er hatte mir zwischen zwei Kaffees von seiner letzten Freundin erzählt, einer Kolumbianerin. »Ein heißes Geschoss«, sagte er. Man habe zusammen gelebt, und alles sei gut gewesen. »Natürlich in Kolumbien.« In Deutschland, sagte er, könne man aber auch gar nicht leben, da sei immer alles so streng geregelt. »Du weißt schon«, sagte er, »alles verboten.« Nur Regeln gebe es da. Er lamentierte über Beschränkungen und Verbote in Deutschland, und ich fragte mich, ob er wohl FDP-Mitglied war. Es passte doch: Er war selbstständig, Besserverdiener und trug ein großes persönliches Risiko, lag also dem Staat nicht auf der Tasche, erstmal zumindest nicht. Er wechselte dann thematisch wieder zu seiner kolumbianischen Beziehung. Die habe nämlich ein bedauerliches und abruptes Ende gefunden, als die Frau von einem Killerkommando erschossen worden sei. Der Anschlag habe wohl ihm gegolten, sagte er, aber er sei just in diesem Moment glücklicherweise nicht zu Hause gewesen. Er sagte, er sei immer noch ganz schön fertig, verdammt, aber so sei ja wohl das Leben, und dann fragte er, was ich davon halte, Kokainpäckchen an den Rumpf von Schiffen zu kleben? »Ist das nicht verboten?«, fragte ich etwas dümmlich, und er stöhnte.

Bei den Stichworten »stöhnen« und »verboten« fällt mir spontan eine Szene in einem Fitnessstudio in Long Beach ein (*die* Schwulenmetropole der USA, proportional zu den Einwohnern gesehen), in dem ich nach dem Sport mal duschte und sich ein dicker und sehr körperbehaarter Mexikaner zu mir in die Kabine stellte (dort gibt es Duschkabinen, keine

Großraumduschen). »Ähhm«, machte ich. Er sah mich an. Die Kabine war so ausgefüllt, dass wir uns einen Wassertropfen teilen mussten. Nach Sekunden sagte er: »Die anderen Kabinen sind alle besetzt, und du siehst so aus, als mache dir das nichts aus.« Er sah an mir herunter und wieder rauf zu meinem Gesicht. »Macht dir doch nichts aus, oder?« Dann rückte er noch ein Stück näher und stöhnte (ich versuchte, eins zu werden mit der Wand). Nun sind die Amerikaner ja wirklich nette Leute, und deswegen wollte ich nicht unhöflich sein. »Nee, macht mir nichts«, sagte ich und hasste mich für den Satz. Aber wie das so ist, wenn man Leuten den kleinen Finger reicht: »Kannst du mir den Rücken einseifen?«, fragte er, drehte sich um und zeigte mir seinen behaarten Arsch. Jetzt war es aber auch gut. »Ich würde das ja gerne machen, sagte ich, aber leider …« Ich zuckte mit den Schultern und deutete auf ein Schild, das an der Wand jeder Duschkabine hing. Darauf stand: »Es ist verboten, Sexualakte in der Dusche auszuführen.« »Oh«, grunzte er. Ich konnte ihn daraufhin überzeugen, die Dusche zu verlassen.

Nach der Wohnungsdurchsuchung wollte ich jedenfalls zur Arbeit fahren. Ich fahre immer mit dem Fahrrad. Der Weg führt entlang der Alster, Hamburgs Binnensee. Ein Polizist ging dort spazieren. Als ich ihn passieren wollte, gestikulierte er wild. Ich stoppte. »Was machen Sie denn da?«

Ich verstand die Frage nicht, was sollte ich schon tun. »Fahrradfahren«, sagte er, »Fahrradfahren ist hier verboten«. Ich solle gefälligst absteigen und schieben. Hatte der nichts anderes zu tun? Jetzt reichte es aber. Ich beschloss, ihn mit den eigenen Waffen zu schlagen. Ich sagte: »Meine Religion verbietet mir das« und fuhr davon.

# SCHULLANDHEIM

Die Frau setzte einen dieser Warentrenner auf das Lauf-
band an der Supermarktkasse. Sie rückte ihre Aufback-
brötchen nach vorne, platzierte das Katzenfutter »Exquisit«
(mit dem Besten aus Fisch und Fleisch) knapp hinter den Tomaten und fixierte den Streichkäse mit beiden Händen etwa
auf der Höhe der Plastikfeuerzeuge, die neben den Kaugum-
mis und den Lutschern mit sehr künstlichem Kirscharoma in
grellbunten Farben angepriesen wurden.

Sie war so um die siebzig Jahre alt, trug eine Perlenket-
te um den Hals, Perlen an diversen Ringen an den Fingern
und Perlen in beiden Ohren. Mit ihrem wallenden, dunklen
Blouson, der die Musterung eines Kieswegs hatte, sah sie
aus wie eine alte Muschel. Sie beschwerte sich über einen
Kunden, der weiter vorne gerade dabei war, mit Karte zu
bezahlen. Ihr Mann, grauer Kurzhaarschnitt, graue Hose,
graue Anglerweste, graues Gesicht, pflichtete ihr bei (leise,
aber aggressiv, begleitet von ständigem Kopfschütteln). »Unmöglich.« »Die mit ihren Scheißkarten immer.« »Wenn das so
weitergeht, stehen wir morgen noch hier.« »Das kann doch
nicht angehen.« »Wirklich eine Frechheit.« »Was bilden sich
solche Leute nur ein?«

Ich stand hinter ihnen und dachte über Kunstradfahren

nach (Kunstradfahren ist vermutlich der mit weitem Abstand merkwürdigste Sport der Welt, und bestimmt ist es spannender, einem 30-Liter Eimer weißer Wandfarbe beim Trocknen zuzusehen, als einer Kunstradfahrdarbietung beizuwohnen), denn ich war gerade von einem Nordsee-Urlaub zurückgekehrt und hatte dort unter anderem St. Peter-Ording besucht.

Ich war schon mal dort gewesen, fünfte Klasse, Schullandheim, 1985, aber ich hatte fast alles wieder vergessen. St. Peter-Ording, das war mehr ein Wort als ein real existierender Ort. In meinem Gehirn existierten nur noch kurze Erinnerungsflashs (Das Haus auf Stelzen/ Schwarzblende/ Krabbenpulen/ Schwarzblende/ Hagebuttentee/ Schwarzblende/ Nachtwanderung/ Schwarzblende). Bis eben zu jenem Tag, als ich zum zweiten Mal in meinem Leben die Ortsgrenze überquerte.

Und als Allererstes war mir eben Kunstradfahren eingefallen. (Ehrlich gesagt, war es eine Kunstradfahrerin. Ich verbinde Erinnerungen in meinem Männergehirn meistens mit Mädchen oder eben Frauen. Geht nicht anders, ich könnte mal spekulieren und behaupten, dass es einen neurologischen Zusammenhang gibt zwischen weiblicher Körperchemie und männlicher Gehirnaktivität, aber das weiß ich natürlich nicht, und bevor ich mir den Zorn eines Fachmanns zuziehe, lasse ich das lieber. Ich will auch niemandem mit dieser These auf den Nerv fallen, aber es ist mir ein Leichtes zu Olympia in Seoul, Maueröffnung, WM 1990, Kurt Cobains Selbstmord, dem 11. September und Michael Jacksons Herzstillstand immer eine jeweilige Frau zu nennen, zu der ich mich gerade in einer mehr oder weniger emotionalen Nähe befand.)

Der Mann an der Kasse gab seine Geheimnummer ein. Das Rentnerehepaar vor mir schimpfte immer noch. Und ich hatte die Idee, mit ein paar Leuten einen Schullandheimabend zu veranstalten.

Ich verließ die Kasse und suchte Hagebuttentee. Ich spielte mit dem Gedanken, keine anderen Getränke im Haus zu haben, denn schließlich war es auch bei meiner Klassenfahrt damals so, dass es nichts zu trinken gab außer ebenjenem Tee und Leitungswasser. (Okay, das stimmt so nicht: Es gab einen Getränkeautomaten, in dem alle möglichen Softdrinks und diverse Fruchtsäfte angeboten wurden. Weil aber Tischtennis-Rundlauf-Spielen durstig macht und Tischtennis-Rundlauf den ganzen Tag von irgendwem gespielt wurde, war der verdammte Automat ständig leer.)

Die Idee war allerdings blöd, wie sollte ohne Alkohol Stimmung aufkommen?

Gut, ich hätte eine Nachtwanderung anbieten können. Jeder Gast müsste dazu einen gelben Regenmantel mitbringen. Gelb musste schon sein, denn früher waren die immer alle gelb, weiß der Teufel, warum. Mitzubringen wären ferner eine Taschenlampe und Gummistiefel, am besten auch gelb. Wir wären dann so gegen 23 Uhr losgegangen und hätten a) uns von einem Biologen die örtliche Flora und Fauna erklären lassen und b) Glühwürmchen gesucht.

Mein Wohnzimmer sollte für diese Art von Fest natürlich leer und ungemütlich sein, schließlich waren Aufenthaltsräume in Schullandheimen auch immer ungemütlich (die charmante Atmosphäre einer Abfughalle ist ein Traum dagegen). Wir hätten uns vor dem Spaziergang mit einer schönen Scheibe labbrigen Graubrots gestärkt, wer wolle, könne auch zwei oder drei Scheiben essen, nach oben wären keine Grenzen gesetzt, aber vermutlich würde das keiner machen, denn das machte auch früher auf Klassenfahrten nie jemand.

Dass der Schullandheimabend-Plan zumindest schwer umzusetzen war, wurde mir klar, als ich vor der Kühltheke des Marktes stand und mir, oh Schreck, fast ausschließlich Bio-Wurst ins Auge stach. Das ging auf keinen Fall. Ich benötigte Wurst, die völlig ohne Geschmack auskam und die die Farbenpracht eines Malkastens aufweisen konnte. Ich fand auch Hagebuttentee nicht. (Es war wohl tatsächlich so, wie ich schon damals vermutet hatte: Hagebuttentee wird ausschließlich für die Verwendung in Jugendherbergen, auf Klassenfahrten und in Schullandheimen hergestellt und ist im normalen Verkauf nicht zu bekommen – oder kennen Sie jemanden, der Hagebuttentee trinkt?) Es gab außerdem keinen No-Name-Brotaufstrich, geschweige denn Marmeladenportionen in Altenheimgröße. (So was macht mich ja schon zeitlebens verrückt: Warum, bitte schön, gibt es Senioren- und Kinderteller noch in annähernd jedem Landgasthaus? Kann man nicht einfach eine kleinere Portion irgendeines Gerichtes essen? Würden Sie gerne den Pumuckleteller verzehren? Ich finde das frech.)

Ich hasste mich dafür, einen Markensupermarkt zu besuchen (wobei es eigentlich kein Wunder war, dass es diese Waren nicht gab, schließlich befand ich mich in einem Lebensmittelgeschäft, und die Nahrung in allen Schullandheimen, die ich jemals besuchte, bestand eher aus Überlebensmitteln, essbar nur mit größtem Hungergefühl).

Ich schlich um die Regale wie ein Löwe um ein Rudel

Zebras. Bald bemerkte ich, dass ich von einer Aushilfskraft argwöhnisch beäugt wurde. Ich ging zur Kühltheke. Die Aushilfskraft ebenfalls. Ich tat so, als würde ich mir die Inhaltsstoffe eines Joghurts durchlesen, der meiner Darmflora nützlich sein sollte, schielte dabei aber ständig nach rechts zur Aushilfskraft, die ebenfalls unentschlossen vor den Milchprodukten stand. Ich wurde verfolgt, ganz klar.

Ich ging zum Gemüsestand, beeilte mich, rechts zur Backwarenabteilung abzubiegen, und schlug einen Haken zur Feinkostecke. Auf dem Weg sah ich mich öfter unvermittelt um, um die Verfolgerin zu überraschen, sah sie aber nicht. Ich nahm den Einkaufswagen einer mir entgegenkommenden Frau und stellte ihn quer in den Gang (die Frau sah mich sehr verwundert an, traute sich aber nicht, etwas zu sagen). Ich zog alle Register der Spionageabwehr.

Das Hin- und Herflitzen im Supermarkt erinnerte mich an eine Schnitzeljagd, die ich in St. Peter-Ording mal gemacht hatte. Alle Schüler waren in Teams aufgeteilt, aber es war nicht so, dass ich mir das Team selber ausgesucht hatte. Es bestand aus denselben acht Leuten, die auf die Zimmer aufgeteilt worden waren, willkürlich, persönliche Vorlieben und Freundschaften wurden nicht berücksichtigt. Acht Schüler in acht Betten waren insofern ein Problem, als davon nur vier Betten Hochbetten waren und fast jeder oben schlafen wollte (begründet wurde das mit den Blähungen der anderen Schüler, denen man ausweichen wollte – steigen Gase nicht nach oben?). Sofort nach der Ankunft entbrannte daher ein Kampf um die Betten, der nicht immer gewaltfrei ausgetragen wurde, was, so rein hobbypsychologisch betrachtet, in jedem Fall eine ziemlich blöde Vorraussetzung ist, um eine Woche Urlaub miteinander zu verbringen. Schließlich mussten ja sowohl Sieger als auch Verlierer im selben Zimmer übernachten. Die persönlichen Animositäten sabotierten das Ausflugsziel »Zusammenhalt der Klasse stärken« nicht unerheblich.

Das Siegerteam durfte einen Tag lang nicht beim Küchendienst mitarbeiten.

Details zu besagtem Event sind allerdings im Laufe der Zeit in meinem Gedächtnis verloren gegangen, ich gehe aber davon aus, dass wir nicht gewannen, weil ich noch nie etwas gewonnen habe (abgesehen von einem uniformierten Holznussknacker, der die Nüsse mit seinem Mund knackte, und einem Papphaus eines Handcreme-Herstellers).

Rückblickend betrachtet wäre es den Aufwand wahrscheinlich ohnehin nicht wert gewesen, weil ständig irgendetwas getan werden musste: Häuser fegen, Betten machen, abwaschen, Kochhilfsdienste erledigen, einkaufen, Wäsche waschen. (Als Frühpubertierender findet man diese Tätigkeiten natürlich äußerst lästig und kann unmöglich damit anfangen, ohne sich vorher lautstark beschwert zu haben. Die Beschwerde hat dabei allerdings keinen Adressaten, sondern wird einfach wahllos in den leeren Raum geschleudert. Zustimmendes Nicken anderer Frühpubertierender ist in solchen Fällen gewiss. Gerne fallen Sätze wie: »Macht doch euren Scheiß allein« oder »Wir sind doch keine Sklaven«, aber sind wir ehrlich: Die Nötigung zur partiellen Selbstständigkeit lässt die Frühpubertierenden bei der Jahre später erfolgenden Reflexion der Ereignisse endlich mal die Leistung der eigenen Mutter in dem Maße würdigen, wie ihr das zusteht.)

Bei der Organisation des Restprogramms gab es auch damals schon keinen Grund zur Beschwerde. Die Wattwanderung war in Ordnung, die Wasseranalyse der Nordsee auch, Kicker- und Fußballturnier sowieso. Selbst ein Kinoabend war von den pädagogisch doch arg engagierten Junglehrern organisiert worden. (Wobei ich allerdings das Bedürfnis verspüre, an dieser Stelle einen Tipp für spätere Pädagogengenerationen loszuwerden: An der Nordsee urlaubenden Kinder einen Film namens »Nordsee ist Mordsee« vorzuführen, scheint mir unangebracht. Zumal in meinem Fall auch die Großmutter väterlicherseits dem Filmtitel verstärkend zur Seite stand. Sie hatte große Angst vor der Flut im Allgemeinen und ließ mich das bei jeder sich bietenden Gelegenheit wissen, indem sie einen das Meer betreffenden Halbsatz an alle möglichen Aussagen hängte; auch an solche, die inhaltlich wenig bis nichts mit Wasser zu tun hatten. Sie sagte etwa: »Sicher macht der Urlaub Spaß, aber wenn die Flut kommt, reißt sie dich ins Meer und du wirst jämmerlich ertrinken.« Oder: »Natürlich sind das schöne Schuhe, aber wenn die Flut kommt, reißt sie dich ins Meer, und du wirst jämmerlich ertrinken.« Beides führte jedenfalls dazu, dass ich jahrelang nicht mal in die Nähe der kleinsten Pfütze ging.)

Eine Erfahrung war das Schullandheim auf jeden Fall. Sie begann schon, bevor es überhaupt losging.

Ich hatte so viel Kram dabei, dass ich statt einer Woche in St. Peter-Ording auch sechs Monate in Kolumbien hätte verbringen können. Ich war nicht nur auf jedes Wetter vorbereitet, sondern auch auf jede Jahreszeit und jede Klimazone. (Meine Mutter bestand auf adäquate Kleidung, man wusste ja nie, was kommt. Selbst als ich älter wurde und im Zuge dessen davon ausging, dass ich a) selber über den Inhalt meiner Reisetasche bestimmen konnte und b) infolgedessen weniger Zeug mitnehmen würde, stellte sich das als Irrtum heraus. Vermutung a) erwies sich insofern als Illusion, als meine Mutter einfach zu neuen, teilweise auch recht fiesen Tricks griff (»Nimm doch die Jeans mit den Löchern mit, wenn du meinst, dass das gut ist«, »Wie, du kannst sie nicht finden?«, »Nein, ich weiß nicht wo sie ist«. Jahre später erfuhr ich, dass sie sie weggeworfen hatte) und Annahme b) scheiterte daran, dass die Anzahl der Antwort-implizierenden Suggestivfragen deutlich erhöht wurde (»Willst du wirklich eine Hirnhautentzündung riskieren, nur weil du diesen *einen* Pullover nicht noch mitnehmen willst?«).

Und wenn es dann doch mal losgegangen war mit der Fahrt, musste mit an Sicherheit grenzender Wahrscheinlichkeit immer irgendjemand aufs Klo; grundsätzlich immer dann, wenn der Bus gerade angefahren war. Der Harndrang entwickelte sich unabhängig von der Zahl der eingelegten Pinkelpausen. Wenn niemand musste, konnte man davon ausgehen, dass jemandem der Schüler übel war. So wurde ich auf der Fahrt ins Schullandheim St. Peter-Ording einerseits Zeuge, wie jemand kotzte, der im Bus hinten saß, und das Erbrochene über Stunden langsam nach vorne kroch, andererseits hatte ich auch das Vergnügen mitzuerleben, wie jemand in eine Colaflasche pinkelte. Die Flasche rollte dann im Mittelgang des Busses immer hin und her.

Als Hintergrundmusik auf ebenjener Fahrt lief meistens Udo Lindenberg. Zu dieser Zeit mochte die bereits zu Beginn erwähnte Kunstradfahrerin entweder ihn oder eine schottische Band namens Marillion, was aus den meisten männlichen Schülern Udo Lindenberg- oder Marillion-Fans machte. (Die ganz verrückten Schüler hörten The Cure, schwadronierten ständig vom Tod, der bestimmt bald eintrete, und hatten die Augen schwarz geschminkt. Letzteres hielt alle anderen Schüler homophob von der Band ab, denn welcher Mann schminkt sich schon?)

Zwar wollte der Busfahrer Radio hören, war aber im Umgang mit Teenagern nicht geschult. Als der erste Schüler seine Lieblingsmusikkassette anpries, aufgenommen in langen Nächten vor dem Radiorekorder, gab er nach und beraubte sich so jeden Argumentes, die anderen Lieblingsmusikkassetten der anderen Schüler abzulehnen. (Natürlich waren sie es wert, gespielt zu werden, schließlich hatten die Kassettenzusammensteller Stunden und manchmal Tage ihres Lebens investiert, um an diese Lieder zu kommen. Sie hatten die »Ostermixparade« oder die »Weihnachtswunschhits« gehört, auf einer Matratze vor dem Radio gelegen und waren nicht mal zum Essen aufgestanden. Meistens hatten sie sich dabei mit den Eltern gestritten, die partout nicht einsehen wollten, warum es so wichtig war, ganze Tage vor dem Radio zu verbringen. Die Lieder fingen meistens einen Tick zu spät an, weil man ja nie wusste, wann genau der Song kam und ihn anhand der ersten Töne identifizieren musste. Gegen Ende redete immer der Radiomoderator in die letzten Takte. Es gab aber auch noch einen anderen Weg, um Musik aufzunehmen: Einfach den Kassettenrekorder neben den Fernseher stellen, wenn gerade »Formel 1« lief und hoffen, dass die nächsten drei Minuten weder das Telefon klingelte, noch einer der Eltern quatschend ins Zimmer kam. Wo wir gerade bei »Formel 1« sind, möchte ich mal einen persönlichen

»YouTube«-Anspieltipp loswerden: Kennt noch jemand die grauenhaften Mixed Emotions, eine Zwei-Mann-Kapelle bestehend aus Drafi Deutscher und einem Thomas-Anders-Klon? In die Moderationszeit von Stefanie Tücking fällt ein Auftritt jener Combo, bei dem Drafi Deutscher während eines Interviews erst ins Mikrofon lallt und dann bei der folgenden Sangesdarbietung volltrunken von einer Showtreppe fällt. Große Kunst.)

Im Falle der Busfahrt nach St. Peter-Ording war es fast egal, welche Kassette lief, war doch auf den meisten Udo Lindenberg zu hören.

Ich will die Geschichte jetzt nicht zu sehr auswalzen. Tatsache war, dass ich im Supermarkt verfolgt wurde. Sollte ich mich verstecken? Die Verfolgerin zur Rede stellen? Sie mit Dosenananas bewerfen? Ich entschied mich für den einfachsten Weg: Ich beschloss zu gehen. Auf dem Weg zum Ausgang nahm ich diverse Umwege, um meinen Schatten abzuschütteln. Ich sah mich außerdem mehrmals um, aber sie war plötzlich nicht mehr zu sehen. Hatte ich mir doch alles eingebildet? Die Kasse war schon in Sichtweite. Auf der Suche nach der Aushilfskraft ließ ich meinen Blick ein letztes Mal durch den Supermarkt schweifen … und blieb mit den Augen in der Abteilung eines Kafferösters hängen, der sein Geld mittlerweile mit Unterwäsche und Handtüchern verdient. Er hatte eine Lichtorgel im Angebot.

Jetzt war ich endgültig in der Vergangenheit gefangen. Ich wurde ganz rührselig. Sofort fiel mir der Scorpions-Klassiker »Big City Nights« ein, damals auf dem Discoabend im Schullandheim das beliebteste Lied (wenn ich das richtig in Erinnerung habe kurz vor »TNT« und »Beat it«, komische

Reihenfolge). Warum? Wir hatten damals auch eine Lichtorgel, selbst gebaut. Zwar ging sie sofort kaputt, das tat der Stimmung aber keinen Abbruch (alles ohne Alkohol, irre. Ich würde heute bestreiten, dass das funktioniert).

Zu meiner Schande muss ich gestehen, dass ich nie wieder beim Tanzen so geschwitzt habe wie damals. Allerdings habe ich auch nie wieder zu »Big City Nights« getanzt.

Ich war jedenfalls damals nicht der Einzige, der stark transpirierte, denn morgens um sieben Uhr war in der Gemeinschaftsdusche die Hölle los.

Weil wir gerade über Duschen reden: Auf einer anderen Klassenfahrt in einem anderen Schullandheim duschte ich mal 45 Minuten lang, da ich sicher war, an Hodenkrebs zu sterben oder einem Darmkarzinom zum Opfer zu fallen.

Ende April 1986 urlaubte ich mit meinen Mitschülern in Nordhessen, unweit der recht unspektakulären Stadt Kassel. Teil des Ausflugsprogramms war es, die DDR zu besichtigen. Weil ich keine Verwandten im Osten hatte, war der östliche Teil des Landes für mich nie viel mehr als ein großer Zaun, hinter dem Menschen leben mussten, die den ganzen Tag Sport trieben; schließlich schwammen, rannten und paddelten sie bei Olympischen Spielen immer viel schneller als Athleten aus Paderborn oder Karlsruhe. Wir fuhren also zu der Grenze und sahen über den Zaun auf die andere Seite. Man konnte ein Dorf sehen, Wachtürme und sogar Menschen. Die großen Zäune, das Eingesperrtsein und jemand, der all das besichtigt: Das erinnert mich doch sehr an einen Ausflug in den Zoo. Offenbar nicht nur mich, denn zwei Leute versuchten eine Fütterung und warfen mitgebrachte Schinkenbrote Richtung Osten.

Als wir abends zurück in der Jugendherberge waren und den Fernseher anschalteten, sahen wir, dass der Osten auch etwas für uns hatte. Auf Tschernobyl muss ich jetzt ja nicht näher eingehen, mindestens rudimentäres Wissen über diesen unerfreulichen Vorgang setze ich mal voraus.

Vor der Kamera tauchte der Bundesinnenminister auf, der für Umweltfragen zuständig war, weil es noch kein Umweltministerium gab, und sagte, dass wir einerseits nichts zu befürchten hätten, andererseits aber nicht vor die Tür gehen sollten. Ich sah danach einen Einspieler in der Tagesschau, in dem darüber berichtet wurde, wie Bauern ihre Salatfelder umpflügten.

Zwei Tage später sollten wir in einen Freizeitpark fahren. Zwar gab es bezüglich der Notwendigkeit dieser Unternehmung eine Diskussion, aber das Lehrerargument (»Was sollen wir denn sonst tun? Ist doch alles schon lange geplant.«) setzte sich letztlich durch (was sagt uns das über Lehrer?).

Auf dem Weg passierten wir eine Straßensperre, die die Verbreitung von verstrahltem Gemüse verhindern sollte, und diskutierten im Bus über den Begriff »Becquerel«. In einer Pinkelpause versuchte ich, Jodtabletten in einer Apotheke zu kaufen. Ausverkauft.

Im Freizeitpark schließlich waren wir völlig alleine. Es war aber auch wirklich niemand da. Manche Grünflächen waren abgesperrt, andere nicht, keine Ahnung, wer das festgelegt hatte, aber es sah sehr willkürlich aus. (Etwas Ähnliches habe ich Monate später in meinem Heimatdorf erlebt. Dort gab es einen Festplatz, der plötzlich gesperrt wurde, weil auf ihm angeblich radioaktiv verseuchter Rollsplitt ausgebracht worden war. Das Gelände blieb zwei oder drei Jahre gesperrt. Eine Sanierung wurde immer in Aussicht gestellt, fand aber nie statt. Nach einiger Zeit wurde das Absperrband einfach entfernt. Irgendjemand im Rathaus war wohl der Meinung, dass jetzt Gras über die Sache gewachsen war. Und das war es – im wahrsten Sinne des Wortes. Heute ist der Platz eine von Bäumen gesäumte Wiese, auf der Bänke stehen.)

Aber ich will nicht vom Thema abkommen: Wir liefen durch den menschenleeren Freizeitpark und hatten alle Attraktionen für uns alleine, was aber auch nicht das Wahre war, weil es doch etwas apokalyptisch wirkte. Ich hatte die Verhaltenstipps aus den Nachrichten noch im Ohr: auf Hautkontakt mit dem Boden verzichten, keine Frischmilchprodukte und schon gar kein Wild essen, nicht in den Wald gehen, am besten ein paar Tage in der Wohnung bleiben. Dazu wurden Bilder von Gemüse gezeigt, das vernichtet wurde.

Obwohl ich mir fest vornahm, nur auf dem Kiesweg zu bleiben, ließ ich mich von der Gruppendynamik schnell zu einem Gerät ziehen, das einem künstlichen, nicht ganz steilen Wasserfall ähnelte. In einem Plastikboot sitzend, wurde man eine Rampe hochgezogen, die Zentimeter unter dem Wasser lag. Oben löste sich die Verankerung, das Boot schoss nach unten, fuhr über eine Schanze und sprang auf einen See. Das sah aus, als machte es Spaß. Ich warf eine Mark in den Fahrautomaten und schnallte mich im Boot fest. Ich wurde nach oben gezogen, alles lief nach Plan. Links und rechts von mir schoss das Wasser nach unten. Die Verankerung löste sich, und das Boot stürzte hinterher. Allerdings nur bis zu dem Beginn der Sprungschanze, dann stockte irgendetwas im System, und das Gefährt blieb abrupt stehen. Ich wurde in der Verankerung, in der ich festgeschnallt war, nach vorne geworfen. Panik unter den Mitschülern, jemand rief nach einem Parkmitarbeiter. Der kam denn auch, fummelte irgendwas an einem Schaltkasten herum und sagte: »Achtung, es geht weiter.« Vergessen hatte er jedoch, mich darauf hinzuweisen, dass das Boot auf den letzten Metern Wegstrecke nicht mehr besonders viel Schwung holen und daher auch nicht mehr springen konnte. Das Boot fuhr los und sank wie ein Stein ins Wasser. Es tauchte komplett unter, ich mit ihm, dann tauche es wieder auf, schließlich war es aus Plastik.

Ende April 1986, Tschernobyl war in die Luft geflogen, kein Mensch war vor der Tür, Kinder schon gar nicht, Spielplätze waren mit rotem Polizeiband versperrt, Milch wurde weggeschüttet und bald darauf radioaktive Molke durch das Land gefahren, Salat wurde untergepflügt, und ich hatte ein Bad in einem viel zu kalten Teich eines Freizeitparks irgendwo in der Nähe von Kassel genommen. Der Parkmitarbeiter entschuldigte sich, sagte etwas wie »blöd gelaufen« und spendierte mir ein Eis am Stiel für zwei Mark fünfzig, das teuerste Eis, das der Park im Angebot hatte. Nussgeschmack.

Ich duschte dann, wie gesagt, sehr lange (Ich tat das, weil ich in einem amerikanischen Film mal gesehen hatte, dass Mitarbeiter von Atomkraftwerken nach der Arbeit abgeduscht werden, um die Radioaktivität abzuspülen. Allerdings hatten die Amerikaner in den 50ern ja auch behauptet, dass es gegen einen Atomwaffenangriff helfe, wenn man sich eine Zeitung auf den Kopf lege und unter einem Tisch verstecke. Aber irgendwas musste ich ja tun.)

Nach dem Schulausflug hatte ich jedenfalls keine Stimme mehr und war eine Woche lang krank. Allerdings glaube ich nicht, dass das eine unmittelbare Folge meiner radioaktiven Verseuchung war. Aber man weiß ja nie. Auch heute schiebe ich gerne jede noch so kleine Erkrankung auf meine radioaktive Verseuchung.

Obwohl ich die Aushilfskraft im Supermarkt nicht mehr sehen konnte, beschloss ich, meine Suche nach Hagebuttentee anderweitig fortzusetzen. Ich wollte wirklich einen Schullandheimerinnerungsabend durchführen ... aber dann fiel mir ein, dass das ohne die mittlerweile mehrfach eingeführte Kunstradfahrerin nicht zustande kommen konnte. Schließlich war sie der tragende Pfeiler jeder Lageraktivität. Tagsüber taten die männlichen Schüler alles, um sie zu beeindrucken, nachts versuchte jeder, in ihre Hütte zu schleichen und sich zu ihr ins Bett zu legen (was nie klappte).

Ich hatte keine Ahnung wo sie abgeblieben war. Und selbst wenn: Hätte ich sie fragen sollen, ob sie sich bei mir zu Hause ins Bett legen will, der Atmosphäre wegen? Das war doch eine sehr missverständliche Idee.

Just in dem Moment, als ich den Markt verlassen wollte, fing mich die Aushilfskraft ab. Sie war völlig euphorisch, sie habe mich ja so lange nicht gesehen, das waren noch Zeiten damals. Ich hatte keine Ahnung, wer sie war. Es stellte sich heraus, dass wir irgendwann mal zusammen studiert hatten. Mensch, sagte sie, was ich denn so treibe, man könne doch mal wieder was zusammen machen. Ja, warum nicht, dachte ich.

Ich sagte: »Du kannst nicht zufällig Kunstradfahren?«

DANKE:

An meinem Bruder Christoph,
ohne den nicht nur diese Texte nichts wären,
sondern auch das Leben.

# Schöner Parken

352 Seiten
ISBN 978-3-442-15556-9

Mobil ohne Auto –
Carsten Otte ist dem neuesten Trend auf der Spur

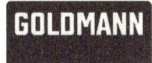